LÍMITES EN EL NOVIAZGO

LÍMITES EN EL NOVIAZGO

DR. HENRY CLOUD Y DR. JOHN TOWNSEND

La misión de Editorial Vida es ser la compañía líder en comunicación cristiana que satisfaga las necesidades de las personas, con recursos cuyo contenido glorifique a Jesucristo y promueva principios bíblicos.

LÍMITES EN EL NOVIAZGO
Edición en español publicada por
Editorial Vida – 2003
Miami, Florida

Originally published in the USA under the title:
Boundaries in Dating

Published by permission of Zondervan, Grand Rapids, Michigan

Traducción: *Omayra Ortiz*
Edición: *Madeline Díaz*
Diseño interior: *A&W Publishing Electronic Services, Inc.*
Diseño de cubierta: *Cindy Davis*

ISBN: 978-0-8297-3557-4

CATEGORÍA: *Vida cristiana / Amor*

IMPRESO EN ESTADOS UNIDOS DE AMÉRICA
PRINTED IN THE UNITED STATES OF AMERICA

09 10 11 12 13 14 ❖ 13 12 11 10 9 8

A Matilda Townsend (1902-1983), quien contribuyó grandemente a mi vida
—J. T.

A todos los solteros y solteras, con la esperanza de que sus experiencias con las citas puedan hacer realidad los deseos de sus corazones y lo mejor de Dios para ustedes.
—H. C.

CONTENIDO

Parte 4: Cómo solucionar los problemas en las citas... cuando tu pareja es el problema

RECONOCIMIENTOS

Con gratitud a nuestro agente, Sealy Yates; nuestro editor, Scott Bolindre; y nuestra editora, Sandra Vander Zicht. Muchas gracias a nuestro director de mercadeo, John Topliff, cuya comprensión de las necesidades de nuestros lectores hace que podamos disfrutar más el proceso de publicación.

También deseo reconocer a Guy y Christi Owen, quienes estuvieron presentes para mí durante mis largos años de salidas y citas.

Quiero reconocer a Lillie Nye por sus esfuerzos para que este material llegue a los solteros en todos los lugares y por su ayuda a lo largo del camino.

Gracias al grupo de Daytona por compartir sus experiencias y valor.

Gracias al equipo de trabajo de la revista *Christian Single* [El soltero cristiano] por ayudarme a entender las realidades que enfrentan los solteros hoy día y por proveer un excelente recurso para ayudarles.

Gracias a los Ministerios para Adultos Solteros por invitarnos a participar con ustedes a través de los años.

Gracias a Jim Burns, presidente del Instituto Nacional de Ministerios Juveniles, por su contribución al explicar sobre los aprietos en que se encuentran los adolescentes durante las citas y por su perspectiva sobre el pensamiento actual de la iglesia. Su ministerio ha cambiado la imagen de las citas para literalmente millones de personas en el mundo entero. Ahora tienen más seguridad que si él no hubiera estado ahí a lo largo de los años.

—H. C.

Gracias a Roy y Susan Zinn por su trabajo con los solteros en el ministerio *North Carolina State Navigators* [Navegantes del estado de Carolina del Norte]. Su amor y ministerio ha tocado a muchos, incluyéndome a mí.

Gracias a Mike Hoisington y Cary Tamura por colaborar con la clase *Single Focus* [Enfoque del Soltero] en *First Evangelical Free Church*, en Fullerton, California. Su iniciativa y liderazgo para los solteros ha dado buenos frutos a través de los años. Gracias a Chuck Swindoll, el pastor principal en aquel momento, por permitirnos pensar en las luchas de los solteros de manera creativa.

Gracias a Scott Rae, el anterior pastor de solteros en *Mariners Church* en Irvine, California. Apreciamos mucho sus grandes esfuerzos por ayudar a los solteros a crecer espiritualmente y por las muchas oportunidades que nos ha brindado para hablarles a sus grupos.

—J. T.

¿POR QUÉ LAS CITAS?

Hace varios años atrás estaba dando un seminario para solteros en la región central oeste de los Estados Unidos, cuando de la audiencia surgió una pregunta:

—Dr. Cloud, ¿cuál es la postura bíblica con relación a las citas?

Al principio pensé que había escuchado mal la pregunta, así que le pedí a la joven que la repitiera. Y la repitió de la misma manera.

—¿A qué se refiere usted con "la postura bíblica"? —pregunté.

—Bueno, ¿piensa que acudir a una cita es algo que la Biblia aprueba? —explicó la dama.

Una vez que oí su pregunta, pensé que estaba bromeando, pero pronto me percaté de que no era así. Había escuchado a la gente preguntar sobre la postura bíblica con respecto a la pena capital o a la eutanasia, pero nunca con respecto a las citas amorosas.

—No creo que la Biblia nos dé una "postura" con relación a las citas —le dije—. Tener citas amorosas es una actividad que llevan a cabo las personas, y como con otras muchas cosas, la Biblia no habla de esto. De lo que *sí* habla la Biblia es de ser personas amorosas y sinceras en cualquier cosa que hagamos. Así que mi respuesta sería que la postura bíblica en este tema tiene que ver más con la persona que uno es y en la que se está convirtiendo que con si puede o no salir a una cita. La postura bíblica con respecto a tener una cita sería que debe llevarse a cabo de una manera santa. Por cierto, Dios hace que la gente crezca a través de las relaciones en las citas de la misma manera que las hace crecer por medio de muchas otras actividades de la vida. La cuestión no es si se debe o no tener una cita. Las preguntas están más entrelíneas: "¿Quién eres en tus citas? ¿En quién te estás convirtiendo como resultado de tus citas? ¿Cuál es el fruto de tus citas para ti y para la gente con la que sales? ¿Cómo las tratas? ¿Qué estás aprendiendo?" Y otra gran cantidad de asuntos sobre los que la Biblia es muy clara. Esto tiene que ver mayormente con el desarrollo del carácter y con cómo tratamos a las personas?»

—Entonces, ¿usted cree que está bien salir a una cita? —siguió presionando.

—Claro que sí, pero está bien tener citas dentro de los parámetros bíblicos, los que, a propósito, no son agobiantes. Estos parámetros le salvarán la vida y le ayudarán a estar segura de encontrar a una buena persona para casarse —le dije, riéndome por dentro al pensar con cuánta frecuencia los cristianos quieren una regla.

Pensé que este era el final del asunto hasta que la misma pregunta seguía surgiendo en cualquier lugar en que hablaba a personas solteras. Una y otra vez me preguntaban si tener una cita era algo correcto o no. Sentí curiosidad de saber por qué la gente seguía haciendo la misma pregunta.

Así que, un buen día, pregunté de dónde estaban surgiendo estas preguntas. Y me enteré de un movimiento que se estaba organizando basado en el libro *I Kissed Dating Goodbye* [Le dije adiós a las citas] de Joshua Harris. La premisa del libro es que tener citas no es una buena idea y que mucha gente está dejando de hacerlo. Mientras seguía investigando, me di cuenta que en algunos círculos el movimiento iba mucho más lejos. Muchos cristianos estaban afirmando que tener citas era pecaminoso en sí mismo; otros, al menos, estaban sintiendo que las personas que aceptaban salir a una cita eran menos espirituales que las que no lo hacían. Se estaba tornando un asunto «cristiano» el renunciar a las citas. Al principio pensé que esto era solo en algunos círculos, pero mientras más viajaba por todo el país, más oía sobre esto.

Así que leímos *Le dije adiós a las citas* y en este capítulo presentaremos algunas de nuestras reacciones. Por varias razones, estamos en total desacuerdo con la premisa de que todo el mundo debe abstenerse de tener citas amorosas. Pero antes de entrar en detalles específicos, queremos validar las razones detrás de este movimiento.

Nadie se opondría de esta manera a las citas sin tener una buena razón, y la razón por la que mucha gente está renunciando a esto parece ser esta: dolor, desilusión y efectos perjudiciales para sus vidas espirituales. En otras palabras, las citas no los han ayudado a crecer, encontrar una pareja, o transformarse en una persona más espiritual. Entonces, sí tiene sentido despedirse de las citas.

Y sentimos empatía por este dolor. Como hemos visto a través de los años trabajando con muchos solteros, y al ser nosotros mismos solteros por mucho tiempo (ambos nos mantuvimos solteros hasta bien entrados los treinta), las citas pueden causar mucho dolor y sufrimiento. Muchas personas se desilusionan en el proceso y sienten que no saben qué hacer para que funcionen. Se les hace trizas el corazón, escogen repetidamente al «tipo equivocado», no pueden encontrar al «tipo correcto», o encuentran al «tipo correcto» pero no les gusta tanto como el chico o la chica equivocada. Tienen problemas para integrar su vida espiritual a las citas. Se preguntan qué hacer con la atracción física y los límites morales, y también se cuestionan cuándo deben pasar de las citas casuales a una relación más importante.

Para mucha gente el dolor y el sufrimiento que obtienen al tener citas amorosas se vuelve demasiado grande y están listos para buscar alguna alternativa. Y partiendo de esta motivación, coincidimos con los seguidores del movimiento de no citas y con quienes lo proponen. El dolor de una cita no vale la pena si no nos lleva a nada bueno. Entendemos el motivo del Sr. Harris para escribir este libro.

Sin embargo, diferimos de su conclusión. Aunque estamos de acuerdo en que el dolor debe terminar, no pensamos que las citas son el problema. Creemos que es la gente. De la misma manera que los carros no matan a las personas, pero sí los conductores borrachos, las citas no lastiman, pero sí lo hace no tener control en las citas. El consejo de Pablo a los colosenses es muy acertado: «Si con Cristo ustedes ya han muerto a los principios de este mundo, ¿por qué, como si todavía pertenecieran al mundo, se someten a preceptos tales como: "No tomes en tus manos, no pruebes, no toques?" Estos preceptos, basados en reglas y enseñanzas humanas, se refieren a cosas que van a desaparecer con el uso. Tienen sin duda *apariencia de sabiduría*, con su afectada piedad, falsa humanidad y severo trato del cuerpo, *pero de nada sirven frente a los apetitos de la naturaleza pecaminosa*» (Colosenses 2:20-23, cursivas nuestras). Pablo le advirtió a los colosenses que hacer reglas y abstenerse de ciertas prácticas no desarrollaría la madurez que necesitaban para vivir la vida.

Los problemas humanos son asuntos del corazón, del alma, de la orientación individual hacia Dios, y de una inmensa gama de otros asuntos relacionados con la madurez. Como dice Pablo, evitar ciertas cosas en las que te puedes involucrar peligrosamente, no cura el problema básico de inmadurez, que es interno y no externo. Quizás seas inmaduro y no estás listo para lidiar con las citas, así que te abstienes de ellas. Pero, al menos que hagas algo para crecer, seguirás siendo inmaduro y llevarás esa inmadurez hasta el matrimonio.

Evitar las citas no es la cura para los problemas que se encuentran en ellas. La cura es la misma cura bíblica para todos los problemas de la vida; esta es, *el crecimiento espiritual que lleva a la madurez*. Aprender a amar, seguir a Dios, ser íntegro y responsable, tratar a otros como quieres que te traten, desarrollar el autocontrol y construir vidas satisfactorias son maneras de asegurar que el proceso de las citas sea mejor.

Antes de decir en este libro cómo tener buenas citas, queremos señalar algunas razones por las que pensamos que no debes decirles adiós y varios motivos por los que creemos que este proceso es muy bueno.

En el capítulo «Los siete hábitos de las citas altamente defectuosas», Joshua Harris habla de las siguientes tendencias negativas de las salidas a citas románticas:

1. Conducen a la intimidad pero no necesariamente al compromiso.
2. Tienden a provocar que se salte el paso de la «amistad» en una relación.
3. Con frecuencia, confunden la relación física con el amor.
4. Alejan a la pareja de otras relaciones vitales.
5. En muchos casos, distraen a los adultos jóvenes de su responsabilidad primordial de prepararse para el futuro.
6. Pueden causar descontento con el don divino de la soltería.
7. Crean un ambiente artificial para evaluar el carácter de otra persona.

Todos estos problemas son causados por las personas y la manera en que participan de las citas. A lo largo de este libro trataremos con cada una de ellas examinando la falta de una estructura interna apropiada entre el carácter de la persona, el sistema de apoyo, los valores y la relación con Dios. En otras palabras, la falta de *límites*.

Cada uno de estos escenarios tiene que ver con aspectos de la inmadurez en el carácter, tales como fusión, dependencia y egocentrismo. La pérdida de los límites ocurre cuando una persona inmadura rinde toda su estructura, interna y externa, y se funde con un ideal, una persona, o cualquier otra cosa, para evitar madurar. El «enamoramiento» idealizado e inmaduro que todos hemos visto como destructivo es siempre un problema en el que alguien necesita ser traído de vuelta a la realidad. Si alguien tiene esta tendencia, necesita carácter y crecimiento espiritual para madurar lo suficiente y poder enfrentar la vida y las relaciones de una manera más balanceada. Y creemos que Dios puede proveer eso.

A lo largo de este libro, hablamos de todos estos problemas, y de los límites que los sanarán. Dios nos da principios para guiarnos en la vida. Debido a que podemos confiar en sus caminos, somos libres para crecer y desarrollar una vida mientras maduramos. No tenemos que evitar la vida o la madurez.

Harris defiende su postulado usando un ejemplo tras otro de gratificación pasional egoísta a expensas de otra persona, o de angustia profunda o de romance inmaduro, dependiente y adictivo. El tener una cita no causa ninguna de esas situaciones, sino la inmadurez de los involucrados. Todos conocemos muchas situaciones en las que adolescentes más maduros, adultos jóvenes y adultos mayores han participado de citas en formas maduras que produjeron crecimiento, y están muy agradecidos de la experiencia. La lógica de Harris parece ser:

El individuo A salió a una cita con el individuo B.

El individuo A, o el B, o ambos salieron lastimados.

Tener citas es malo.

Esto es un poco igual a decir que como existe el divorcio, nadie debe casarse. O porque existen los accidentes automovilísticos, nadie debe manejar. Muchos solteros y solteras tratan las citas muy responsablemente, y crecen y maduran a través de la experiencia. Ambas partes son las mejores para esto y están más preparadas para un compromiso más adelante.

Harris, no obstante, tiene razón en esto: *algunas* personas no deben salir en citas, o por lo menos por algún tiempo. De la misma manera en que alguna gente no debe manejar, o no deben tomar bebidas alcohólicas nunca, o no deben hacer otras cosas que la Biblia deja a la libre elección, algunas personas no deben participar de las citas. El principio bíblico es que estos individuos pueden tener una debilidad o inmadurez que puede provocar que tropiecen, y por esta razón, abstenerse de cierta actividad es lo mejor.

Un consejero de jóvenes internacionalmente reconocido al que consulté me confirmó esto. Él me dijo: «Abstenerse de las citas es probablemente una buena idea para un grupo pequeño de adolescentes con los que trabajamos. El resto necesita salir y aprender cómo manejar todo lo que esto conlleva para el ciclo de la madurez». Esto es lo mismo que pensamos nosotros. No salir a citas es una buena idea para unas pocas personas; gente que es vulnerable a una fusión romántica destructiva, aquellos a quienes otros han usado o que están evitando la madurez. Abstenerse de las citas es una buena idea para darle a estas personas la oportunidad de crecer.

Pero, para otros, pensamos que este tipo de salidas puede ser una experiencia muy buena. Y esto también es lo que piensa Harris. Sólo que él no lo llama «citas». Él dice que dos personas deben pasar tiempo juntas para ver si hacen una buena pareja antes de pasar al matrimonio. Sin embargo, él distingue esto de las citas, porque en ellas desde la primera «cita» la pareja está investigando el matrimonio. Hasta este punto, existía una amistad. Creemos que no es un mal plan tratar de conocer bien a alguien antes de comprometerse en matrimonio. También creemos que las citas ofrecen esta oportunidad… y más.

He aquí unos pocos de los beneficios que vemos en el proceso de tener citas:

1. *Les dan a las personas la oportunidad de conocer sobre ellas mismas, sobre otros y acerca de las relaciones en un contexto seguro.*

Cuando se llevan a cabo apropiadamente, las citas son un tiempo de preparación para descubrir al sexo opuesto, los sentimientos sexuales personales, los límites morales, la necesidad individual de destrezas para una relación y el gusto de cada cual por las personas. Pero esto debe darse en un contexto apropiado. Una persona soltera debe tener sus citas dentro de una comunidad de gente que se preocupe por él o ella. Para los adolescentes, este contexto es sus padres, amigos, grupo de jóvenes, pastor de jóvenes, entrenador o algo similar.

Este tipo de relación brinda un espacio para crecer y aprender en la seguridad de personas que los pueden ayudar a desarrollarse. Le dije a alguien que trabaja con jóvenes, y que creía en el movimiento de renunciar a las citas, que pensaba que le estaría robando a los adolescentes una información y entrenamiento necesarios si los animaba a que no salieran a citas. Prefiero ver a los adolescentes aprendiendo en una situación en la que tienen dirección y tienen una oportunidad de madurar antes de hacer un compromiso matrimonial, que verlos hacer un compromiso y más tarde tener que descubrir todo esto.

Lo mismo es cierto para los solteros mayores. Sus amigos, pastores y comunidad deben apoyarlos mientras salen en estas citas. Esto les brinda un lugar para crecer hasta que estén listos para el matrimonio.

2. *Proveen un contexto para tratar diferentes asuntos.*

Pregúntale a las parejas felizmente casadas cómo les hubiera ido si se hubieran casado con su primer novio o novia. Lo hemos visto miles de veces. La primera elección en cuanto a quién les atrae puede que no sea la mejor. Las citas ofrecen el espacio para descubrir que lo que ellos piensan que valoran en una persona puede no ser lo que aprecian a largo plazo. Pueden descubrir que lo que les atrae es efímero y hasta puede ser destructivo. Algunas de estas atracciones pueden llegar a tener connotaciones espirituales. He oído muchas veces que alguien se sintió atraído por la «madurez» espiritual y el carácter de otra persona. Pensaban que la persona era maravillosa. Pero luego de empezar a salir, comenzaron a conocerse mejor y más de cerca. Y descubrieron que lo que se veía tan bien en una relación casual no era suficiente para sostener una relación más seria y prolongada.

Estuve hablando con una mujer que había crecido con un padre demasiado dominante y a quien le disgustaba mucho este tipo de dominio. Se sentía atraída por hombres tiernos y dulces, cualidades que su padre no poseía. Terminó casándose con su primer novio, luego de salir con él por un corto tiempo. Él era un hombre muy tierno y agradable pero, debido a que ella temía al poder masculino, era demasiado pasivo. Ella lamentaba no haber descubierto antes su tendencia a idealizar la pasividad. Si hubiera salido con su esposo por más tiempo, se hubiera dando cuenta en lo que se estaba involucrando y cómo era él en una relación verdadera. Mucha gente nos parece muy buena hasta que llegan a una relación real de día tras día.

3. *Ayudan a desarrollar destrezas para las relaciones.*

Las relaciones íntimas exigen mucho trabajo y muchas destrezas. Mucha gente no llega a la adultez habiendo aprendido estas destrezas para relacionarse con sus familias o en otros lugares. Pero, cuando comienzan a salir con otras personas, descubren que tienen serias inseguridades o que carecen de ciertas habilidades para las relaciones, tales como la comunicación, la vulnerabilidad, la confianza, la resolución, la sinceridad, el sacrificio personal y el saber escuchar. Mediante sus relaciones en las citas se percatan de su inmadurez y son capaces de descubrir qué necesitan trabajar antes de estar listos para una relación más importante. Además, las citas le dan a las personas la oportunidad de conocer sobre las relaciones en sí mismas y cómo ellas funcionan en una relación. Este puede ser un gran tiempo de crecimiento y descubrimiento.

4. *Pueden restaurar y sanar.*

Me encontré con un hombre al que no había visto por algún tiempo y me sorprendí al descubrir que estaba felizmente casado con otra persona que no era la mujer con la que estaba la última vez que lo había visto. Cuando le pregunté por su antigua novia, me respondió:

—¡Ah! Somos muy buenos amigos y le doy gracias a Dios por el papel que ella tuvo en mi vida.

—¿Qué quieres decir? —pregunté.

—Por un tiempo pensé que ella era la mujer para mí. Pero Dios tenía otros planes a largo plazo para ambos. No obstante, creo que él nos unió por un tiempo para enseñarnos a los dos mucho sobre nosotros mismos y para traer alguna sanidad. Me habían herido mucho en el pasado, y ella fue muy comprensiva y amorosa. Su amor fue muy importante para convertirme en alguien capaz de amar otra vez. Aunque ahora sé que no era la persona correcta para casarme, nuestra relación fue muy buena para ambos y nos preparó para relaciones futuras.

Dios usa las relaciones para sanarnos y cambiarnos. Aunque no estamos sugiriendo que las citas sean la primera opción para que alguien busque sanidad (esto es una idea horrible), en ellas sí ocurren cosas buenas para el alma de las personas. La gente se beneficia de las buenas relaciones. Pueden tener buenas relaciones basadas en las citas en las que aprenden, son sanadas, crecen, se desarrollan, aun cuando la relación nos los lleve al matrimonio. Tienen valor en la vida del individuo.

5. *Son relacionales y tiene valor en y por sí mismas.*

Joshua Harris dice que la gente busca gratificación personal en las citas. Aunque bien es cierto que algunas personas usan a otros de manera egoísta en el plano de las citas, algunos disfrutan conociendo a otros, y dan y reciben en una manera piadosa, no solo en una forma que lleve al matrimonio.

Conocer a alguien, pasar tiempo y compartir cosas con él o ella es «intimidad». Conocer a otra persona profundamente es amor. Es relación, y esto es santo y bueno. Pero en el proceso de las citas esto no está *completo*. Las parejas que no están casadas no se entregan totalmente; por ejemplo, se abstienen de la unión sexual. Sin embargo, sus otras maneras de compartir tienen un valor real y es algo maravilloso, por ninguna otra razón que el amor y la relación en sí misma. Dios dijo que el amor —no solo el amor matrimonial— es la consumación de toda la ley. Cuando dos personas solteras se aman y se entregan el uno al otro, y comparten algo en la vida, aunque su relación tiene límites tanto en el cuerpo como en el alma, también tiene valor.

6. *Permiten que la persona descubra lo que le gusta en el sexo opuesto.*

Mencionamos antes a una mujer a quien le hubiera convenido descubrir en las citas que ser «agradable» no era todo lo que se debía ser. Pero hay otras cosas que la gente necesita conocer que no se basan en este tipo de dolor. En su caso, ella estaba buscando compensación por los problemas de su padre. Otra gente sencillamente no sabe qué tipo de personas de verdad le gustan y con las que harían buena pareja. Todos tenemos algunos ideales y algunas atracciones naturales. Algunas pueden ser buenas y otras pueden estar enraizadas en la enfermedad.

No todos los individuos saben qué tipo de personas les gustan o cuales son buenas para ellos. ¿Qué te parecería pasar mucho tiempo con una personalidad controladora? Para algunos es el cielo, para otros, el infierno. ¿Qué tal pasar día tras día con un intelectual? Para alguna gente puede ser muy estimulante. Para otros, muy seco y aburrido. Y así podemos seguir y seguir. Lo que a veces pensamos que nos gusta no es lo que realmente es bueno para nosotros a largo plazo, pero necesitamos descubrirlo. Tener este tipo de citas le da a las personas la oportunidad de conocer y pasar tiempo con una gran variedad de gente. Así pueden descubrir lo que les gusta, lo que necesitan y lo que es bueno para ellos.

7. *Proveen el contexto para aprender sobre autocontrol sexual y otras gratificaciones que deben posponerse.*

Las buenas citas permiten la oportunidad de tener una relación y privarse del sexo. La posposición de esta gratificación enseña algo muy valioso para el matrimonio: la relación y hacer lo que es mejor para la otra persona es más importante que la satisfacción propia y la expresión sexual. Algunas parejas casadas no saben cómo relacionarse, y uno o ambos usan el sexo como un sustituto de la relación. Las citas dentro de los límites divinos hacen que las personas descubran cómo relacionarse entre ellas mientras se niegan la expresión sexual. Una cita llevada a cabo de forma correcta enseña autocontrol y una posposición de la gratificación. Ambas cosas son prerrequisitos para que funcione cualquier matrimonio.

Las citas pueden desarrollarse de forma errónea y resultar en heridas y dolor. Por otro lado, si se llevan a cabo en la manera correcta pueden llevar a unos frutos maravillosos en la vida del adolescente o el adulto soltero. *Límites en las Citas* está diseñado para ayudarte a descubrir los secretos de las citas exitosas y evitarte los peligros de las citas mediocres.

Si vas a tomar este libro seriamente, busca a Dios de la manera más profunda que conoces, establece una comunidad saludable de amigos que te apoyen en el proceso, entonces las salidas a citas pueden ser ciertamente algo maravilloso. Puede ser divertido, espiritualmente satisfactorio y producir crecimiento. Mantén tus límites y disfruta el proceso. Vive tu vida, pero recuerda los límites de Dios y que él quiere que vivas de una forma plena, pero santa. Salomón lo expresó muy bien en su consejo al joven (que también se aplica a las jóvenes): «Alégrate, joven, en tu juventud; deja que tu corazón disfrute de la adolescencia. Sigue los impulsos de tu corazón y responde al estímulo de tus ojos, pero toma en cuenta que Dios te juzgará por todo esto» (Eclesiastés 11:9).

Este proceso de tener citas amorosas puede ser un tiempo estupendo de tu vida, pero debe ser balanceado con los límites de Dios de lo que es bueno. Deseamos que este libro te ayude a encontrar esa seguridad, satisfacción, crecimiento y libertad.

Parte 1

TÚ Y TUS LÍMITES

Capítulo 1

¿Por qué los límites en las citas?

«¿Entonces qué hago, ponerle una bomba debajo de la silla?», estalló Heather, solo bromeando en parte. Estaba almorzando con Julie, su mejor amiga. La conversación giraba en torno a la frustración que sentía con Todd, el novio de Heather por el pasado año. Ella lo amaba profundamente y estaba lista para el matrimonio. Aunque él era amoroso, responsable y divertido, no había dado ninguna señal de querer comprometerse realmente con la relación. La pareja disfrutaba el estar juntos, pero cada vez que Heather trataba de hablar sobre formalizar la relación, Todd hacía un chiste o le daba una vuelta al asunto. A los treinta y tres años, él valoraba su libertad y no veía ninguna razón para cambiar nada en su vida.

El estallido de Heather fue una respuesta a algo que Julie le había dicho: «Realmente necesitas ayudar a Todd a que haga algo». Las palabras de Heather estaban matizadas de frustración, dolor y una buena porción de desaliento. Frustración porque ella y Todd parecían ir por caminos distintos. Dolor porque sentía que su amor no era correspondido. Y desaliento porque había invertido mucho de su corazón, tiempo y energía en esta relación.

Durante el pasado año, Heather le había dado a Todd una alta prioridad emocional en su vida. Había renunciado a las actividades que disfrutaba, se había alejado de relaciones que valoraba. Había tratado de convertirse en el tipo de persona que ella pensó le atraería a Todd. Y ahora parecía que la inversión no había llegado a ninguna parte.

No se admiten niños

Bienvenido al mundo de las citas. Si alguna vez has estado en este tipo único de relación, es probable que te resulte conocido el guión de Heather y Todd. Dos personas sienten una real atracción mutua y comienzan a salir. Tienen la esperanza de que la relación se convierta en algo especial y que los lleve al matrimonio y a una larga vida con su alma gemela. Por algún tiempo todo va bien, pero de alguna manera algo se rompe entre ellos y causa dolor en el corazón, frustración y soledad. Y, con más frecuencia de la que se quisiera, el problema se repite en otras relaciones en el camino.

Algunas personas culpan al proceso de citas en sí mismo por todo esto, y piensan que no es en realidad una actividad saludable. En lugar de eso, prefieren encontrar una alternativa, como un grupo de amistades, hasta que dos personas se escogen mutuamente para cortejarse de forma exclusiva. Aunque las citas tienen sus dificultades, no tomaremos esa postura. Creemos en las citas. Personalmente participamos de muchas. Si sumamos los años de ambos, ¡estuvimos solteros un total de setenta y cinco años! Y creemos que ofrecen muchas cosas buenas, tales como la oportunidad de crecer personalmente y descubrir cómo relacionarnos con la gente, por mencionar solo dos.

Sin embargo, las citas sí tienen sus riesgos. Por eso decimos que *no se admiten niños*. Esto no significa que los adolescentes no deben salir a citas, pero sí quiere decir que aquí la madurez es muy importante. Por su naturaleza, las citas son un experimento, inicialmente con poco compromiso, así que la persona puede dejar la relación sin tener que justificarse mucho. Hacer una inversión emocional muy grande en una relación puede ser peligroso.

Por lo tanto, salir a citas funciona mejor entre dos personas responsables.

Los problemas con la libertad y la responsabilidad

No obstante, este libro no trata de la naturaleza de las citas. No puedes hacer mucho con eso. En su lugar, escribimos sobre los problemas que tienen las personas para saber cómo conducir sus vidas en este proceso. Y hay mucho que puedes hacer sobre eso.

Dicho de manera sencilla, muchas de las luchas que la gente experimenta en las relaciones de citas son, en esencia, *causadas por algún problema en las áreas de libertad y responsabilidad.* Por libertad nos referimos a tu habilidad de tomar decisiones basadas en tus valores, en lugar de hacerlo como resultado del miedo o la culpa. Las personas libres se comprometen porque sienten que es lo correcto y se sienten seguras al hacerlo. Por responsabilidad nos referimos a tu habilidad para llevar a cabo las tareas para mantener la relación saludable y amorosa, y también decir no a las cosas por las que no debes ser responsable. La gente responsable lleva sobre sus hombros su parte en la relación, pero no toleran la conducta dañina o inapropiada.

A fin de cuentas, lo que está detrás de las citas es el amor. La gente lo busca por medio de las citas. Cuando lo encuentran, y madura, con frecuencia hacen profundos compromisos. La libertad y la responsabilidad son necesarias para que el amor se desarrolle en este tipo de relación. Cuando dos individuos permiten la libertad personal y toman posesión de la relación, están creando un ambiente para que el amor crezca y madure. La libertad y la responsabilidad crean un ambiente seguro para que la pareja se ame, confíe, explore y profundice en su relación.

Por cierto, estos dos elementos son necesarios para cualquier relación exitosa, no solo en el proceso de las citas. El matrimonio, la amistad, la paternidad y las relaciones de negocios dependen de la libertad y la responsabilidad para que florezca el compromiso. Dios diseñó el amor para que no haya temor (pérdida de libertad) en él, porque el perfecto amor echa fuera el temor (1 Juan 4:18). Debemos vivir la verdad en amor mutuo (Efesios 4:15), asumiendo la responsabilidad de proteger el amor confrontando los problemas.

Creemos que los límites saludables son la clave para preservar la libertad, la responsabilidad y, a fin de cuentas el amor, en tu vida de salir a citas. Establecer y mantener los límites apropiados puede traer grandes beneficios no solo para curar una mala relación, sino también para hacer que una buena se torne mejor. Por lo tanto, antes de examinar las maneras en que los problemas en las citas surgen de los conflictos de libertad y responsabilidad, echemos un rápido vistazo a los límites y cómo funcionan en sus relaciones de citas.

¿Qué son los límites?

Quizás no conozcas bien el término *límite*. Para algunas personas, los *límites* pueden traer imágenes de paredes, de barreras para la intimidad o hasta de egoísmo. Sin embargo, este no es el caso, especialmente en el ámbito de las citas. Si entiendes lo que son los límites y lo que hacen, pueden ser una de las más útiles herramientas en tu vida para desarrollar el amor, la responsabilidad y la libertad. Examinemos qué es un límite, sus funciones y propósito, y veamos algunos ejemplos.

Una línea de propiedad

Dicho de forma sencilla, un límite es una *línea de propiedad*. De la misma manera que una cerca marca dónde termina tu patio y empieza el del vecino, un límite personal distingue cuál es tu propiedad emocional o personal, así como lo que pertenece a otra persona. Tú no puedes ver tu propio límite. Sin embargo, puedes decir que está allí cuando alguien lo traspasa. Cuando otra persona trata de controlarte, intenta acercarse demasiado o te pide que hagas algo que no crees que esté bien, debes sentir alguna sensación de protesta. Alguien cruzó tu límite.

Las funciones de los límites

Los límites sirven para dos funciones importantes. Primero, nos *definen*. Los límites muestran qué somos y qué no; en qué estamos de acuerdo y con lo que no coincidimos; qué amamos y qué detestamos. Dios tiene muchos límites muy claros. Él ama al mundo (Juan 3:16); ama al dador alegre (2 Corintios 9:7). Aborrece los ojos que se enaltecen y la lengua mentirosa (Proverbios 6:16-17). Como estamos hechos a su imagen, también debemos ser sinceros y veraces sobre lo que somos y lo que no somos.

Las citas marchan mucho mejor cuando estamos definidos. Cuando eres claro con respecto a tus valores, preferencias y ética, solucionas muchos problemas antes de que comiencen. Por ejemplo, una joven puede decirle al muchacho con el que está saliendo que para ella es muy importante su vida espiritual y que desea lo mismo en las personas con las que se relaciona. De esta forma le está dejando saber algo que la define, y que ella quiere que quede claro desde el principio, para que así él sepa quién es ella.

La segunda función de los límites es *protegernos*. Los límites mantienen cerca las cosas buenas y alejan las malas. Cuando no tenemos límites claros, nos podemos exponer a influencias y personas dañinas y destructivas. La gente prudente ve el peligro y lo evita (Proverbios 27:12). Por ejemplo, un hombre y una mujer que están progresando en su relación pueden querer establecer algunos límites con respecto a salir a citas con otras personas, al hacerlo, se protegen mutuamente el corazón de heridas innecesarias. Los límites protegen al dejarle a otros saber qué toleras y qué no aceptas.

Ejemplos de límites

Hay diferentes tipos de límites que podemos establecer y usar al tener una cita, todo depende de las circunstancias. He aquí algunos:

- Palabras: decirle no a alguien y ser sincero con relación a tu desacuerdo.

- La verdad: traer un problema a la realidad.
- Distancia: permitir un tiempo o espacio físico entre dos personas para protección o como consecuencia de una conducta irresponsable.
- Otras personas: usar amigos que te apoyen a mantener un límite.

Algunas veces usarás estos límites solo para mostrarle tu corazón a la persona con la que estás saliendo: «Soy muy sensible y quiero que lo sepas, para que estés consciente de que me pueden lastimar fácilmente». En otras situaciones, puedes necesitar usar los límites para confrontar un problema y protegerte a ti o a la relación: «No voy a llegar tan lejos como tú sexualmente, y si continúas presionándome, no voy a salir más contigo». En ambos casos, los límites te brindan libertad y alternativas.

Qué hay dentro de tus límites

Recuerda que los límites son cercas que protegen tu propiedad. En las citas, tu propiedad es tu alma. Los límites rodean la vida que Dios te ha dado para que la mantengas y madures, convirtiéndote de esta manera en la persona que él te creó para ser. He aquí algunas de las cosas que tienes adentro que los límites definen y protegen.

- Tu amor: tu capacidad más profunda de relacionarte y confiar.
- Tus emociones: la necesidad de ser dueño o dueña de tus sentimientos y de no sentir que te controlan los sentimientos de otra persona.
- Tus valores: tu necesidad de que tu vida refleje aquello que es más importante para ti.
- Tus conductas: tu control sobre cómo actuar en tu relación de citas.
- Tus actitudes: tus posturas y opiniones sobre tu persona y sobre tu pareja.

Tú y solo tú eres responsable por lo que hay dentro de tus límites. Si alguien más está controlando tu amor, tus emociones o tus valores, ellos no son el problema. El problema es tu incapacidad de establecer límites a este control. Los límites son la clave para mantener tu alma segura, protegida y creciendo.

Encontrarás en este libro muchos, muchos ejemplos y situaciones sobre cómo aplicar los principios de los límites cuando aceptar salir a citas. Solo recuerda que no es malo decir que no. Por el contrario, puedes estar evitando hacer daño a tu persona o a la relación.

Cómo se manifiestan los problemas con los límites

Cuando no están presentes la libertad y la responsabilidad hay muchas maneras en que las citas sufren. A continuación mostraremos algunas de ellas.

Pérdida de libertad para ser uno mismo

Algunas veces una persona rendirá su identidad y estilo de vida para mantener una relación. Entonces, cuando emergen sus sentimientos reales, a la otra persona no le gusta quién es realmente porque nunca antes expuso su verdadero yo. Heather, en la ilustración de introducción, había perdido algo de su libertad en este sentido.

Estar con la persona equivocada

Cuando tenemos límites bien definidos nos sentimos más atraídos hacia personas saludables y en crecimiento. Tenemos claro qué toleramos y qué nos gusta. Los buenos límites alejan a los lunáticos y atraen a personas que le interesan la responsabilidad y las relaciones. No obstante, cuando nuestros límites no están claros o no están bien desarrollados, corremos el riesgo de permitir que entren personas que no deben estar allí.

Tener una cita motivado por el dolor interior en lugar de por nuestros valores

Los límites tienen mucho que ver con nuestros valores, lo que creemos y lo que defendemos en la vida. Cuando nuestros límites están claros, nuestros valores pueden dictar qué tipo de gente es la más apropiada para nosotros. Pero con frecuencia, las personas con límites débiles tienen que tratar con su alma y, sin saberlo, intentan hacerlo a través de sus citas. En lugar de escoger a las personas basándose en sus valores, reaccionan a sus luchas internas y hacen su elección en formas que resultan devastadoras. Por ejemplo, la mujer con padres controladores puede ser atraída hacia hombres controladores. Por el contrario, otra mujer con el mismo trasfondo puede reaccionar de forma opuesta y escoger a hombres complacientes y pasivos para que no la controlen nunca más. En cualquiera de los casos, el dolor interior está haciendo la selección y no los valores.

Abstenerse por completo de las citas

Tristemente, algunas personas que de verdad quieren salir a citas se mantienen al margen, ponderando si alguna vez van a encontrar a alguien, o si alguien los va a encontrar a ellos. Con frecuencia, esto es resultado de los conflictos en los límites. Ocurre cuando la gente se aleja para evitar los riesgos y las heridas, y terminan con las manos vacías.

Hacer demasiado en la relación

Muchas personas con problemas de límites rebasan la zona que tienen demarcada y no saben cuando dejar de entregarse a sí mismas. Ponen sus vidas y corazones en compás de espera por alguien, solo para descubrir que esa persona estaba dispuesta a tomar todo lo que se le brindara, pero nunca realmente deseó un compromiso serio. Los límites saludables nos ayudan a saber cuánto dar y cuándo debemos parar.

Libertad sin responsabilidad

La libertad siempre debe estar acompañada de responsabilidad. Cuando una persona disfruta de la libertad de las citas pero no tiene ninguna responsabilidad, surgen los problemas. En esta categoría encajan los que en sus relaciones de citas se sienten que tienen «la soga y la cabra». Esta es la situación de Todd. Él disfrutaba estar con Heather pero no quería asumir ninguna responsabilidad en el desarrollo de la relación, aunque ya había pasado bastante tiempo.

Asuntos de control

Con mucha frecuencia, una persona quiere darle formalidad a la relación más temprano que la otra. A veces, en esta situación, la persona con mayor seriedad intenta «ponerle las riendas» a la otra persona por medio de la manipulación, la culpa, el dominio y la intimidación. El amor ha pasado a un segundo plano y el control es la mayor prioridad.

No asumir la responsabilidad de decir que no

Esto describe al «chico bueno» que permite la falta de respeto, que la persona con la que está saliendo lo trate mal, que minimiza la realidad de que lo han maltratado o sencillamente espera que un día ella deje de hacerlo. Él se enajena de su responsabilidad para establecer un límite a las cosas desagradables que le están ocurriendo.

Comportamiento sexual inadecuado

Con frecuencia las parejas tienen dificultad en mantener los límites físicos apropiados. Puede que eviten asumir la responsabilidad por el asunto, o que sea solo una persona quien ponga el «freno», o que ambos ignoren las razones más profundas que están motivando esta situación.

Hay muchas otras razones por las que tener citas puede tornarse en una situación miserable como resultado de los problemas con la libertad y la responsabilidad. Examinaremos muchas de ellas en este libro. Y, como verás, entender y aplicar límites en las formas correctas puede hacer una inmensa diferencia en cómo abordas el ámbito de las citas.

En el siguiente capítulo miraremos al primer y más importante límite en toda relación: la verdad.

Consejos para el camino

- Las citas envuelven riesgos y los límites pueden ayudarte a navegar por ellos.
- Los límites son las «líneas de propiedad» que te definen y te protegen.
- Aprende a valorar lo que tus límites protegen, esto es: tus emociones, valores, conductas y actitudes.
- Los límites te ayudan a ser tú mismo, en lugar de perderte en otra persona.
- Es necesario que la persona con la que estás saliendo tome responsabilidad por su vida de la misma manera que tú lo haces.
- Los buenos límites te ayudarán a escoger mejores personas porque te ayudan a que te conviertas en un mejor ser humano.

Capítulo 2

Exige y personifica la verdad

Hace unos años asistí a una conferencia sobre cómo trabajar con los desórdenes de carácter y el instructor nos presentó una lista de prioridades para los sicólogos que tratan a las personas con este tipo de problemas. Desorden de carácter es un término muy general, pero una manera de definirlo es cuando las personas no toman el control y la responsabilidad por sus vidas. Nunca olvidaré lo que dijo el instructor sobre la primera prioridad —aparte de proteger la seguridad personal— al tratar los desórdenes de carácter.

Tan pronto exista cualquier tipo de engaño, detén todo. Si estás tratando de ayudar a alguien y te está mintiendo en alguna forma, no hay ninguna relación. Todo el asunto es una farsa, y no debes tratar de ir más allá en tu deseo de ayudar hasta que solucionen el problema de la mentira. En ese punto no interesa nada más. La confianza es todo cuando ayudas en una relación y cuando se pierde, se convierte en el único asunto en el que se debe trabajar. Se arregla o se termina la relación. *Donde hay engaño no hay relación*.

Este fue un buen entrenamiento y un sabio consejo de un líder con mucha experiencia en la rama. Treinta y cinco años de práctica le habían enseñado que «donde hay engaño, no hay relación». La confianza lo es todo. Si bien es esencial en una relación terapéutica, la sinceridad es el fundamento de la relación de pareja durante las citas amorosas y también en el matrimonio.

Sobre arena movediza

El otro día estaba escuchando a una cliente contarme su historia. Su matrimonio se hizo trizas como resultado de una aventura. Lo interesante, sin embargo, fue que el matrimonio no se rompió a causa de la aventura, sino por la mentira. El esposo le había confesado algunas cosas y ella se sintió destruida. Se separaron por algunos meses mientras ella pasaba por todo el dolor asociado a ese tipo de traición. Entonces, luego de todo eso, ella decidió que quería la reconciliación y volvieron a estar juntos. Ella se estaba suavizando y tomando confianza, y él estaba arrepentido. Entonces fue cuando descubrió que él no le había contado la historia completa la primera vez y que las cosas eran peores de lo que le había hecho pensar.

La segunda decepción fue peor que la primera. Era como revivir otra vez la aventura, excepto que esta vez yacía encima de la primera mentira y engaño. Era mucho más de lo que podía soportar. Al sentirse que estaba parada sobre arena movediza, comenzó otra vez el proceso de separación. Esta situación me recordó otra vez las sabias palabras del siquiatra: «*Donde hay engaño, no hay relación*».

He visto cómo el engaño socava las relaciones en las áreas de las finanzas, el desempeño en el trabajo, el uso de sustancias y muchos otros tópicos. El contexto cambia de relación a relación, pero la mentira y la decepción son iguales de destructivas sin que importe el asunto en el que se está mintiendo. La realidad del problema es que cuando estás con alguien que es mentiroso, nunca sabes cuál es la realidad. No estás parado sobre terreno firme, y puede cambiar en cualquier momento. Como me dijo una mujer: «Te hace cuestionar todo».

El engaño en las citas

Hay muchas maneras de engañar a alguien en el mundo de las citas. Examinemos las más comunes.

Engaño sobre tu relación

A Karen le gustaba mucho Matt, pero luego de salir juntos por varios meses, ella se dio cuenta de que la relación no conducía a ninguna parte a largo plazo. Le gustaba que él estuviera «por los alrededores», pero Matt estaba tomando con mucha más seriedad que ella los sentimientos. Él había dejado de salir con otras personas y estaba comenzando a tratarla como a una novia oficial.

Al principio estaba incómoda con su seriedad pero trató de ignorar el sentimiento. Después de todo, la estaba pasando bien y no veía nada malo en que siguieran saliendo. Pero Matt se estaba volviendo cada vez más y más afectuoso y había otras señales de que se estaba «involucrando» demasiado en la relación. Mientras más él hacía, más negaba Karen su percepción de que no estaba siendo sincera. «¿Qué daño puede hacer?», decía para convencerse.

Entonces una noche, ya tarde, estaban viendo televisión y él se acercó y la besó. Luego le dijo suavemente: «Te amo».

Karen sintió que todo su cuerpo se ponía rígido. Pero le devolvió el beso y actuó como si no pasara nada malo. Al poco rato, le dijo a Matt que estaba cansada y que quería irse a dormir. Le pidió que se fuera y él se fue.

Matt se fue muy emocionado. Sentía que habían entrado a otro nivel en la relación. Tenía planes para su futuro y era un hombre cambiado. Aquella noche, se quedó dormido soñando que estaban juntos.

¿Adónde crees que fue la relación a partir de ese momento? Había dos opciones. Una era que Karen llamara a Matt al otro día y le dijera: «Necesitamos hablar. Anoche cuando me dijiste que me amabas, me sentí incómoda. No creo que estemos sintiendo lo mismo. No creo que vayamos en la misma dirección, y creo que solo deberíamos ser amigos».

Desdichadamente, esto no fue lo que ocurrió. Ignoró su incomodidad y siguió saliendo como si nada hubiera cambiado. Él siguió enamorándose y ella permitió que lo siguiera haciendo. Matt la llevó a actividades y lugares maravillosos, le dedicó mucho tiempo y atención, y quería agradarla, creyendo todo el tiempo que eran novios. Y ella lo permitió. Karen disfrutaba el estar con él, pero tenía que ignorar la sutil división que se estaba desarrollando en su interior entre la forma en la que estaba actuando y lo que sabía que estaba sintiendo. Sin embargo, se decía a sí misma: «Realmente la paso bien con él. ¿Qué daño puede hacer que sigamos saliendo?» Y lo hizo por un tiempo, hasta que quiso seguir su camino y sintió que Matt estaba de alguna manera impidiéndoselo. Así que finalmente le tuvo que decir que quería que se dejaran de ver. Le dijo que no sentía que «la relación no conducía a ningún lado».

Matt estaba destruido. No lo podía creer. Un día eran una pareja y al otro se había acabado. ¿Cómo fue que pasó esto? Desilusionado, no salió con nadie más por mucho tiempo.

Muchos solteros han estado ya sea en una u otra parte en la situación de Matt y Karen. Cualquiera de los lados es doloroso, pero ciertamente Matt se llevó la peor parte. Lo engañaron haciéndole pensar que las cosas eran de una manera que realmente no eran. Y su corazón respondió a lo que él percibía como la realidad. Al final, se sintió realmente herido.

Con las citas vienen las heridas, y con frecuencia, las pérdidas. Perder un amor o la esperanza del amor es parte de la dinámica de las citas. Pero, aunque perder el amor que alguien desea es casi inevitable en algún punto u otro mientras se tienen citas, *perder la confianza en el sexo opuesto no debe ocurrir si las personas son sinceras entre sí*. Como dice Pablo: «Por lo tanto, dejando la mentira, hable cada uno a su prójimo con la verdad, porque todos somos miembros de un mismo cuerpo» (Efesios 4:25).

No hay nada malo en salir con alguien, disfrutar de su compañía y descubrir hacia dónde va la relación. Esa es casi la definición de las circunstancias de las citas. Pero tan pronto una de las personas involucradas está segura de que no va en la dirección en que la otra parte piensa o espera, entonces tiene la responsabilidad de hablar clara y sinceramente. Hacer cualquier otra cosa es engañoso y perjudicial. *No permitas que alguien se engañe a sí mismo por algo que estés haciendo.* Matt hubiera estado mucho mejor si hubiera sido lastimado antes, tan pronto Karen se dio cuenta de lo que estaba pasando. Eso hubiera aumentado su confianza en las mujeres. Pero ocurrió lo contrario.

Engaño sobre ser amigos

Lo mismo puede ocurrir en la dirección opuesta. Mientras Karen estaba actuando como una novia cuando en realidad era solo una amiga, también existen otros que mienten sobre sus intenciones reales y actúan como amigos. Estos son los que sienten una atracción secreta y hacen cualquier cosa por alguien. Con mucha frecuencia se desviven por ayudar o ministrar a alguien, pero en todo el proceso, tienen motivos ulteriores. Entonces, cuando el «blanco» de su interés no les devuelve la afección, se sienten heridos y actúan como víctimas, como si ese alguien hubiera hecho algo horrible. En todo momento dicha persona pensó que eran «solo amigos».

No hay nada malo en ser amigos y conocerse para ver qué tipo de relación puede haber entre dos personas. Algunas relaciones que comienzan como una amistad se transforman en algo más, y en una de las mejores relaciones a largo plazo. Pero eso es diferente a tener claras intenciones con alguien y engañarla mientras tienes otros planes.

Es cierto que no tienes que poner todas tus cartas sobre la mesa cuando te gusta alguien. Pero son dos cosas muy diferentes los planes engañosos y la astucia apropiada. No actúes como un amigo que no eres. La mejor manera de comprobar esto es preguntándote: «¿Qué pasará si este asunto no termina como yo deseo?» Si puedes decir sinceramente que estarás muy feliz siendo amigos y que querrás a la persona como amiga, estás siendo sincera. Si dices: «Si no siente lo mismo que yo, no me interesa ser más "amigos"», tu amistad es una farsa. Solo tú sabes la verdad.

Engaño sobre otras personas

Algunas veces las personas nos son sinceras con respecto a la naturaleza de la relación con otras personas en sus vidas. Pueden actuar como si alguien fuera «solo un amigo» cuando hay más historia que esa o hay más de lo que se dice.

Estuve trabajando con un hombre que estaba tratando de descifrar su relación con la mujer con la que estaba saliendo. Por alguna razón tenía la extraña sensación de que algo no estaba bien. Parecía que estuviera demasiado conectada con su trabajo. Él no tenía problema con que le gustara el trabajo, pero había algo raro en la relación con su jefe. No pensaba que estuvieran saliendo ni que tuviera alguna relación ilícita con él, pero de todos modos tenía esa rara sensación con respecto al trabajo y a su conexión con el jefe.

Finalmente descubrió que su novia había estado comprometida con su jefe. Y que todavía existía un tipo de vínculo entre ellos. Pero, por lo que él sabía, era estrictamente una relación de trabajo. Ella no le había dado toda la información.

Este hombre se sintió horriblemente engañado y desde ese momento la relación fue cuesta abajo. No se tambaleó porque ella trabajaba con su ex novio, sino porque no fue clara sobre la naturaleza de su antigua relación con su jefe. Él podía sentir un tipo de vínculo que ella no estaba dispuesta a reconocer. Más tarde, cuando surgieron otros asuntos en los que ella no había sido clara, la relación murió. Si no hubiera mentido sobre el ex novio, los problemas que surgieron más tarde no hubieran sido la gran cosa. Pero una vez que comenzó un patrón de engaño, fue difícil reestablecer la confianza. (Una nota adicional: ella pronto volvió con su ex novio. Le dije a mi cliente que había tenido suerte de escapar de ella.)

Engaño sobre quién eres

En un capítulo sobre la sinceridad es realmente importante recordar que *tendrás una buena relación en la medida en que seas capaz de ser transparente y honesto con relación a todo*.

Si te gusta cierto tipo de música, iglesia, película o actividad, tienes que decirlo. Si no quieres ir a cierta clase de evento o salida, sé sincero. Esto no quiere decir que no puedas dejar a un lado tus deseos para complacer a alguien. Pero sí significa que no tienes miedo de ser tú mismo. De otra manera, la otra persona pensará que eres distinto a quien eres y más adelante habrá problemas. Además, la gente complaciente tiene el hábito de atraer a personas controladoras y egocéntricas, y tú no quieres hacer eso. Sé sincero, ten algunas diferencias y disfruta la travesía.

Engaño sobre los hechos

Hay personas que mienten con respecto a sus sentimientos, relaciones, preferencias personales, y hasta sobre la realidad misma. Ten cuidado con las siguientes mentiras:

- Sobre dónde estuviste
- Sobre las finanzas
- Sobre abuso de sustancias
- Sobre estar viendo o tener relación con otra persona
- Sobre su pasado
- Sobre sus logros
- Sobre otros hechos

Cuando atrapas en una mentira de cualquier tipo a la persona con la que estás saliendo, mira esto como un asunto de carácter que debe entenderse como una grave advertencia. Mentir sobre la realidad coloca tu relación sobre un fundamento bastante tambaleante.

Engaño sobre heridas y conflictos

Estamos asumiendo que vas a decir la verdad sobre todos estos aspectos, ¿verdad? Es de la otra persona de la que tienes que cuidarte. Pero esta sección es especialmente para ti, porque si mientes en esta área, no tienes esperanza de descubrir con qué tipo de persona estás saliendo.

Una de las cosas más importantes que puedes hacer en una relación que está cercana a tornarse seria es ser sincero con respecto a tus heridas y conflictos. Si estás saliendo con alguien y existe algún problema relacionado con la forma en que él o ella te ha tratado, o con alguna herida pasada que has sufrido, *debes ser sincero*. Hay dos razones importantes por las que necesitas hacer esto:

1. Ser sincero soluciona el daño o el conflicto.
2. Cuando eres sincero, la manera en que responde la otra persona te dice si es posible una relación real, a largo plazo y satisfactoria.

Si te han lastimado en alguna forma, háblalo. No albergues sentimientos amargos. O si hay algo que la otra persona ha hecho y que no te gusta, o que va en contra de tus valores, o que no es correcto, debe discutirse. Si no lo haces, estás edificando una relación sobre un falso sentido de seguridad y cercanía, y es posible que se confundan tus sentimientos por el dolor y el temor. Se pierde demasiado cuando no se trata de descubrir quien es la otra persona, y hacia donde puede ir la relación en verdad, si una o ambas personas no enfrentan directamente el dolor y el conflicto. En efecto, una relación sin conflictos es probablemente una relación superficial.

Segundo, necesitas descubrir si la persona con la que estás es capaz de lidiar directamente con el conflicto y las heridas. La Biblia y todas las investigaciones sobre las relaciones son claras en esto: *las personas que pueden tratar con la confrontación y el intercambio de información son las que pueden hacer que una relación funcione*. Debes descubrir ahora, antes de que sea demasiado tarde, si la persona con la que estás saliendo es alguien con la que puedes hablar. Si estableces una relación seria con alguien que no puede procesar la información sobre las heridas y el conflicto, te encaminas a una vida de soledad, resentimiento, y quizás hasta el abuso.

Proverbios lo expresa muy bien al referirse a una persona que no puede lidiar con la confrontación: «No reprendas al insolente, no sea que acabe por odiarte; reprende al sabio, y te amará» (Proverbios 9:8). «Al insolente no le gusta que lo corrijan, ni busca la compañía de los sabios» (Proverbios 15:12).

Necesitas descubrir si estás en una relación con alguien que se pondrá a la defensiva cuando hables de tus heridas o del conflicto, o si estás con alguien que será capaz de escuchar, aprender y responder. Si no tratas ahora con el conflicto, y la relación se torna seria, te has metido en un mundo de problemas.

La sinceridad sobre las heridas y el conflicto crea intimidad, y también separa a los sabios de los tontos. Pero esto solo depende de ti. No puedes controlar lo que hace la persona con la que estás saliendo. Pero sí puedes decidir qué tipo de persona serás, y como resultado, también estarás decidiendo con qué clase de persona vas a estar.

Dos clases de mentirosos

¿Por qué la gente miente y qué puedes hacer al respecto? En nuestra opinión, hay realmente dos categorías de mentirosos. Primero, están los que mienten por vergüenza, culpa, miedo al conflicto o a la pérdida del amor, y por otros temores. Hay otros que mienten cuando es mucho más fácil que decir la verdad. Quieren ser sinceros, pero por alguna razón u otra, no pueden lograrlo. Temen el coraje o la pérdida del amor de la otra persona.

La segunda categoría son los mentirosos que mienten *como su forma de operar* y engañan a los demás por sus finalidades egoístas. No está involucrado el miedo ni una actitud defensiva, solo la vieja manera de mentir por amor propio.

Vas a tener que preguntarte si quieres asumir el riesgo y llevar a cabo la tarea si estás con alguno de la primera categoría. Hay personas en la primera categoría que nunca han estado en una relación donde se hayan sentido lo suficientemente seguras como para ser honestas, y tienden a seguir escondiéndose. Así que mienten para conservar el amor, preservar la relación o evitar que los sorprendan en algo a causa de la culpa o la vergüenza. No son personajes realmente peligrosos o malos, y a veces cuando encuentran a alguien con quien se sienten seguros, aprenden a decir la verdad. Este es un riesgo que algunas personas están dispuestas a asumir una vez que han descubierto que ha habido engaño. Tienen la esperanza de que la persona será redimida por la gracia y el amor que ellos le ofrecen, y que se comportará de forma adecuada desde ese momento en adelante.

Aunque no recomendaríamos automáticamente continuar una relación de citas con este tipo de persona, algunas veces hay un buen resultado. Así que no queremos establecer una regla rígida. Pero nuestro sentimiento es que las citas no son oportunidades para rehabilitar personas. La rehabilitación debe darse en la consejería, recuperación, discipulado, o en algún otro contexto. Es cierto que las citas pueden llegar a ser serias cuando se involucra el corazón y quizás hasta te lleven al matrimonio. Solo porque la persona esté mintiendo por miedo no lo hace aceptable, y puedes recibir heridas devastadoras de parte de los mentirosos miedosos. No importa cual sea la razón, la mentira destruye. La mejor política es mantenerte alejado de los que mienten sin importar la razón.

Creemos que debes invertir tu tiempo y tu corazón en personas sinceras. Con frecuencia es demasiado arriesgado, desde nuestra perspectiva, involucrarse con un mentiroso miedoso. Es otro el caso si la persona mejora y regresa arrepentida. Pero no debes pensar que tú vas a ser quien la cambie si la mentira defensiva es un patrón continuo. Hay alguna gente que hace esto en algún momento y lo confiesa, y probablemente se puede confiar en ellos a largo plazo. Pero los patrones de este tipo son problemáticos. Cualquier cosa que decidas hacer, sea que te mantengas en la relación o no, asegúrate de no ir más lejos hasta que el asunto de la mentira quede en el pasado de una vez y por todas.

El segundo tipo de mentiroso es un «no lo hagas» definitivo. Despídete de él o ella y así te evitarás muchas heridas. Los mentirosos perpetuos no están listos para una relación, sin que importe lo mucho que él o ella te atraiga. Corre, corre, corre.

La verdad: el límite esencial

Estamos convencidos de que la sinceridad es la base de casi todo. Debes tener una política de cero tolerancia cuando se trata del engaño. La mentira no debe tener ningún lugar en tu vida. Escucha la dura estrofa de David sobre la mentira: «Jamás habitará bajo mi techo nadie que practique el engaño; jamás prevalecerá en mi presencia nadie que hable con falsedad» (Salmo 101:7).

Claro, directo e inflexible. *No toleres la mentira,* punto. Esto no significa que la relación tiene que terminar si te mienten o engañan una vez. En especial si se trata de una persona que no es totalmente clara y directa sobre cómo él o ella siente sobre ciertas preferencias, o cuáles son sus deseos. Es probable que todos los seres humanos estemos creciendo en la habilidad de ser directos y completamente vulnerables con los sentimientos y las cosas más profundas del corazón. La gente crece en esta habilidad, y a veces la relación que se da en el marco de las citas es uno de los lugares en el que esto ocurre. Ninguno de nosotros es lo suficientemente perfecto y seguro, pero no toleres la mentira y el engaño cuando ocurre. Si tu pareja en las citas no es clara sobre sus sentimientos, pensamientos o alguna otra comunicación indirecta, exígelo. No lo dejes pasar. Hazlo una regla. «Tengo que estar con alguien que es sincero conmigo sobre lo que piensa y siente». Aunque mentir sobre los pensamientos y sentimientos no es algo que rompa al instante una relación, es algo muy importante con lo que se debe tratar. Si se convierte en un patrón, sí necesita ser lo que rompa «el trato».

No obstante, las otras áreas que mencionamos son más peligrosas. Te sugerimos que no vuelvas a salir con alguien que te ha mentido dos veces sobre hechos, con un abusador de sustancias que lo niega, o con alguien que te haya engañado de alguna otra forma. Necesitas tener mucho cuidado y una muy buena razón para continuar en esta relación. Decir tantas mentiras es indicativo de un serio problema de carácter que no va a cambiar sin herir demasiado a muchas personas en el camino. Y tú no quieres ser una de ellas.

Si alguien pasa por una profunda conversión espiritual, arrepentimiento o transformación, y lo mantiene durante un largo período de tiempo, puedes considerar confiar otra vez. Pero recuerda, la mentira es uno de los más peligrosos problemas de carácter, y sin una buena razón para creer que ese cambio ha ocurrido, estás buscando problemas. No la toleres. Recuerda que si has sido engañado, no hay relación.

Si te han mentido:

1. Confronta a la persona.
2. Oye la respuesta y determina cuánto arrepentimiento y tristeza existe por haber mentido.
3. Trata de calcular qué significa la mentira en la relación. Si la persona tiene miedo, siente culpa o teme una pérdida de amor de tu parte, trabaja en esa dinámica y trata de determinar con más seguridad si el asunto de carácter puede cambiarse. Pero ten cuidado.
4. Estudia el nivel de arrepentimiento y cambio. ¿Con cuánto anhelo la persona está buscando santidad y pureza? ¿Qué tan dispuesto está él o ella interiormente a mejorar?
5. ¿Se ha mantenido el cambio? Asegúrate de esperar un tiempo prudente. Solo escuchar «lo siento» no es suficiente.
6. Analiza el tipo de mentira. ¿Fue para protegerse o solo fue por motivos egoístas? Si es lo último, enfrenta la

realidad de que estás con una persona que se ama a sí misma más que a la verdad y determina qué significa esto. Si es la primera vez, piénsalo larga y detenidamente y asegúrate de tener una buena razón para continuar.

Recibes lo que mereces

Para terminar, si no quieres una relación con un mentiroso, sé una persona honesta y sincera. Primero, sé sincero contigo mismo. Se necesita un poco de autoengaño para estar con una persona mentirosa a largo plazo, y si estás con una, es posible que estés siendo un poco menos que sincero contigo mismo. Probablemente sabes algunas cosas sobre el carácter de la persona que no estás enfrentando directamente. No te engañes a ti mismo.

Sin embargo, como dijo Jesús, para ver a los demás con claridad, primero tienes que sacar la viga de tu ojo (Mateo 7:3–5). Para de mentir. Sé claro y sincero en todo. Esto no significa que tienes que revelar inmediatamente todo lo que estás pensando. No tienes que decirlo todo sobre tus sentimientos o intenciones en la primera cita. No tienes que revelar hasta la más mínima ofensa. La gente que hace ese tipo de cosa no resulta muy atractiva.

No obstante, esto sí significa que en áreas importantes, y especialmente si la relación se está tornando en una en la que estás involucrando el corazón, no debes mentir. No engañes a nadie. Debes ser claro y directo. Si no lo haces, vas a terminar con alguien que por alguna razón necesitaba estar con una persona menos que honesta. Esto quiere decir que como resultado de tus mentiras has atraído a una persona que desea mantenerse alejada de la verdad, y esto es ciertamente un pensamiento que provoca miedo.

Sé una persona de luz y atraerás a gente de luz, y los individuos de la oscuridad no tolerarán la verdad que personificas. Esta es la mejor de todas las protecciones. Como dijo Jesús:

«Ésta es la causa de la condenación: que la luz vino al mundo, pero la humanidad prefirió las tinieblas a la luz, porque sus hechos eran perversos. Pues todo el que hace lo malo aborrece la luz, y no se acerca a ella por temor a que sus obras queden al descubierto. En cambio, el que practica la verdad se acerca a la luz, para que se vea claramente que ha hecho sus obras en obediencia a Dios» (Juan 3:19–21).

Si eres una persona sincera, lo más probable es que termines con una persona sincera. Si te engañas a ti mismo o a los demás, los engañadores pueden sentirse atraídos hacia ti. Sé luz y atrae luz. Ese es el mejor límite de todos.

Consejos para el camino

- La sinceridad es el fundamento de cualquier relación, incluyendo las que todavía están en la etapa de citas. Cuando aparece el engaño, tómalo como una gran señal de advertencia. Pon el freno.
- No te aproveches de nadie. Eso es engaño.
- Cuando llegue el momento apropiado, asegúrate de ser claro y sincero sobre tus intenciones. Actuar como un amigo cuando tienes otras intenciones puede afectar la amistad.
- Si hay una vieja relación en el panorama, no mientas. Esto socavará la confianza.
- Ser tú mismo es la forma más básica de sinceridad. Esto incluye revelar lo que te gusta y lo que no te gusta, así como lo que te lastima o te molesta.
- Si te topas con el engaño, enfréntalo cara a cara. Desde ese punto en adelante, asegúrate de que la persona ha cambiado y que está ocurriendo un crecimiento, o te estás exponiendo a que te lastimen.
- Como principio general, la sinceridad atrae sinceridad. Mientras más sincero seas, mayor será la oportunidad de encontrar sinceridad en otros.

Capítulo 3

Llévate a Dios a tu cita

Hace unos años atrás, yo (Dr. Townsend) estaba viendo un programa cristiano de televisión. El presentador estaba entrevistando a un músico de renombre mundial cuya carrera no se había identificado con su religión, solo con su gran talento. El presentador dijo que estaba muy contento de saber que el artista era cristiano y le pidió que le dijera a la teleaudiencia cómo había conocido al Señor. El músico dijo:

—Bueno, siempre supe que había alguien allá arriba.

—¡Fantástico! —exclamó el presentador—. ¡Qué gran testimonio del poder salvador de Jesús!

Pensé: *¿Encontraste en estas palabras lo que querías escuchar?* No estaba cuestionando la fe del artista, eso es algo entre él y Dios. Lo que sí cuestioné fue la forma en que el presentador interpretó la declaración. Parecía que ansiaba tanto que el artista fuera claramente un cristiano que cualquier cosa que dijera hubiera sido fantástica.

Este tipo de pensamiento es también común en el campo de las citas. Involucras el corazón con alguien que en verdad te atrae, y anhelas contra toda esperanza que Dios sea parte de su vida y de la vida de la relación. Y algunas veces, tu esperanza tergiversa las realidades de la situación.

Aunque esta actitud tiene sus problemas, también tiene mucho de bueno. Es algo muy bueno desear que esa persona cercana a ti también esté cerca de Dios. Es bueno querer una relación basada en lo espiritual. Tu relación con Dios es la más profunda, intensa e importante parte de tu alma. Si de lo que trata una relación es de conectar todo nuestro ser con otra persona, el aspecto espiritual es increíblemente importante. Por eso todos anhelamos una persona con la que podamos compenetrarnos hasta ser uno, hasta llegar a lo más profundo de nuestro ser, donde Dios también reside. Por cierto, Dios diseñó nuestra necesidad de conexión. Jesús oró para que fuéramos uno de la misma manera que él y Dios son uno (Juan 17:11). A fin de cuentas, ese es el propósito final en la búsqueda por medio de las citas. A través de muchas experiencias, conversaciones y preguntas, nos decidimos por una persona que ama a Dios de la misma manera que nosotros, alguien que nos pueda ayudar a acercarnos más al Padre. Si no sentimos cierto tipo de conflicto o pérdida porque la persona con la que estamos saliendo no está en la misma sintonía espiritual, existe un problema en nuestra vida cristiana personal. Algo está roto.

Al mismo tiempo, muchos de nosotros hemos tenido el mismo problema del presentador de televisión. Anhelamos a Dios y anhelamos a una persona. Y algunas veces no sabemos si estos anhelos van a la par o no. Es difícil saber cómo navegar a través de la dimensión espiritual de las citas. Surgen demasiadas preguntas, tales como:

- ¿Es esta la persona que Dios quiere para mí?
- ¿Somos espiritualmente compatibles?
- ¿Cómo traigo a Dios a la relación de la manera «correcta»?
- ¿En qué nos parecemos espiritualmente?
- ¿Qué pasa si estamos en desacuerdo espiritual?

- ¿Estoy negando los conflictos espirituales que podamos tener?

Aunque todo este libro trata de la perspectiva bíblica sobre los límites en las citas, este capítulo trata en particular con estos y otros asuntos explícitamente espirituales. Al examinar los temas que se discuten aquí, te sentirás equipado para establecer límites que profundizarán la parte espiritual de tu vida en el proceso de las citas.

Comience con el pie derecho

Con lo primero que debemos tratar es con una postura apropiada entre tu vida espiritual y las citas. Asumir esta posición puede ayudar a solucionar muchos problemas y contestar muchas preguntas desde el comienzo mismo de tu relación. La perspectiva tiene que ver con la forma en que vemos la vida espiritual y las citas. *El asunto no es cómo acomodar nuestra vida espiritual a nuestras citas, sino cómo acomodar nuestras citas a nuestra vida espiritual*. Tratar de interpretar a Dios en el contexto de las citas es una forma invertida de mirar las realidades. La vida y el amor son regalos divinos y están bajo su dominio. Él es el autor de todo lo bueno, incluyendo las citas. La manera de comenzar con el pie derecho es traer ante Dios nuestras citas y pedirle su dirección. Después de todo, aquel que diseñó las conexiones emocionales sabe mejor que nadie cuál es la mejor manera de conducirlas para que nos sintamos satisfechos y lo glorifiquen a él.

Algunos cristianos que han asumido esta postura han concluido que tener citas no es una actividad cristiana apropiada. Aunque no estamos de acuerdo con esa conclusión, sí concordamos con una parte de ese pensamiento. Es bueno ofrecer nuestras citas como parte del sacrificio vivo que nos ayuda a someter al orden de Dios todos los aspectos de nuestra existencia. Mientras más nuestras vidas estén entregadas a Dios, mayor es su habilidad para dar forma a nuestra vida según su plan: «Puesto que en él vivimos, nos movemos y existimos. Como algunos de sus propios poetas griegos han dicho: "De él somos descendientes"» (Hechos 17:28).

Idolatría

Uno de los peligros en las citas es la idolatría. Aunque salir a una cita es algo bueno, podemos cometer idolatría al exigir que la cita nos traiga el amor o la satisfacción que anhelamos sin permitirle a Dios que señale el camino. Las citas traen emociones y necesidades poderosas, y por eso la idolatría se puede convertir en una realidad. Muchas veces una persona descubrirá algún tipo de desvío en su relación con Dios mientras se involucra más en el mundo de las salidas y las citas. Necesitas establecer límites en esta área para que no se convierta en un ídolo y para que otra vez Dios tome el control de tu vida.

Por ejemplo, algunas veces una persona descubrirá que su relación personal con Dios aumenta o disminuye dependiendo de sus citas. Sentirá una emoción especial hacia Dios porque la persona con la que está saliendo se siente así, o tendrá una relación periférica con Dios por la misma razón. En este caso, depende de que esa persona determine su relación con Dios, en lugar de ser dueño de su relación con el Señor.

La Biblia nos enseña que el matrimonio es una gran inversión de por vida. Con las citas puede ocurrir lo mismo. Por esto es sabio preguntarle a Dios sobre el lugar que deben ocupar ambas cosas en tu vida: «Yo preferiría que estuvieran libres de preocupaciones. El soltero se preocupa de las cosas del Señor y de cómo agradarlo. Pero el casado se preocupa de las cosas de este mundo y de cómo agradar a su esposa; sus intereses están divididos. La mujer no casada, lo mismo que la joven soltera, se preocupa de las cosas del Señor; se afana por consagrarse al Señor tanto en cuerpo como en espíritu. Pero la casada se preocupa de las cosas de este mundo y de cómo agradar a su esposo» (1 Corintios 7:32–34).

Sometemos es el primer elemento necesario para alinear nuestras citas con Dios. Sin embargo, no es lo único. Cuando nos sometemos, estamos debidamente alineados con Dios y pueden ocurrir muchas otras cosas que nos permitirán crecer.

El fruto de su relación basada en citas

Pregúntate cómo tu relación de citas impacta tu vida espiritual. ¿Te acerca más a Dios o te aparta de él? Las relaciones importantes rara vez nos mantienen espiritualmente en neutro. Tienden a llevarte en una u otra dirección. He aquí algunos puntos a analizar como una forma de evaluar esto:

- ¿Te acerca esa persona al Dios trascendente?
- ¿Tienes una alianza con la otra persona en tu caminar espiritual?
- ¿Estás experimentando crecimiento espiritual a través de la interacción con esa persona?
- ¿Te reta la otra persona espiritualmente, en lugar de tener que ser tú la fuerza motora?
- ¿ La conexión espiritual se basa en la realidad? ¿Es la persona auténtica, a la vez que espiritual?
- ¿Es la relación un lugar de vulnerabilidad mutua sobre las debilidades y el pecado?

Vamos a asumir que te has alineado bajo el señorío de Cristo. En este punto, queremos que examines varios aspectos de las citas y la espiritualidad que te ayudarán a definir cuáles deben ser tus límites en esta área.

¿Qué necesita crecer?

Es una gran experiencia comenzar a quitarte el velo espiritualmente ante la persona con la que estás saliendo. Al sentirte más seguro, puedes compartir más la profundidad de tu ser, y por consiguiente, acercarse más el uno al otro, así como a Dios. Hay varios aspectos de tu vida espiritual que quieres traer a tu relación: la historia de tu fe, tus valores, tus luchas, tu autonomía espiritual y tus amistades.

Examinemos cada uno de estos elementos.

La historia de tu fe

Cada creyente tiene una historia sobre cómo comenzó y se desarrolló su relación con Dios. Una persona sin una historia espiritual probablemente no tiene un gran presente espiritual. Por otro lado, una persona que te ha descrito su jornada espiritual te está abriendo una ventana para que descubras quién es como persona. Algunos seres humanos han tenido experiencias muy dramáticas y milagrosas. Otros han sufrido pérdidas y tragedias bastante dolorosas a través de las cuales Dios les ha sostenido. Algunos han experimentado sanidad emocional y personal por medio del Señor. Otros han luchado con cuestionamientos teológicos muy complejos. Aun así hay quienes han encontrado maneras de ministrar y servir en el nombre de Cristo a quienes tienen necesidad. Descubre las vueltas y giros de la historia espiritual de cada cual.

Los valores

Tus valores son la estructura de quién eres. Ellos encierran lo que crees que es más importante en la vida y la forma en que conduces tu vida de acuerdo a estas creencias. Algunas veces vale la pena vivir y morir por estos valores, y ciertamente también es indispensable considerarlos para seguir saliendo con alguien o dejar de hacerlo. Esta es la razón por la que es tan crítico el que hables de tus valores. Estos cubrirán muchos aspectos de la vida, incluyendo:

- Teología
- Llamado en la vida
- Relaciones
- Trabajo y profesión
- Finanzas
- Familia
- Sexo
- Asuntos sociales

Los valores son parte de tu vida. Extráelos de los que la Biblia enseña. Hazlos parte de tus citas. Haz preguntas y presenta tus posturas. Determina qué valores pueden provocar que se termine una relación y cuáles no. Recuerda no comprometerte con alguien que no es compatible en áreas importantes, confiando en que verá la luz y cambiará.

Conozco a un hombre que sintió el llamado para dedicar su vida al ministerio a tiempo completo. Se enamoró y se casó con una dama que no sintió este mismo llamado. Todavía no han comenzado un ministerio profesional, sino que se mantienen activos en su iglesia local. Pero han tenido muchas luchas. Él está resentido por el hecho de que la esposa le haya impedido entrar al ministerio. Y ella siente que el esposo la controla con su insistencia de que comiencen un ministerio a tiempo completo.

No olvides: Los valores son una parte importante de tus citas.

Luchas

Los fracasos, las pérdidas y las experiencias de aprendizaje son parte de la vida de fe. Todo el que haya sido creyente por algún tiempo sabe que la vida espiritual incluye una buena porción de dolor, confusión y errores. Por esto, conocer el caminar espiritual de una persona es también conocer sus tropiezos en la oscuridad.

Un amigo mío tenía la costumbre de tratar de presentar una fachada de cristiano perfecto ante las personas con las que salía. Sus relaciones nunca progresaban: o la mujer le creía y él sentía que no lo conocía; o quedaba al descubierto y se sentía condenado. Conoció a una mujer que realmente le gustaba y, luego de verse por algún tiempo, decidió correr el riesgo.

Le dijo: «Quiero que sepas que puedo ser manipulador en lo que al sexo se refiere. En el pasado he pretendido parecer confiable y compasivo, por lo que las mujeres se han abierto más a la intimidad sexual. Me he aprovechado de eso. Estoy seguro de que he madurado y cambiado en mi relación con Dios, y también he tratado con mis problemas personales. Pero al igual sé que esto es una realidad. Realmente me interesas mucho y quiero conocerte mejor. Y pienso que es necesario que sepas esto; de esta manera, si surge la situación podemos tratarla con franqueza».

Luego me comentó que la mujer se sorprendió mucho con su confesión. No obstante, respetó su sinceridad y la evidencia de que en verdad estaba interesado en ella. Esa relación no llegó al matrimonio, pero fue por otras razones, no por aquella lucha. Mi amigo nunca lamentó el haberle hablado de su batalla. Por cierto, me dijo que sus relaciones actuales son mucho mejores gracias a su experiencia. Es más sincero en su relación con Dios y en su madurez. Ahora hace mejores selecciones en cuanto a las mujeres con las que sale y la calidad de sus relaciones ha mejorado.

Ciertamente no hay nada malo con querer presentar lo mejor de ti en una relación para que se dé esa primera conexión. Conocer lo bueno nos ayuda a ser tolerantes cuando más tarde descubrimos lo malo, pues la gracia debe preceder a la verdad. Además, ser prematuramente sincero sobre tus luchas puede ser un problema si no sabes qué tan segura es la otra persona. Pero a fin de cuentas, *si no conoces las luchas espirituales de la persona con la que estás saliendo, no puedes decir que la conoces realmente.*

He aquí algunas de las luchas de las que pueden dialogar las personas que están saliendo a citas:

- Períodos de inseguridad acerca de los cuidados de Dios y su existencia.
- Vida alejada de Dios.
- Adolescencia espiritual, donde retas todo lo que te han enseñado.
- Momentos de abstracción en los que descuidaste tu crecimiento espiritual.

Si estás saliendo con alguien que te dice que nunca ha flaqueado o dudado, algo está mal. ¡O está en seria negación o necesitas preguntarte qué está haciendo contigo! Nadie crece sin experiencias de pérdida y fracaso. La Biblia nos enseña que la gente madura tiene mucha práctica tratando con el bien y el mal en la vida: «En cambio, el alimento sólido es para los adultos, para los que tienen la capacidad de distinguir entre lo bueno y lo malo, pues han ejercitado su facultad de percepción espiritual» (Hebreos 5:14).

Autonomía espiritual

Ahora examinemos tu condición espiritual presente. ¿Cómo tú y tu pareja manejan sus vidas espirituales? ¿Están vivas y activas, o necesitan que alguien las resucite? Las personas que están tratando de hacer marchar con éxito una relación de citas necesitan saber que su pareja es espiritualmente autónoma. Esto es, que tiene su caminar personal con Dios y que lo desarrolla de forma regular, independientemente de sus circunstancias. Esta autonomía espiritual garantiza que no te necesita para proveerle dirección o motivación religiosa. La persona tenía una relación seria con Dios antes de conocerte y, si no se casan, seguirá su caminar con Dios.

Este es también un aspecto importante en el proceso de las citas. Tristemente, mucha gente sale y se casa con personas sin este rasgo. En el momento, todo parece estar bien. Él se siente emocionado de profundizar su crecimiento mientras ella también lo esté. O él dirá que la relación lo ha ayudado a regresar a su fe. Tener una relación que sirva como un punto de arranque espiritual es un negocio arriesgado porque puede esconder apatía o desinterés, igual que el terreno pedregoso del que Jesús habla en su parábola (Mateo 13:20-21).

La naturaleza misma de las relaciones de citas es propicia para este problema. Cuando comienzas a salir con alguien, experimentas cosas nuevas con esa persona y hay emoción y esperanza en el aire. Un nuevo comienzo en la vida es parte de la experiencia. Y alguna gente que no tiene una verdadera raíz espiritual confundirá su atracción hacia una persona con su atracción hacia Dios. Sin embargo, con frecuencia, cuando la relación comienza a tambalearse, ocurre lo mismo con la conexión con Dios de la otra persona. De alguna manera, Dios es solo un representante de su pareja; no existe como una fuerte presencia en sí mismo. Como lo expresó una amiga: «A veces no estaba segura de quién él pensaba que era el Mesías, si Jesús o yo».

Hay algunas excepciones a esta situación. En ocasiones, las personas echan raíces y florecen espiritualmente durante el proceso de las citas; y en otras, la persona «espiritual» pierde gradualmente el interés en su fe. No podemos predecir lo que Dios hará en el corazón de alguien. Pero sí podemos decir que salir con alguien que no tiene un caminar personal con Dios es una bandera de alerta.

La realidad es que con frecuencia la parte «espiritual» de la relación es culpable de crear algo falso, y proyectar un deseo auténtico por Dios en la otra persona que quizás no existe realmente, como en el ejemplo del presentador de televisión. Es difícil estar en un matrimonio donde descubres que la dirección espiritual de las cosas depende completamente de ti, en lugar de tener a alguien que te ayude en el camino.

Más importante aún, necesitas una pareja que sea espiritualmente autónoma para cuando tú caigas. Necesitarás a alguien que dependa de Dios y viva su vida en la voluntad divina para el momento en que te sientas débil, el fracaso toque a la puerta y llegue la duda. No hay nada peor que estar en las oscuras aguas espirituales con alguien que también se está ahogando: «Si caen, el uno levanta al otro. ¡Ay del que cae y no tiene quien lo levante!» (Eclesiastés 4:10).

Solo el tiempo dirá si tu pareja es espiritualmente autónoma. Si te estás cuestionando esto sobre la persona con la que estás saliendo, ninguna cantidad de expresiones de compromiso o fervor espiritual te dará la seguridad que necesitas, sin el ingrediente del tiempo. No te apresures si esto te preocupa.

La autonomía espiritual también tiene que ver con lo que se ha llamado tradicionalmente las «disciplinas espirituales»: leer la Biblia con regularidad, llevar una vida de oración significativa, asistir a la iglesia, identificarse claramente como un cristiano y una preocupación genuina por el perdido y el que sufre. Los estilos religiosos y las preferencias en la adoración varían, pero estos son los elementos esenciales que identifican a alguien que le pertenece a Cristo.

Amistades

Pueden descubrir mucho el uno del otro por el tipo de amigos que tienen. Tenemos la tendencia de escoger a los amigos basándonos en nuestras necesidades y valores. La vida espiritual se refleja también en las relaciones. Esto no quiere decir que tu pareja debe tener solo amigos cristianos. Esto pudiera indicar algún tipo de miedo en tratar con el mundo real. Por cierto, si tu pareja evita ciertos tipos de cristianos legalistas e hipócritas, ¡puede ser una señal de su salud espiritual!

Al mismo tiempo, no tener amistades cristianas duraderas puede implicar problemas. Puede significar que acaba de comenzar su camino de crecimiento espiritual. O puede ser que haya pasado por una temporada de resequedad o estancamiento espiritual y ahora está retomando las riendas en su vida con Dios. También puede indicar que nunca ha tenido una vida espiritual profunda. O puede ser que no sea un cristiano, sino una persona religiosa que nunca ha recibido a Dios como su Salvador.

Estas preguntas sobre las amistades o la condición espiritual no tienen el propósito de sentar las bases para emitir juicios, sino que son maneras de que examinen sus corazones y sus relaciones con Dios y entre ustedes. Mientras mejor se conozcan, mejor podrán saber si son buenos candidatos mutuos para el matrimonio.

Las diferencias pueden promover el crecimiento

Exigir que la persona con la que estás saliendo tenga exactamente los mismos valores espirituales que tú puede ser un problema. Aunque los fundamentos de la vida cristiana —como lo presentamos arriba— son requisitos básicos, es mejor tener una relación con alguien que ha examinado sus asuntos espirituales de forma individual y profunda, y ha llegado a sus conclusiones personales. Requerir meticulosamente los mismos valores teológicos o tradicionales en todas las áreas, grandes o pequeñas, podría indicar problemas de control, perfeccionismo e inseguridad en tu fe. Enamórate de alguien que pueda ser tu compañero espiritual y ¡deja que brillen los fuegos artificiales! Una de las oportunidades de crecimiento más importantes para las parejas en el proceso de las citas es cuando pueden discutir, leer la Biblia y llegar a acuerdos en los asuntos espirituales.

La integración de la fe a la vida real

Existe gente religiosa y gente espiritual. Los religiosos conocen la Verdad; los espirituales la viven. Tú y tu pareja deben tener vidas que reflejen que conocen y viven la realidad espiritual en el mundo real. Y de eso se trata el carácter: de integrar las realidades de los mandamientos de Dios a la vida cotidiana.

Dios quiere que tu vida espiritual accione y dirija todos los otros aspectos de tu vida: las relaciones, las finanzas, el sexo, las preocupaciones de trabajo; en fin, todo lo que comprende la vida. Con demasiada frecuencia, chicos y chicas creyentes que leen la Biblia y asisten fielmente a la iglesia, tienen grandes conflictos en aplicar sus valores espirituales a su vida diaria. En el plano de las salidas y las citas, este problema ocurre en dos formas básicas: *dificultades para tratar asuntos de fe y dificultades para vivir la vida.*

Dificultades para tratar asuntos de fe

No creemos que solo en la iglesia puedes encontrar gente para salir. Hay muchísimos creyentes profundamente espirituales en todas las otras esferas de la vida, en los mismos círculos que frecuentas en tu vida diaria: el ambiente de trabajo, los centros de recreación y de deportes, entre otros. Si quieres que tu pareja sea una persona con vida, ¡entonces sal a la vida y búscala!

Lamentablemente, esto puede implicar que no conozcas mucho sobre la fe de una persona mientras evalúas si quieres o no seguir saliendo con ella. Puedes decir mucho del carácter por la forma en que alguien se desenvuelve en el mundo, pero la madurez de carácter no siempre se deriva de las creencias cristianas. Hay individuos afectuosos y responsables que no son cristianos. Así que es importante que trates bastante pronto los asuntos de fe.

Algunas personas tienen muchos problemas para tratar los asuntos espirituales. No saben dónde empezar y sienten muchos conflictos al respecto. He aquí algunos de los problemas:

- Sentirse abochornados y poco naturales.
- No querer traer ante Dios la relación con su pareja.
- Estar ansiosos ante la posibilidad de perder la relación.
- Sentir preocupación porque como no son perfectos, puedan ser vistos como hipócritas.
- No saber cómo discutir los asuntos espirituales porque son muy privados.

Todas estas son cuestiones importantes. Sin embargo, es beneficioso recordar la realidad subyacente de las salidas y las citas: lo que deseas a fin de cuentas es encontrar un buen compañero para el matrimonio y serlo tú también. Quieres que la persona conozca y comparta tu relación con Dios porque esa es la parte más importante de quién eres, y tienes la esperanza de que lo sea también para tu pareja.

Dificultades para vivir la vida

Muchas personas en el mundo de las citas sí hablan sobre su fe, y se apoyan espiritualmente. Sin embargo, tienen otro conflicto: existen áreas en sus relaciones donde no «hacen lo que dicen». Exhiben un crónico patrón de debilidad o lucha que no parece resolverse con el tiempo. Pueden ser asuntos de sexo, engaño, inmadurez para resolver los conflictos o control. Sea lo que sea, su vida espiritual no ha transformado su carácter, como debiera hacerlo. Hay una división dolorosa, o una contradicción, entre lo que creen y lo que están practicando.

Esta existencia dividida rara vez es producto de una falta de compromiso con Dios. En realidad, puede que sean profundamente espirituales. El problema tiene que ver más bien con la inhabilidad de integrar sus necesidades y su vida con las maneras de Dios de suplir las necesidades. La sexualidad puede ser un atajo a la intimidad u otras necesidades, como veremos en el capítulo sobre las relaciones físicas. Librar a una pareja inmadura de las consecuencias de su mal temperamento puede deberse a un miedo de ser sincero y justo. Las relaciones que con frecuencia van y vienen, que terminan y se reconcilian, pueden ser el síntoma de una incapacidad de dejar emocionalmente el hogar y convertirse en un adulto independiente.

Estaba en un almuerzo de negocios con un hombre que no conocía mi fe. Estábamos teniendo la charla usual sobre nuestras vidas para tratar de conocernos un poco. Este hombre pasó mucho tiempo hablando mal de su esposa, así como comentando sobre el interés sexual que tenía en otras mujeres. De alguna manera llegamos al tema de la religión y mencioné mi fe. Inmediatamente, se identificó también como cristiano y comenzó a hablar en términos gloriosos sobre la gracia de Dios y su profundo amor por Cristo. Me pregunté si estaba con el mismo hombre, así de dramática fue su transformación. Pero mientras lo oía, su palabrería espiritual me pareció bastante estudiada, como un sermón que había predicado muchas veces. Creo que probablemente era un creyente. Pero este hombre lleva el tipo de existencia dividida que hace la vida miserable. Este es el tipo de división en el que se encuentra mucha gente y que también pueden encontrar en la persona con la que salen.

Cualquiera sea la causa, hay respuestas espirituales para estos conflictos y la pareja necesita tratarlos. Por esto debes querer salir con alguien que no solo comparta tu fe, sino que también esté consciente de sus debilidades y problemas, y que esté en el proceso de trabajarlos, sea por medio de grupos de apoyo o consejería. Una vida completa de matrimonio con una persona con un problema de carácter que nunca ha sido tratado puede ser muy dolorosa.

Por esto es tan importante ventilar y discutir cosas que no tienen sentido para ti con tu pareja. Si notas inconsistencia en la otra persona o en la manera en que se está desenvolviendo la relación, discútelo. Si él o ella es una persona bondadosa, probablemente te agradecerá el que te hayas arriesgado, y ambos pueden trabajar juntos para solucionar la situación. *No demandes perfección en ti ni en tu pareja. En vez de esto, exige rectitud.* Una persona recta se mantiene conectada a Dios, su fuente. Pero cuando resbala y cae, aceptará bien la corrección y se reconectará otra vez con el Señor.

Un papel activo en el crecimiento mutuo

Otro aspecto de la parte espiritual de las citas es que necesitas interesarte en tu nivel espiritual y el de tu pareja. Esto tiende a aumentar con el tiempo mientras la relación se profundiza y hay un mayor compromiso, pero la idea es que necesitas ser parte del crecimiento y la conducta mutua. Aun si no terminan casándose, necesitas asumir la perspectiva de que mientras están saliendo, ambos crecerán espiritualmente. A continuación mostramos algunas de las maneras en las que puedes ayudar a que se dé este crecimiento.

Te digo y me dices

Mientras la relación crece, ocurrirá lo mismo con la percepción de las luchas y necesidades de cada cual. Tu pareja está en una posición única, y puede conocer y ver cosas en ti que otras personas no ven. En las etapas de más compromiso, necesitan darse el permiso mutuo de confrontarse, exponerse y animarse en los niveles espirituales. Si tu pareja se resiste a la confrontación espiritual, algo está mal. La Biblia tiene palabras muy severas para los que no pueden lidiar con esto: «El que corrige al burlón se gana que lo insulten; el que reprende al malvado se gana su desprecio» (Proverbios 9:7).

Deja que pase algún tiempo

En términos generales, es una buena idea dejar que pase algo de tiempo y experiencias entre ambos antes de confrontar un asunto serio. Debes ser «pronto para oír y tardo para hablar»

(Santiago 1:19). Quizás hayas malinterpretado algo que puedes ver mejor con el paso del tiempo. O quizás veas un acto que jamás se repetirá, o sea, que lo que interpretaste como un patrón fue en realidad un suceso aislado. Tal vez necesites dejar que pase el tiempo para que aumente la gracia entre ustedes y no te vean como un juez condenador. Recuerda que todos necesitamos gracia antes de oír la verdad.

No seas como un padre

Evita la tendencia de asumir el papel de ser el responsable espiritual de tu pareja. No definas la relación en términos de que la otra persona debe actuar y crecer bajo tu tutela. ¿Por qué? Porque los niños tienen una tarea principal: dejar a sus padres. Si eres el papá o la mamá, la otra persona debe crecer y dejarte para cumplir el plan divino de convertirse en un adulto.

Tengo un amigo que cometió este error. Se enamoró de una mujer a la que pronto comenzó a discipular. La condujo a través de varios estudios bíblicos, le dio asignaciones y la hizo leer libros. Estaba muy emocionado con esto hasta que ella lo dejó por otro hombre, y le dijo que sentía que la quería controlar demasiado. Para él esto fue devastador. No obstante, aprendió de la experiencia. Me dijo: «La próxima vez le dejo el discipulado a otro».

Consuela y reta

Las buenas relaciones no solo envuelven intercambio de información, sino tener suficiente consentimiento como para consolar cuando hay heridas y retar los fracasos mutuos. Asegúrate de que los dos estén haciendo ambas cosas. Algunas relaciones son fuertes en el consuelo pero no retan a seguir adelante. Y otras son bastante retadoras, pero pueden ser muy ásperas y críticas. Deben existir ambas cosas: consuelo y reto.

Compatibilidad espiritual

Un aspecto principal de las citas es la compatibilidad espiritual, o la medida en la que son una buena pareja en sus vidas de fe. En cierto modo, esta debe ser un área fácil de tratar. En otro, es una muy difícil.

El asunto del diseño

La parte fácil es que Dios te diseñó para la intimidad con él y con otros. Podemos confiar en que esto es parte de lo que somos. También significa que la parte más profunda de tu ser está hecha para desear intimidad espiritual con otra persona. Si esa parte está funcionando apropiadamente, buscarás salud espiritual en otros. A fin de cuentas, te atraerán y te sentirás atraído por individuos que comparten tu vida espiritual. Si hay algo que se ha roto dentro de ti, tendrás la tendencia a sentirte atraído hacia una espiritualidad enferma o ausente. Así que, en este punto, la compatibilidad espiritual es un diagnóstico de nuestra salud espiritual. No obstante, hay otras cosas que considerar.

El sendero de desarrollo espiritual

El desarrollo espiritual significa que no eres la persona que fuiste ni eres la persona que serás. Con perseverancia en el proceso, al final nos convertiremos en seres humanos maduros y cabales (Santiago 1:4). Mientras maduras, tus actitudes, valores y hábitos cambian. Hay gente que tiene citas y se enamora en un período particular del crecimiento para una o ambas partes. Todo marcha bien mientras que ambos estén en el mismo período. Sin embargo, si uno pasa por cambios mayores, llegan los conflictos y ajustes.

Conozco a una pareja que estaba pasando al mismo tiempo por una etapa de adolescencia y duda espiritual. Estaban cuestionando a Dios, a la iglesia, a la Biblia e interesándose en otros tipos de fe. Se casaron mientras estaban en este proceso de búsqueda y exploración. Sin embargo, al cabo de un tiempo la mujer regresó al cristianismo, ya sin algunas de las tradiciones que la habían sobrecargado antes. Pero el esposo se mantuvo en su exploración de fe y nunca ha regresado. Aunque es un buen hombre en muchos otros aspectos, la esposa ha tenido una solitaria jornada en el área espiritual de su matrimonio.

Ahora bien, no es realista exigir que tú y la persona con la que estás saliendo estén en el máximo de su crecimiento, pues todos seguimos cambiando. Pero nos preocuparía que nunca hayan pasado por algún tipo de período de cuestionamiento. Es haciendo esto que la gente llega realmente a «adueñarse» de su fe, en lugar de echar mano de la fe de sus padres. Al mismo tiempo, es importante que tanto tú como tu pareja ya hayan resuelto los mayores cuestionamientos de sus búsquedas. No formalices la relación si todavía el contenido y significado del cristianismo está en el aire. En un momento de cuestionamiento espiritual, puedes apoyar y brindar tu ayuda, proveyendo así un espacio para crecer, pero no hagas compromisos más serios.

Áreas de creencias y prácticas

En el proceso de conocer espiritualmente a la persona con la que sales, necesitarás decidir qué áreas de creencias y prácticas son negociables y cuáles no. Algunas de ellas serán preferencias, otras serán bastante objetivas. Los dogmas del cristianismo están muy bien articulados y necesitas conocerlos. Discútelos y trátalos con tu pareja mientras se vaya desarrollando más la relación.

Diferencias en el nivel espiritual

Mucha gente se pregunta si debe o no salir a citas con personas que están en un nivel espiritual distinto al suyo. He aquí algunas de las diferencias y algunas sugerencias sobre cómo lidiar con ellas.

Cristiano y no cristiano

Los cristianos necesitan estar bien involucrados en el mundo real como agentes del amor de Dios. De esto es de lo que trata el ser sal y luz (Mateo 5:13-16). Al mismo tiempo, la parte más profunda e importante de tu ser necesita encontrar un hogar en el corazón de la relación humana más importante de tu vida (2 Corintios 6:14). Esta es la razón por la que creemos que los cristianos no deben tener citas amorosas serias con personas no cristianas.

Lo anterior no quiere decir que no debemos salir con amigos no cristianos del sexo opuesto. Esto puede resultar en relaciones muy enriquecedoras, y además los no cristianos necesitan descubrir que existen hombres y mujeres creyentes que pueden tratarlos de forma muy respetuosa, al estilo «hermano-hermana». Sin embargo, creemos que es mejor reservar tus intereses románticos para los que tienen la misma fe. El deseo romántico es un regalo maravilloso, pero se sabe que es capaz de nublar el mejor de los juicios y puede hacer explotar, sin que te des cuenta, tus debilidades de carácter. Por esto te aconsejamos que te conectes románticamente con creyentes de tu fe y así, si te enamoras, este asunto no será un problema.

Compromiso y falta de compromiso

Muchas personas que toman muy en serio su fe se preguntan si deben salir con cristianos que solo andan en las periferias de su vida espiritual. Este asunto es más complejo que el anterior. He aquí algunas maneras de pensar en esto.

¿Cómo sabes que la persona no está comprometida? Primero, asegúrate de tus percepciones. A veces nuestro perfeccionismo o la forma de emitir juicios provoca que lo «diferente» parezca «malo». Puede que la persona no parezca estar en la misma ruta, pero tal vez vaya por un camino más profundo que no puedes ver debido a tus propios conflictos. No asumas, por ejemplo, que porque la otra persona no conozca la Biblia como tú, esto quiere decir que no ama a Dios lo suficiente.

¿Por qué parece que está menos comprometida? A veces una persona aparenta estar menos comprometida porque ha pasado por una pérdida importante, por demasiado estrés o por algún fracaso en su vida. Aunque, idealmente, nos debemos acercar más a Dios en esas circunstancias, a veces nos alejamos. Y por esto, alguien que de otra manera estaría profundamente conectado a Dios, puede estar pasando por un momento espiritual muy malo. En estos casos, vale la pena apoyar su lucha y ayudarle a solucionarla, mientras le concedes un tiempo de espera a un compromiso más serio hasta que lo demás se resuelva.

¿Y qué si mantiene la falta de compromiso? Es cierto que hay cristianos que se mantienen en los niveles más bajos en su compromiso con Dios. Si el tiempo te indica que este es el caso, tal vez es mejor tomar caminos diferentes. Una vez más, este es uno de esos asuntos que es mejor resolver por tu propia salud espiritual. Si todo está funcionando bien en tu interior, en algún punto sentirás un vacío espiritual en una relación que, si se traduce en matrimonio, puede ser un gran problema.

Maduro y nuevo

Esto es mucho más complicado. Supongamos que ambos toman su fe muy en serio, pero uno ha estado más tiempo en el proceso de crecimiento que el otro. A continuación mostramos algunas maneras para abordar este asunto.

Si eres un cristiano recién convertido (digamos, menos de un año en la fe), ¡felicidades y bienvenido a la familia! Te sugerimos que te involucres en el proceso de crecimiento espiritual y te vuelvas estable en tu fe mientras continúas en tu relación. La meta es que crezcas en tu propia espiritualidad, así que tu fe no debe depender de la de tu pareja.

Si eres un creyente más maduro, de todas formas es mejor esperar a que la nueva fe cristiana se solidifique antes de hacer compromisos más serios. Esto te mantiene lejos del papel de papá o mamá, y le permite a tu pareja adueñarse más de su proceso de crecimiento.

No te dejes llevar solo por el tiempo cuando tratas los asuntos espirituales. Aunque el tiempo es necesario, alguna gente crece más rápido que otra. No asumas que porque alguien ha estado por los alrededores durante algún tiempo significa que ha madurado. Al mismo tiempo, el recién convertido sí necesita tiempo para madurar y desarrollarse.

Al fin y al cabo, lo mejor es salir con personas que están más o menos en el mismo nivel de madurez que el tuyo. Esto puede solucionar muchos conflictos de dependencia, control y crecimiento. Pero asegúrate de que te estás haciendo a ti mismo un escrutinio más riguroso que a tu pareja (Santiago 4:6). Y también asegúrate de que ambos están más interesados en buscar a Dios y crecer ¡que en estar en el mismo nivel! Es ciertamente mucho más importante estar involucrado en el proceso que compitiendo por una posición.

Además, debes asegurarte de que lo que percibes como una diferencia de madurez no es simplemente una diferencia de estilo. Esto es lo mismo que mencionamos sobre el asunto del compromiso. Una persona que no ha tenido un entrenamiento formal en teología, por ejemplo, puede ser mucho más madura en su caminar y carácter que alguien que sí lo ha tenido. Recuerda que a Dios le importa más nuestro corazón que nuestras tradiciones religiosas: «Lo que pido de ustedes es misericordia y no sacrificios» (Mateo 9:13). Siempre incluye el carácter en la manera en que te acercas a las personas. Evalúa si la persona ama, es sincera, vive en la realidad y actúa como un adulto. A menudo, alguien que funciona bien en el mundo real tiene una vida espiritual mejor ajustada que alguien que tiene mucho conocimiento en el cerebro, pero no puede funcionar tan bien.

Conclusión

A fin de cuentas, la parte espiritual de nuestras citas significa que debemos establecer límites para todo tipo de deseos e impulsos, como por ejemplo:

- Querer que la persona sea espiritualmente compatible, cuando no lo es.
- Tratar de cambiar la espiritualidad de la otra persona.
- Negar los conflictos espirituales en la relación.
- Ignorar nuestra debilidad espiritual para enfocarnos en la de nuestra pareja.
- Tener miedo a tratar los asuntos espirituales.

Sin embargo, al seguir creciendo en Cristo y en sus caminos, se hace más fácil amar e invertir bien y sabiamente nuestros corazones en nuestras vidas de salidas y citas.

Consejos para el camino

- No pospongas el hacer de la fe una parte de tu relación. Esto es algo tan real para tu vida como tu carrera y el tipo de películas que prefieres.
- No interpretes la pasividad o el acuerdo en la religión de parte de tu pareja como compatibilidad espiritual. Él o ella debe tener una fe activa que haya pasado por el pensamiento y las luchas. Si te sorprendes siempre tomando la iniciativa, considera esto como un problema.
- Disfruta de las diferencias espirituales de nuestra fe y aprende de ellas. No pelees con tu pareja tratando de convencerla de alguna posición en particular con relación a esto.
- Desarrolla una relación en la que ambos sientan el reto de «hacer lo que predican».

Capítulo 4

Las citas no curan un corazón solitario

«Solo llámalo y dile que se acabó», le dije (Dr. Cloud) a Marsha. Por meses la había escuchado hablar sobre su relación con Scott y cómo no podía soportar algunos de sus hirientes patrones de conducta. Y me estaba preocupando y cansando de su negativa sobre el tipo de persona que era realmente. Comencé a presionarla.

Por lo que decidió hacerlo. Lo llamó y terminó la relación. Tal como se esperaba, él se alteró muchísimo y se presentó en su casa suplicándole que no lo hiciera. Hubo todo tipo de promesas y las cosas clásicas que todas las personas negativas dicen cuando sienten la amenaza de perder el amor. Pero ella se mantuvo firme. Al menos por un día.

Dos días más tarde, Marsha llamó y canceló su siguiente visita. Le devolví la llamada y descubrí la verdad. Había vuelto con Scott y le daba vergüenza decírmelo. Le pedí que viniera a verme de todos modos para hablar del tema.

Mientras Marsha hablaba, sentí compasión por ella. Me describió la depresión y la soledad que enfrentó cuando terminó con Scott. Había sentido que estaba en un hueco profundo y oscuro y no podía ver nada más allá. Se sintió completamente sin esperanza. Era realmente un estado peligroso.

Nadie que conociera a Marsha hubiera sospechado su agonía interior. Era una persona enérgica en los negocios, una cristiana comprometida y una líder de ministerio en su iglesia. Todo el mundo la quería y nadie hubiera pensado que escogería a alguien como Scott o que quedaría tan destruida al terminar con un patán como ese. Pero el rompimiento la había dejado tan mal que apenas podía funcionar.

Cuando analizamos sus sentimientos, descubrimos que en un lugar muy profundo dentro de ella se sentía sola y sin amor. Cuando terminó con Scott, esa soledad que normalmente no experimentaba salió a la superficie. Y cuando indagamos más en su historia, descubrimos que evitaba su soledad saliendo con hombres. Cada vez que terminaba una relación, comenzaba otra, aun cuando no fuera con el tipo de hombre con el que quería estar a largo plazo. Sencillamente no soportaba estar sola. Y por esto, ese miedo la alejaba de poner límites a las malas relaciones. Prefería tener una mala relación que no tener ninguna.

Este es un punto crucial sobre los límites en las citas. Si haces cualquiera de las cosas que se mencionan a continuación, entonces puede ser que estés sacrificando algún límite por miedo a estar solo o sola:

- Aceptar una conducta irrespetuosa
- Hacer cosas que no se corresponden con tus valores
- Conformarte con menos de lo que realmente sabes que deseas y necesitas
- Permanecer en una relación que sabes que ha llegado a su término
- Regresar a una relación que sabes que debió terminar
- Comenzar una relación que sabes que no conduce a ningún lado
- Sofocar a la persona con la que estás saliendo con demasiadas necesidades o control.

Y ciertamente hay muchas otras señales. Pero el punto es que tu soledad interior está rigiendo tus relaciones, en lugar de ser Dios, tus metas, valores y compromisos espirituales. Tu soledad te impulsa a involucrarte en relaciones que sabes que no van a durar. Además, te alejan de la soledad que necesitas para crecer lo suficiente y llegar a ser alguien que *no tiene que compartir una relación* para ser feliz. Existe una regla muy importante para las citas y el romance: para ser feliz en una relación, y para escoger el tipo de relación que será como deseas, tienes que ser capaz de ser feliz sin ninguna.

Si tienes que estar saliendo con alguien o estar casado para ser feliz, eres dependiente y nunca vas a ser feliz sin importar la persona que encuentres. La dependencia te alejará de ser lo suficientemente selectivo para darte cuenta a cabalidad de lo que puede ser una relación saludable con alguien. Si le temes a la soledad y al abandono no puedes usar el amor de la gente que está realmente ahí para tratar tus miedos.

Así que primero debes curar la soledad, y este es un buen límite para las citas: para que puedas curar tu miedo a estar solo necesitas poner un límite alrededor del deseo de estar en una relación. *Primero cura ese miedo* y *luego* encuentra una relación.

¿Cómo curas tu soledad sin estar saliendo con nadie?

Primero, fortalece tu relación con Dios. Haz que él sea tu prioridad y de esta manera no estarás tratando que la relación con otra persona satisfaga tu necesidad del Señor.

Segundo, afianza tus relaciones con cristianos maduros y confiables. Asegúrate de que no estás tratando de satisfacer tu necesidad de estar cerca de las personas por medio de las citas, o de Dios. Sí, necesitas a Dios. Pero también necesitas a la gente.

Las citas son relaciones de adultos, para que las practiquen adultos saludables y maduros. Los adultos maduros tienen un buen sistema de apoyo que satisface sus necesidades de contacto humano. Además, los adultos maduros son capaces de llevar sus necesidades a otros para sanidad. Si tratas de que una relación romántica te ayude en tu sanidad, esta no va a funcionar. Necesitas un sistema de apoyo para que tomes decisiones basadas en la fortaleza, no en la debilidad o la dependencia. Marsha escogía a los hombres por su debilidad, y de ese modo nunca iba a encontrar el tipo de hombre que deseaba. Si tus necesidades están satisfechas fuera del ambiente de las citas, entonces puedes escoger basándote en tu fortaleza.

Cuando te encuentres rodeado de tu ambiente de apoyo, sé vulnerable. Mucha gente tiene muchos amigos, pero esas amistades no están llenando sus necesidades más profundas. Así que todavía están expuestos a la dependencia en las citas. No solo porque tengas amigos significa que has sido sanado. Asegúrate de que en algunas de esas relaciones te estés permitiendo ser dependiente, tener necesidades y expresar tus penas y dolor. Quizás necesites incluir a algún consejero o un grupo de consejería como parte de tu sistema de apoyo. Pero un sistema de apoyo te va a hacer tanto bien como tú mismo permitas al expresar tus necesidades. Esta vulnerabilidad te conectará con esa parte de ti que puede ser fuerte y no sentirse sola.

Vive una vida llena de crecimiento espiritual, personal, profesional e intelectual, de servicio humanitario, pasatiempos y cosas por el estilo. Una vida que está siempre en desarrollo y creciendo no tiene tiempo ni inclinación a depender de una cita. Mientras más íntima sea tu relación con Dios y más te involucres en el servicio a los demás y otras actividades estimulantes, menos sentirás que necesitas una relación para sentir que eres un ser humano completo.

Aspira a llegar a ser una persona íntegra y plena. Además de tener una vida activa, trabaja en los asuntos de tu alma. No importa cuáles sean (heridas de la niñez, patrones y problemas recurrentes en tus relaciones y tu vida profesional, así como otras áreas de dolor, disfunción y quebrantamiento), mientras vas resolviéndolos, también se va sanando tu soledad. Algo curioso es que el proceso de crecimiento espiritual en sí mismo puede ayudarte a curar la soledad. Mientras creces espiritualmente, te acercarás a otras personas y vivirás una vida más plena de manera natural. La persona íntegra no es adicta a las citas. Es una persona feliz y satisfecha. El Salmo 1:3 dice sobre el individuo que sigue los consejos y la ley de Dios: «Es como el árbol plantado a la orilla de un río que, cuando llega su tiempo, da fruto y sus hojas jamás se marchitan. ¡Todo cuando hace prospera!» Una vida íntegra es una vida plena. Y el producto derivado de esa integridad es que la persona satisfecha es también muy atractiva.

Determina si tu miedo a la soledad se relaciona con un asunto específico. Por ejemplo, Marsha sufrió abandono cuando era una niña. Otras personas tienen que lidiar con otro tipo de pérdidas. Hay muchas clases de dolores que llevan a sentir miedo a la soledad. Evalúa si tu dolor se debe a alguna situación específica que hayas pasado en tu vida, y entonces trabaja para solucionarla.

El mejor límite contra la tendencia a involucrarte en malas relaciones, o en relaciones no satisfactorias, o en las dinámicas incorrectas en una buena relación, es no necesitar esa relación en primer lugar. Y esto ocurrirá al estar cimentado en el Señor, unido a un grupo de apoyo, cuando trabajes con tus problemas sin resolver, tengas una vida que te satisfaga y busques la plenitud. Si haces estas cosas, no te sentirás tentado a decir sí cuando debes decir no.

Consejos para el camino

- Salir a citas nunca ha tenido el propósito de sanar la soledad. Tiene el propósito de satisfacer tus necesidades como adulto de encontrar una relación romántica con un hombre o una mujer que te lleve al matrimonio.
- La soledad debe curarse a través de las relaciones con Dios y con otras personas.
- Estas relaciones nunca te ayudarán si no logras la vulnerabilidad en ellas.
- Una vida plena como soltero o soltera te ayudará a no escoger una relación para evitar la soledad o por falta de satisfacción.

- Las elecciones hechas por necesidad no son satisfactorias y son autodestructivas.
- Tienes que llegar a un nivel en el que te sientas feliz con tu vida, aparte de una relación, para que así seas feliz cuando tengas una.
- Los síntomas de renunciar a tus límites en muchas áreas durante tu experiencia de citas pueden venir de un miedo subyacente a la soledad.

Capítulo 5

No repitas el pasado

Mientras hacía mis investigaciones para este libro (Dr. Townsend), entrevisté a amigos casados y solteros para obtener sus perspectivas sobre el juego de las citas. Una pregunta que le hice a los casados fue: «Ahora que ya terminaste con las citas, ¿qué hubieras hecho de forma diferente en esos tiempos?» La mayoría respondía algo como esto: «Podía haber aprendido más de mis errores anteriores». Esa es una respuesta interesante. Pienso que lo que quiere decir es: «Si pudiera hacer las cosas de forma diferente, las haría diferentes». Las personas se lamentan profundamente y desean haberse beneficiado más de sus experiencias.

Es importante establecer un límite con tu pasado; es decir, debes tratar los antiguos patrones de tus experiencias con las citas como algo que no está destinado a seguir así. Tu pasado puede ser tu mejor amigo o tu peor enemigo en términos de ayudarte a desarrollar el tipo de relaciones adecuado. Nadie puede decir que está listo y es competente al entrar al mundo de las citas. Quizás vienes de una buena familia con un trasfondo en el que se valoraban las relaciones. Puede que seas una persona equilibrada. Pero, aun con estas ventajas, el mundo específico de las citas, como cualquier otro cometido que trate con relaciones, debe experimentarse con horas y horas de pruebas y errores.

El pasado es importante porque es el almacén de todas esas experiencias de prueba y error. Tu pasado puede proveer mucha información necesaria sobre qué hacer o qué evitar en las citas, ya sea por la satisfacción de haberlo hecho bien o por el dolor de haberlo hecho mal. Mirar el pasado despreocupadamente con una actitud de *no necesito pensar en eso, ya lo dejé atrás y mañana es un nuevo día*, es ignorar aspectos importantes de la realidad. Por otro lado, prestar atención a lo que has hecho antes es tomar posesión de tu presente y futuro, sobre los que sí puedes hacer algo.

Este capítulo tratará con la manera en que tu pasado afecta tus citas, y qué puedes hacer para lograr que tu pasado trabaje en tu favor en vez de en tu contra. No dejes que tu pasado te detenga y te ponga barreras: «Por tanto, también nosotros, que estamos rodeados de una multitud tan grande de testigos, despojémonos del lastre que nos estorba, es especial del pecado que nos asedia, y corramos con perseverancia la carrera que tenemos por delante» (Hebreos 12:1).

Conviértete en un buen historiador de ti mismo.

Patrones en las citas

Quizás te estás preguntando: *¿Qué aspecto específico del pasado estoy repitiendo en mis relaciones de citas?* Debes buscar patrones problemáticos que obstaculizan el progreso hacia el compromiso y el matrimonio. En cierto modo, todo este libro trata de algunos de los problemas con las citas que la gente ha encontrado en el pasado y cómo tratarlos. Algunas personas tienen la tendencia a ir muy rápido; otros amoldan los deseos de sus parejas a los de ellos; otros permiten que la relación los gobierne y así sucesivamente. Mientras lees este libro, sería bueno que tomes nota de los patrones con los que te identificas y luego aprendas lo más posible sobre cómo dejar de repetirlos.

¿Qué puedo aprender del pasado?

¡El primer problema con las citas es negar que tu pasado muestra un problema! No puedes aprender del pasado si crees que el asunto solo se debe a que has salido con las personas inadecuadas. Si te preocupas más por ellos, entonces estás tratando con su pasado, no con el tuyo. En vez de echarle la culpa a la gente con la que has salido por tus problemas con las citas, necesitas volverte más curioso y activo para descifrar cuáles han sido tus perspectivas con respecto a las citas.

Tengo una amiga que por varios años ha estado orando fervientemente por encontrar un esposo. Se siente bastante frustrada por los fracasos en sus relaciones. Pero cuando recientemente le pedí su opinión sobre la raíz del problema, me contestó: «Creo que los hombres no son los apropiados». No estoy diciendo que los hombres son más de lo que son. Pero hasta que mi amiga no vea que *ella* es el denominador común en todos estos hombres «inapropiados», no veo cómo pueden cambiar las cosas.

Así que si tienes la tendencia de reunirte con tus compinches y tener una sesión de quejas sobre la falta de calidad del material para tus citas que hay en el mundo, haz algo constructivo para cambiar esto. Hazle a ellos, a Dios y a ti la misma pregunta: *¿Qué puedo aprender de mi pasado con las citas que me ayude a evitar los errores y tener buenas experiencias en el futuro?* Esto exige más trabajo que quejas, y no es nada agradable, pero tiende a producir buenos resultados. Y una pregunta todavía más incisiva: *¿Cuál ha sido mi contribución a los problemas con las citas que tengo hoy día?* Esto no se trata de autocondenación. En lugar de esto, se trata de una búsqueda de la verdad y la realidad para liberarte de repetir tus errores pasados.

Entender el pasado nos ayuda a crecer

Jim había sido un chico feliz y afortunado en sus veinte. Tuvo bastantes citas, pero ninguna se convirtió en una relación formal. Sin embargo, Jim lo atribuyó a la mala suerte y se consoló diciéndose que todavía tenía mucho tiempo para encontrar a alguien. Nunca se detuvo y se preguntó qué estaba ocurriendo. A mediados de sus treinta, comenzó a preocuparse. Siempre había deseado estar casado para ese entonces. Jim comenzó a ponerse ansioso ante la idea de que tal vez nunca se casaría.

En este punto, un Jim más sabio y más viejo, disminuyó un poco el paso y comenzó a pensar con seriedad en su patrón de citas. Finalmente lo descifró. Jim tenía la tendencia de ir tras mujeres que se interesaban en él más que él en ellas. La primera cosa que le atraía era una mujer que mostrara interés en él. Esto era menos arriesgado. Sin embargo, una vez que la relación progresaba, perdía rápidamente el interés porque realmente no era lo que él deseaba. Casi todas las relaciones pasadas se habían desarrollado igual. Jim se asombró cuando se dio cuenta del patrón. Me sentí orgulloso de él porque trabajó muy fuerte para diagnosticar el problema.

Para este tiempo, Jim estaba saliendo con dos mujeres: Robin y Jenny. Había sido sincero con ambas mujeres y no las había engañado. Robin estaba muy interesada en él, lo que normalmente hubiera generado más interés de su parte por ella. A Jenny, por otro lado, le gustaba Jim, pero quería seguir saliendo con otras personas. Esto era una lucha para él. El viejo Jim nunca hubiera seguido con Jenny luego de un par de citas. Así de seria era su inseguridad para arriesgarse con las mujeres.

Afortunadamente, Jim ya había estado meditando en su patrón de citas de «bajo riesgo» y estaba dispuesto a usar su conocimiento del pasado. Lo que hizo fue trasladar su soledad e inseguridad del mundo de sus citas a sus amistades. Le habló con sinceridad a un grupo seguro de amigos sobre sus sentimientos y se arriesgó a compartirles acerca del miedo que sentía a comprometerse con ellos o con cualquier otra persona. Ellos se mantuvieron a su lado y lo apoyaron.

Finalmente, Jim se volvió más sincero y directo con la gente, debido a que se sentía seguro al conocer que tenía una relación sólida con Dios y con algunos amigos. En otras palabras, Jim estaba creciendo. Fue sincero con Robin y le dijo que no tenía suficiente interés en ella como para que siguieran saliendo. Y siguió con Jenny, a pesar de que por poco le dan ataques de pánico ante la perspectiva de algo tan poco seguro.

Como a veces pasa a la larga, Jenny decidió terminar con Jim por otra persona y eso fue muy doloroso para él. La buena noticia es que descubrió que podía sobrevivir a la pérdida. El crecimiento anterior fue lo que hizo posible que Jim hiciera lo correcto con Robin y que estableciera una relación con Jenny. Luego todo sucedió como debía suceder, sin ninguna traba a causa de sus inseguridades. *Es mucho mejor que una relación termine como resultado de diferencias saludables que por diferencias enfermizas.*

Con el tiempo, Jim comenzó a salir con Samantha, una mujer en la que estaba genuinamente interesado. Esta vez se sintió atraído por su carácter y valores, y no porque ella estuviera interesada en él. Dedicarse a ella fue para él un gran riesgo. Pero con el tiempo, Samantha se enamoró de él. Ahora están felizmente casados. Si Jim no hubiera lidiado con los patrones pasados de sus citas, sabrá Dios qué hubiera sucedido. Los ejemplos y advertencias del pasado (1 Corintios 10:11) probaron ser buenos aliados para Jim.

La comprensión y la perspicacia son generalmente elementos necesarios pero insuficientes para romper en definitiva con nuestros pasados. Hay momentos en que solo la verdad nos puede liberar. La mayoría de las veces, sin embargo, nuestros patrones pasados nos señalan algunas deficiencias y heridas en nuestro carácter. Estas deficiencias no desaparecerán a menos que entremos en un proceso de crecimiento personal.

Témele a tu pasado

Otro buen elemento para establecer límites a tu pasado relacionado con las citas es un temor saludable a las consecuencias de que el mismo se repita. Cuando entendemos con claridad las consecuencias que enfrentamos si las cosas siguen igual, esto nos ayuda a soportar el dolor del cambio. Como vimos antes, Jim estaba ansioso porque quizás nunca se casaría, o por lo menos no a la edad que deseaba. Él fue capaz de usar su temor para hacer los cambios que necesitaba hacer.

Alguna gente piensa que los cristianos nunca deben temer. Cierto, si somos cristianos, no necesitamos temer al castigo eterno ni a la separación de Dios (1 Juan 4:18). Pero necesitamos vivir nuestras vidas en el temor de Dios porque él nos juzga imparcialmente (1 Pedro 1:17). Este temor es una preocupación saludable acerca de nuestra responsabilidad ante Dios por la manera en que conducimos nuestras vidas. Así que, teme y teme mucho, para hacer las cosas correctas. He aquí algunas de ellas.

Teme arruinar tu relación presente

Quizás estés ahora en una relación muy buena. Pero si nunca lidiaste con tu pasado, puede que la estés arriesgando. Aun si estás en una buena relación todavía necesitas examinar tu pasado, encontrar apoyo en Dios y en los buenos amigos y buscar ser una persona plena. Hacer ahora el trabajo duro del crecimiento puede ayudarte a prevenir problemas en el futuro. No descuides el pasado solo porque tu presente sea bueno.

Teme a quedarte en tu relación presente

Por el contrario, puede que estés en una relación que no sea tan buena. ¿Cómo te ayudaría mirar al pasado? Quizás encontrarás algún patrón en las citas que demuestre que tiendes a quedarte demasiado tiempo en relaciones que no tienen futuro. Mientras más enfermiza sea esta, más duro trabajas. O tal vez te das cuenta de que tienes la tendencia a quedarte en una mala relación sencillamente porque quieres tener a alguien cerca. Mirar a tu pasado puede ayudarte a terminar más rápido con una mala relación y por consiguiente evitarte a ti y a la otra persona todo un mundo de dolor.

Teme a que te lastimen

Las relaciones de citas son importantes. La gente puede tener acceso a lugares muy profundos de nuestra alma. Esto significa que puedes invertir o confiar en alguien que no se lo merezca. Muchas personas que no han lidiado con sus batallas pasadas relacionadas con la confianza esperan una y otra vez que la próxima pareja sea segura, sin tener la habilidad de cuidarse o discernir la fiabilidad de la otra parte. Con frecuencia el resultado es el daño emocional. Si miras a tu pasado, estarás en mejor postura de discernir por qué te lastimaron y desarrollar las herramientas para prevenir ese dolor en el futuro.

Teme a desperdiciar el tiempo

Como en el caso de Jim, la mayoría de la gente tiene en su cabeza cierto tipo de edad límite en la que les gustaría estar casados. En realidad, no puedes esperar por siempre porque no tienes un «por siempre». Sin embargo, sí hay algo a lo que puedes llamar «muy tarde». Si ignoran su pasado, muchísima gente que ha soñado toda su vida con casarse, perderá su futuro como personas casadas. ¡Comienza a trabajar con tu pasado!

Teme a reducir tus prospectos

Las personas que no han aprendido las lecciones del pasado son menos libres para ser ellas mismas, crecer y tomar decisiones. Esta falta de libertad limita su variedad de alternativas en el mundo. Por ejemplo, digamos que una mujer se siente atraída por hombres inconsistentes y ambivalentes que no pueden comprometerse. Si tiene un problema de carácter y se enamora, es casi seguro que no sentirá emoción por un hombre estable, disponible y accesible. Es posible que su pasado le ponga a este tipo de hombre una etiqueta de aburrido y monótono, y se arriesgue a perder todo un espectro de relaciones potencialmente satisfactorias. Si eres capaz de reconocer tus problemas pasados en las citas, podrás abrirte a la posibilidad de prospectos saludable en tus citas futuras.

Por qué todavía el pasado nos controla

Si hay tantas buenas razones para que trabajemos con nuestros patrones pasados en las citas, ¿por qué la gente tiene dificultad en hacerlo? Existen varias causas para esto.

Falta de madurez

Un indicador de la madurez de carácter es la habilidad de estar conscientes, preocupados y de sentir curiosidad por nuestros patrones pasados. El presente nos mantiene muy ocupados. Es muy fácil quedar atrapados en su rutina. No obstante, con la madurez nos llega la habilidad para reflexionar en los patrones a largo plazo y otros asuntos importantes de la vida. Recuerda a Jim, tuvo problemas en sus citas cuando estaba en los veinte. Pero su inmadurez lo mantuvo enfocado en sus ocupaciones y en disfrutar de la vida. Adéntrate en el proceso de crecimiento espiritual y emocional. Es más, involúcrate en una vida más profunda antes de que comiences a notar problemas importantes con tus citas. Pídele a Dios y a personas de confianza que te ayuden a crecer en amor y en verdad.

Miedo a lo desconocido

Vamos a suponer que tiendes a minimizar las diferencias entre tú y la persona con la que sales para que así haya menos conflictos. Mantienes tus relaciones amenas, superficiales, y secretamente deshonestas. Quizás nunca te relacionaste con las personas de otra manera.

Al darte cuenta de cuál es tu patrón, puedes ver que tu falta de franqueza es un problema que limita qué tan cerca puedes estar de tu pareja. Quizás tratas de cambiar. Sin embargo, te paralizas en tus intentos porque no tienes las experiencias que te dan un indicio de qué esperar. No hay malos recuerdos de gente gritando y llorando. Pero no hay buenos recuerdos tampoco. Lo que ocurrirá si fueras más directo es solo un gran signo de interrogación. Temer a lo desconocido —preocuparte de qué pasará si cambias— puede retrasar el proceso de crecimiento.

¿Qué prefieres: algo malo conocido o algo bueno por conocer? Mucha gente escogerá lo malo conocido pues ya han desarrollado formas de vivir y adaptarse a esa realidad. Temer a lo desconocido evita que muchas personas que están dolorosamente conscientes de sus problemas puedan cambiar. Si esta es tu situación, necesitas franquearte con algunos amigos cercanos y llegar a ser con ellos la persona directa y sincera que no puedes ser con tu pareja. Pídeles ayuda y seguridad. Trabaja con ellos tus miedos y defensas. En otras palabras, necesitas fijar en tu memoria algunas experiencias a las que puedas recurrir, y así cuando apliques la sinceridad al mundo de las citas, te alentará el hecho de que ese algo desconocido es ahora algo bueno conocido. Esto te ayudará a proseguir la relación de un modo saludable.

Miedo a lo conocido

En otros casos, alguna gente repite el pasado porque han tratado de cambiar sus patrones y, por alguna razón no muy buena, han sufrido mucho. El dolor fue suficiente para detener su intento de cambiar. Si retomamos el ejemplo anterior, supongamos que te vuelves más directo con tu pareja y él o ella se ofende porque le dices la verdad. Como resultado, la persona te atacó y abandonó la relación. Esta experiencia, para algunas personas, se convierte en la plantilla para todas las relaciones futuras. La idea es: *si soy sincero, ocurrirán cosas malas*.

En realidad este problema es más de temor a una percepción que a algo en verdad desconocido. En otras palabras, tratar de convertirte en una persona más sincera debe, con gente sana, tener buenos resultados. Las personas deben volverse más cercanas, confiadas, libres y responsables. Pero en el ejemplo anterior es fácil confundir el problema con ser sincero, cuando el problema realmente es que se es sincero con la persona equivocada. Asegúrate de escoger gente que está en la luz, porque hay aquellos que prefieren «las tinieblas a la luz» (Juan 3:19).

No obstante, también hay muchos casos de miedos con resultados conocidos reales. Conozco a una mujer llamada Linda que tenía la tendencia a involucrarse muy rápido en sus relaciones. Encontraba al «hombre perfecto», se comprometía muchísimo con él, comenzaba a hacer planes de boda y luego quedaba devastada cuando él la dejaba. Después de su cuarta tragedia en dos años, comenzó a intercambiar información con sus amistades y a recibir apoyo de ellas. Mientras trabajaba con estos problemas, me dijo un día: «Tenía miedo del problema conocido. En lo profundo sabía que estos hombres no serían prospectos a largo plazo. Pero sentía tanta tristeza y tanto miedo a estar sola que estaba dispuesta a forzar la relación con ellos para evitar la alternativa». Linda trabajó muchísimo con el exceso de compromiso impulsado por la soledad y finalmente comenzó a enfrentar y a resolver su pasado dentro de su sistema de apoyo. Como dice el antiguo refrán de los Alcohólicos Anónimos: «El cambio ocurre cuando el dolor de permanecer igual es mayor que el dolor de cambiar».

Aislamiento

Uno de los mayores obstáculos para solucionar el pasado es sentirse separado de la fuente de vida, que es la relación con Dios y con los demás. Mucha gente intenta resolver sola sus patrones, usando la voluntad, la disciplina, la resolución, etc. Tarde o temprano, tienden a fracasar. La Biblia nos enseña que el cambio que solo se basa en la voluntad y la decisión está incompleto: «Tienen sin duda apariencia de sabiduría, con su afectada piedad, falsa humanidad y severo trato del cuerpo, pero de nada sirven frente a los apetitos de la naturaleza pecaminosa» (Colosenses 2:23).

La relación es el combustible que hace posible el cambio y el crecimiento. Provee aliento para poder soportar las dificultades del cambio. Crea apoyo para la persona mientras lucha y fracasa. Trae realidad para que pueda cambiar de dirección y tratar nuevas maneras de resolver sus problemas. Si tienes la tendencia a esconder tu dolor y tus problemas, si tienes dificultad para confiar y aceptar el amor de otros, comienza a trabajar con un grupo de apoyo seguro. Descubrirás que, con el tiempo, tendrás la fibra interior, basada en el recibimiento de amor y apoyo, para lidiar con el pasado y resolverlo.

Una palabra final sobre el pasado

Es importante entender que *tienes que tener un pasado para que puedas resolverlo*. En otras palabras, tienes que estar consciente de que tus patrones pasados con las citas han sido un problema y que hoy quieres cambiar ese patrón. Muchas personas ignoran por completo que luchan con su pasado. Y por esta razón repiten tanto el pasado que no puede separarse de su presente. En ese sentido, no hay pasado, es solo un continuo y doloroso presente que no funciona para ellos. Si esta es tu situación, pídele a Dios que te ayude hoy a arrepentirte (alejarte) de tu patrón: «Si te arrepientes, yo te restauraré y podrás servirme» (Jeremías 15:19). El arrepentimiento crea un freno entre el pasado y el presente para que entonces podamos curarnos de los efectos del pasado.

Ahora que ya hemos mirado al pasado, estamos listos para mirar al futuro. ¿Con quién debes salir? Estudiaremos esta pregunta en la siguiente sección.

Consejos para el camino

- Con el apoyo de Dios y de otros, busca los patrones pasados en tus citas que han afectado tus relaciones.
- Hazte responsable de tus patrones en lugar de asumir que tus parejas han sido el problema.
- Trabaja para resolverlos en el proceso de crecimiento espiritual para que así puedas escoger y actuar libremente en tu vida presente de citas.
- Entiende y trata con los problemas que te han alejado de cambiar tus patrones.
- Marca un intervalo entre el pasado y el presente con la ayuda de tus relaciones de apoyo.

Parte 2

¿CON QUIÉN DEBO SALIR?

Capítulo 6

Con qué puedes vivir y con qué no

En el libro *Safe People* [Gente segura], cuento (Dr. Cloud) la historia de una ocasión en que me pidieron hablar a un grupo en una universidad cristiana sobre el tópico: «Cómo escoger a alguien para salir a una cita o para casarse». Era un grupo mixto y no había dudas que todos tenían el tema en sus mentes. Comencé la charla con una pregunta: «¿Qué buscas en una persona para salir a citas serias o casarte con ella?» Estas fueron algunas de las respuestas que recibí:

- Profundo compromiso espiritual con Dios
- Una persona que ame la Palabra de Dios
- Alguien que tenga ambiciones
- Alguien divertido
- Atractivo
- Listo
- Ingenioso
- Un líder en su campo
- Que le gusten los deportes

«Tremenda lista. A mí también me gusta la gente así», les dije. «Pero permítanme compartir algo con ustedes. En todos los años en que he dado consejería matrimonial todavía no he conocido a ninguna pareja que estuviera lista para divorciarse o que tuviera problemas importantes porque uno de ellos no fue lo suficientemente ingenioso, o porque no leyera la Biblia tanto como el otro quería o porque no fuera un líder en su campo. Pero sí he conocido a cientos de parejas que están a punto de terminar sus relaciones que dicen cosas como estas:

- Ella es tan controladora que me siento asfixiado todo el tiempo.
- Él no me escucha.
- A mi cónyuge le fascina criticarme. Nunca siento que estoy haciendo algo bien.
- Él es muy irresponsable. Nunca sé si las cuentas se han pagado o si ha cumplido sus promesas.
- Ella gasta dinero excesivamente todo el tiempo. Acepta un presupuesto pero luego me llegan todas esas facturas por pagar.
- Él no puede conectarse emocionalmente. No entiende cómo me siento.
- ¡Ella es tan perfeccionista! Me gustaría que se aceptara tal cual es y no se exigiera tanto todo el tiempo.
- La ira de mi esposo me asusta.
- Nunca he podido confiar en ella después de su aventura. Miente tanto que ya he le perdido toda la confianza».

Comencé con esto para hablarles sobre cómo hicieron sus listas partiendo de lo que era y no era importante para ellos al escoger personas para salir o tener relaciones serias. Les dije que hay muchas diferencias en gustos que son individuales por razones naturales y que es bueno tenerlas. Alguna gente prefiere a las personas atléticas, mientras que otras prefieren a las intelectuales. Esas son las diferencias que hacen que el mundo gire y hacen de las citas un tiempo interesante para descubrir qué te gusta y qué no. Las diferencias en los gustos de las personas son excelentes.

Sin embargo, hay ciertos rasgos que no tienen nada que ver con gustos o diferencias naturales. Estos son los rasgos que tienes que evitar si estás pensando en una relación de citas seria que pueda llevarte al matrimonio. Estos rasgos tienen que ver con el *carácter*. Como le dije a una joven: «Al principio te atrae el exterior de la persona, pero con el tiempo, experimentarás con su interior. Su carácter es lo que experimentarás a largo plazo y con lo que tendrás relación con el paso del tiempo».

Así que en este capítulo queremos que examines tus «límites de opciones». Queremos que estudies cuales son tus requisitos para las personas con las que sales. Si decides y sabes con anticipación lo que no vas a aceptar en una relación de citas, puedes evitarte una buena temporada, o hasta toda una vida, de miseria y dolor. Por otro lado, puede que vivas con demasiada rigidez y, cuando te des cuenta, esto puede ayudarte a experimentar con una mayor variedad de personas. Básicamente hay cuatro áreas que deseamos examinar en el plano de las citas:

1. Algunas de tus preferencias pueden limitar demasiado y necesitas ser más amplio.
2. Algunas preferencias son más importantes de lo que piensas y debes valorizarlas.
3. Algunas imperfecciones son menores y quizás debas aprender a lidiar con ellas.
4. Algunas imperfecciones son importantes y nunca debes aceptar vivir con ellas. Están totalmente fuera de discusión.

Preferencias que limitan

El otro día estaba conversando con un joven sobre qué buscaba en alguien para salir o finalmente casarse. Me hizo reír mientras oía su lista. ¡Se puso tan meticuloso y perfeccionista que le dije que básicamente había eliminado todo el mercado! Él quería que su futura esposa fuera muchas cosas que en realidad eran contradictorias y muy poco probables de encontrar en una misma persona. Como por ejemplo, que estuviera muy inclinada a los negocios y que fuera del tipo maternal que prefiere quedarse en casa. También tenía muchísimos requisitos físicos que no eran realistas a menos que la persona pudiera pasarse todos los días haciéndose retoques aquí y allá. Le dije que se preparara para pasar muchas noches solitarias viendo películas viejas y comiendo comidas congeladas. No le gustó cuando se lo dije.

¿Y qué de las preferencias? ¿Acaso no deben las personas tener gustos y deseos sobre lo que se busca en aquellos con quienes vamos a salir? Seguro que sí. Todo esto es parte de saber lo que eres, qué te gusta y qué no. Pero este es nuestro mensaje para ti en esta área: Conoce tus gustos y lo que es importante para ti, pero mantente flexible en las citas pues nunca sabes lo que puede pasar.

Las sorpresas ocurren

«Todavía no puedo creer que me casara con Jason», dijo Sheila. «Fue puramente un acto de Dios porque él no era nada parecido a lo que pensaba que me iba a gustar». Sheila le estaba contando su historia a un grupo durante una fiesta. Jason sencillamente sonreía mientras la escuchaba.

«Siempre me atrajeron los hombres agresivos, del tipo atlético, que siempre dan un paso al frente. De los que siempre se destacan y parecen líderes. Jason no era nada de eso, para empezar. Lo podría describir como más reservado. Además, ¡era bajito!

»Pero una amiga me dijo que pensó que me gustaría, así que salí con él. Nuestra primera cita no fue nada espectacular porque tenía demasiadas reservas. Pero salimos otra vez y me sorprendí al darme cuenta de que me gustaba conversar con él. Comenzamos a conocernos mejor, y luego de un tiempo, descubrí muchas cosas sobre él que nunca había buscado en ningún muchacho. Jason era una persona tan profunda y polifacética que sencillamente no me cansaba de estar con él. Al poco tiempo, ya no había esperanza para mí. ¡Quería estar con él todo el tiempo! Todavía no me he cansado de él

¡y ya han pasado seis años! Estoy muy contenta de que Dios tuviera mejores planes que los míos. Siento que estar con él es una bendición».

Hemos oído ejemplos como este de personas que se atrevieron a salir con otras que inicialmente no eran «su tipo». Dios les mostró que, para empezar, en realidad no sabían lo que necesitaban y con frecuencia lo que pensaron que querían hubiera sido malo para ellos a fin de cuentas.

Jen fue uno de esos ejemplos. Me contó lo mucho que siempre había temido ser vulnerable o «débil y necesitada» con un chico, así que asumió una apariencia muy enérgica. Una mujer de negocios muy segura que impresionaba a muchos con esta imagen. Pero dos cosas estaban pasando en su vida de salidas y citas al hacer esto. Una, no estaba aportando sus aspectos más vulnerables a su relación hombre-mujer, y dos, estaba atrayendo a hombres pasivos. Las mujeres fuertes atraen con frecuencia a hombres débiles que están buscando a alguien que los dirija.

Mientras más hacía esto, más frustrada se sentía con los hombres con los que salía, porque tenían miedo al compromiso o eran demasiado pasivos para que a fin de cuentas la hicieran sentirse muy feliz. Ella quería un igual y no lo encontraba. Pero ocurrió algo muy afortunado. Jen comenzó a crecer y a descubrir que sus miedos a la vulnerabilidad y a sus rasgos más delicados le estaban robando en otras áreas de la vida, así que comenzó a trabajar en esto. Cuando cambió y logró un mejor balance, hombres también más balanceados comenzaron a sentirse atraídos hacia ella porque mostraba más suavidad. Como ella misma lo expresó: «Fue muy bueno que no me quedara como era antes. Siempre me atrajeron los hombres pasivos y débiles que pudieran expresar mis propias debilidades por mí. Esa atracción se basaba en mis problemas, no en lo que era bueno para mí. Necesito un hombre fuerte que pueda ser tierno, y nunca hubiera sentido atracción por alguien así hasta que no aprendí a ser vulnerable y a usar la fortaleza de otra persona».

Como Jen descubrió, su preferencia había estado fundamentada en su falta de balance. Así que no siempre puedes confiar en tus preferencias. Pueden surgir de muchos lugares que no siempre son saludables:

- Los miedos a la intimidad te pueden llevar a personas distanciadas.
- Los miedos a la autonomía te pueden llevar a personas controladoras.
- Los miedos a ser real te pueden llevar a personas perfeccionistas.
- Los miedos a tu pecaminosidad te pueden llevar a gente «mala».
- Los miedos a necesitar de alguien te pueden llevar a personas pasivas y débiles.
- Los problemas familiares sin resolver te pueden llevar a alguien que sea como ese familiar con el que tienes problemas.

Y la lista sigue y sigue. Así que la advertencia aquí es que examines tus preferencias y las valores, *pero mantente atento a la posibilidad de que, después de todo, puede que no sean tan buenas para ti.* Puede que Dios sepa algo que tú ignoras. No te niegues la oportunidad de conocer a gente que asumes que no te gustará y mantente atento a ver qué puede surgir.

En cuanto a las áreas superficiales de las preferencias —como el aspecto físico y los estilos de personalidad, entre otras— te sugerimos que estés dispuesto a salir con alguien de buen carácter. Quizás descubras algo sobre tu persona y te diviertas mucho. Las citas son la oportunidad de conocer a la gente y aprender. En el principio, es un tiempo de poco compromiso y mucha exploración. ¿Por qué decir no si la persona tiene un carácter seguro? Quizás pases un buen rato y aprendas mucho en el camino. Conocemos personas que ni siquiera aceptan una salida a cenar con alguien que no encaje en sus listas de preferencias. Eso demuestra una mente bastante estrecha. Como dijo una dama, que al final encontró una muy buena pareja: «Salgo con cualquiera por lo menos una vez». Tuvo la oportunidad de ver muchos tipos diferentes de personas antes de decidirse por uno. Y escogió bien. Si no representan ningún peligro, ¡sal y pásala bien!

Preferencias importantes

Por otra parte, es bueno tener algunas preferencias. Es muy probable que quieras a alguien que comparta (1) intereses en común, (2) metas en común, (3) valores en común.

Intereses comunes

La mayoría de las relaciones más sólidas incluyen por lo menos algunos intereses en común. Por ejemplo, o a ambos les gusta ir de excursión con la mochila en la espalda o a ambos les gusta ministrar a los adolescentes. Los intereses en común le permite a la pareja pasar tiempo juntos haciendo algo que ambos disfrutan. Si te gusta pasar tiempo al aire libre, probablemente no querrás tener una relación seria con alguien que detesta estar afuera y solo quiere estar sentado frente a una computadora.

Los intereses compartidos son muy importantes. Las parejas que tienen poco en común terminarán pasando poco tiempo juntas o, si lo hacen, no estarán haciendo lo que disfrutan. Esto no significa que tienen que compartir todos los intereses. Pero sí se llevarán mejor si tienen algunos intereses en común. Después de todo, cuando te casas es para estar con esa persona y ¿qué mejor manera que haciendo algo que les guste a ambos?

Metas comunes

Los intereses en común te ayudan a determinar cómo quieres pasar tu tiempo libre. Las metas comunes determinan cómo vives tu vida. Tus metas afectarán dónde vives, qué carrera escoges, cómo distribuyes tu tiempo y tu dinero, y hasta cómo desarrollas tu carácter y tu caminar con Dios. Antes de que añadas seriedad a una relación, debes tener una buena idea de la dirección en que vas y necesitas determinar si la vida de la otra persona va en la misma dirección. Por ejemplo, si quieres ser un misionero, o trabajar en los barrios bajos de la ciudad y vivir con un ingreso limitado, deben compartir esta meta. O si quieres continuar estudios superiores, entonces esta tiene que ser una meta compartida porque exigirá grandes sacrificios en la relación.

Los intereses y las metas deben tomarse con mucha seriedad. No solo dictan la manera en que quieres invertir tu tiempo o hasta quizás tu vida, sino que también revelan quién eres realmente como persona. Si no sabes lo que te interesa, puedes usar las citas para descubrirlo, pero no formalices ninguna relación hasta que estés seguro de lo que te gusta hacer. Y si no sabes cuales son tus metas, ten cuidado de no involucrarte seriamente con alguien. Las metas de otra persona no deben convertirse en tus metas por predeterminación. Conócete primero. Crea conciencia sobre cómo las diferencias en los intereses y las metas van a afectar la forma en que consumes tu tiempo y tus recursos. No te engañes con respecto a que las metas e intereses no importan para ti. Esto es muy importante y necesitas considerar el impacto que tendrán en tu relación.

Valores comunes

La tercera área donde las preferencias son importantes es la del carácter. El carácter de alguien es lo que experimentarás si permaneces en una relación por mucho tiempo. Esto va a ser lo que tendrás que soportar, con lo que vas a tropezar, alrededor de lo cual vas desarrollarte, lo que compartirás, de lo que vas a recibir, con lo que vas a crecer, y así sucesivamente. Si ese carácter está lleno de cosas buenas, el fruto de tu relación será bueno. Pero si ese carácter está plagado de espinas y abrojos, sufrirás. Créelo. Como dijo Jesús: «Un árbol malo no pueda dar fruto bueno» (Mateo 7:18). Buscar un carácter que muestre el fruto del Espíritu —amor, paciencia, benignidad y demás— sería una buena meta para tus citas.

Imperfecciones menores con las que puedes vivir

Nadie es perfecto. Cada persona con la que sales será un ser humano que pecará y te fallará. No existe ningún Príncipe Azul que lo tenga todo. Olvídate de esa fantasía. Sin embargo, cuando evalúes a las personas con las que sales, recuerda algunas cosas.

Primero, hay pecadores con los que puedes vivir. Estas son personas que tienen la habilidad de darse cuenta cuando han fallado y confesarlo, que se preocupan por la forma en que te lastimaron y trabajan con ahínco para salir de ese patrón. Cualquiera que puede ver dónde ha fallado y trata de cambiar, va por un buen camino y probablemente es alguien en quien puedes confiar si esto no es solo un cambio momentáneo. Si es realmente algo que ocurre por un largo plazo es una buena señal. He aquí los atributos de alguien que demuestra la habilidad de trabajar en sus imperfecciones:

- Una relación con Dios
- Habilidad para ver dónde está el error
- Habilidad de ser sincero
- Habilidad para ver los efectos del error en la otra persona
- Habilidad para sentir empatía por esos efectos y lamentarse sinceramente por la otra persona, en lugar de solo sentir culpa por ellos mismos
- Motivación para arrepentirse y cambiar
- Habilidad para mantener el arrepentimiento y el cambio
- Compromiso con una jornada de crecimiento, un sistema de crecimiento y con la intervención de la otra persona en el proceso de crecimiento
- Habilidad para recibir y utilizar el perdón

Si alguien puede hacer estas cosas, es una persona imperfecta en la que puede valer la pena invertir tiempo. (¡También sugerimos que tú trabajes fuerte en ser ese tipo de ser humano!)

Una persona de buen carácter todavía fallará ocasionalmente, pero en general comete pecados con los que puedes vivir. Estos pecados son «luces amarillas» en tu relación; cosas que no puedes ignorar, pero que no implican que tienes que terminar con la relación. Algunos patrones pueden ser áreas sin desarrollar en la vida de la persona que no son tan malas y que pueden superarse. No son letales y es probable que puedas vivir con ellas en la medida en que tu pareja esté consciente de estos problemas y trate con ellos en las formas expuestas con anterioridad. A continuación hay algunos ejemplos de cosas que pueden molestarte pero que no te matarán, y que puedes aprender a aceptar en dosis *pequeñas*.

- Desorganización
- Dificultad para sincerarse y ser directo sobre los sentimientos o heridas
- Tendencias hacia una orientación de desempeño
- Tendencias hacia querer parecer fuerte y evitar la vulnerabilidad (a menudo una enfermedad masculina)
- Perfeccionismo
- Algunos intentos de control (como la insistencia de una persona naturalmente enérgica)
- Evasión de la cercanía
- Impaciencia
- Desorden
- Críticas
- Formas moderadas de otras cosas

Estamos seguros de que puedes hacer tu propia lista. Todos tenemos imperfecciones pero ninguna de estas matará nuestra relación si las mantenemos en un nivel moderado. Algunas veces, ni siquiera destruyen la relación aun en formas más obvias si existe conciencia del problema y la habilidad de trabajar en él. Todos tenemos maneras en las que hemos «perdido el camino». (Esta es la definición bíblica del pecado.) No siempre todo es bueno en las relaciones y, como resultado, a veces es un dolor estar en ellas. Esto es normal.

Así que busca qué es lo que te molesta. Quizás lo que te moleste en un pecador normal. Tal vez no has aprendido cómo ofrecer un poco de humanidad y eres demasiado crítico o perfeccionista en tus exigencias. Recuerda, como no tienes otra alternativa que salir con pecadores, decide con qué pecados puedes vivir, o al menos, con cuáles puedes lidiar.

Imperfecciones importantes con las que no puedes (ni debes) vivir

No obstante, no todos los pecados están en la categoría amarilla. Algunos son color rojo brillante y esto significa: *¡Detente!* Con frecuencia he oído decir a la gente: «Todo pecado es pecado». Si lo que quieren decir con esto es que no hay diferencia entre los pecados, nada está más lejos de la verdad y eso no es lo que enseña la Biblia. Esta sí enseña que todos los pecadores son igualmente culpables delante de Dios y que todos estamos en el mismo nivel de culpa ante él, pero no que todos los pecados son iguales. Algunos pecados causan más daño que otros. Jesús dice en forma clara que hay aspectos «más críticos» de la ley de Dios, cosas como la falta de justicia, misericordia y fidelidad (véase Mateo 23:23). Estos pecados son inherentemente destructivos y hacen más daño que los pecados «amarillos». (Ser desordenado o impaciente difícilmente se puede comparar con mentir sobre una aventura.)

Para que esta postura sobre el pecado no suene muy áspera o intolerante, mira la forma en que lo presenta David:

> Quiero triunfar en el camino de perfección: ¿Cuándo me visitarás? Quiero conducirme en mi propia casa con integridad de corazón. No me pondré como meta nada en que haya perversidad. Las acciones de gente desleal las aborrezco; no tendrán nada que ver conmigo. Alejaré de mí toda intención perversa; no tendrá cabida en mí la maldad. Al que en secreto calumnie a su prójimo, lo haré callar para siempre; al de ojos altivos y corazón soberbio no lo soportaré. Pondré mis ojos en los fieles de la tierra, para que habiten conmigo; solo estarán a mi servicio los de conducta intachable. Jamás habitará bajo mi techo nadie que practique el engaño; jamás prevalecerá en mi presencia nadie que

> hable con falsedad. Cada mañana reduciré al silencio a todos los impíos que hay en la tierra; extirparé de la ciudad del Señor a todos los malhechores» (Salmo 101:2-8).

Como implica David en este salmo, el carácter comienza contigo. Él decidió evitar:

- La perversidad
- La deslealtad
- La maldad
- La calumnia
- El orgullo y la soberbia
- El engaño
- La impiedad

¡Excelente lista de rasgos del carácter que debemos evitar! Se podrían evitar muchos corazones rotos si la gente pudiera decirle no a las citas con alguien que tenga el carácter descrito arriba.

La Biblia nos dice una y otra vez que hay personas que merecen nuestra confianza y otras que no. Jesús mismo dijo: «No den lo sagrado a los perros, no sea que se vuelvan contra ustedes y los despedacen; ni echen sus perlas a los cerdos, no sea que las pisoteen» (Mateo 7:6). No es falta de «tolerancia» el tener buenos límites y no confiar en cierto tipo de gente. Mantenerte lejos de algunos tipos de personas puede proteger tu corazón y tu vida.

Te sugerimos que tengas algunas características básicas que valores en tu carácter y que exijas lo mismo en la gente con la que sales. La lista de David incluye esos aspectos del pecado que son destructivos y relacionales. Son rasgos que hieren a las personas y a las relaciones, y que son extremadamente dañinos. Si encuentras tales características en la persona con la que estás saliendo, esto es un asunto grave y necesitas tener mucho, mucho cuidado. Escúchalas otra vez: perversidad, deslealtad, maldad, calumnia, orgullo, soberbia, engaño e impiedad. No cabe duda de que estas son luces rojas y si te encuentras con ellas, te debes detener inmediatamente y no continuar la relación hasta tener la seguridad de que el problema está resuelto.

Sin embargo, estos no son los únicos asuntos importantes. En nuestro libro *Gente Segura*, presentamos otras características que son destructivas para las relaciones. Helas aquí:

Rasgos personales destructivos

- Actúa como que tiene todo bajo control en lugar de admitir su debilidad e imperfección
- Es religioso en lugar de espiritual
- Está a la defensiva en vez de estar dispuesto a intercambiar información
- Es orgulloso en lugar de humilde
- Se disculpa en vez de cambiar
- Evita trabajar con los problemas
- Demanda confianza en vez de mostrarse a sí mismo como alguien en quien se puede confiar
- Miente en lugar de decir la verdad
- Está estancado en lugar de estar creciendo
- Es un adicto
- Tiene dos caras

Rasgos destructivos interpersonales

- Evita la cercanía
- Solo piensa en sí mismo en lugar de pensar en la relación y en su pareja
- Es controlador y se resiste a la libertad (en las citas, esto incluye no respetar tus límites en el plano físico)
- Adula
- Condena
- Juega a «estoy un paso adelante» y actúa paternal
- Es inestable con el tiempo
- Es una influencia negativa
- Chismea
- Es demasiado celoso o desconfiado

- Niega el dolor
- Es demasiado violento

Estas características son patrones de carácter muy dañinos. Si ocurren con muy poca frecuencia, quizás puedas trabajar con ellas si tu pareja asume su responsabilidad, confiesa y trabaja en su persona. Pero si estas cosas son un *patrón*, no hay responsabilidad ni quebranto ni arrepentimiento, ten mucho cuidado. Esto solo puede hacer dos cosas:

1. Herir a la persona que se encuentra al otro lado.
2. Evitar que la relación sea buena.

Y tú no quieres ninguna de las dos. No quieres que te lastimen ni tampoco quieres seguir saliendo con alguien con el que no es posible tener una verdadera relación. No sigas adelante en la relación sin antes tratar con esto. Confróntalo en el mismo modo que discutimos en el Capítulo 2: «Exige y personifica la verdad»:

1. Confronta el problema directamente, presentándolo en términos de tus valores. «Algo que valoro en mis relaciones es la aceptación y la bondad. No me gusta cuando me criticas y hablas de mí». Dile lo que es importante para ti y que no quieres que esas cosas se ignoren en la relación.
2. Estudia el tipo de respuesta que obtienes. Si la persona asume su responsabilidad, muestra empatía y se disculpa, es una buena señal. Asegúrate de que estás con alguien que puede ver cuando está mal y aceptar su responsabilidad.
3. Busca un patrón de arrepentimiento sostenido, un cambio y un progreso en el crecimiento. Quizás necesites algún tiempo de espera separados para que ocurra un cambio verdadero. No temas no estar con alguien que no ha cambiado. No quieres estar con esa persona si de todos modos no va a cambiar.

4. Puedes volver a confiar y seguir adelante solo si estas «luces rojas» ya no son problemas.

Debido a la naturaleza misma de los seres humanos, las relaciones serán imperfectas. Siempre vas a estar saliendo con alguien con defectos. Pero recuerda, hay defectos con los que puedes vivir y otros con los que no. Esos con los que puedes vivir te pueden enseñar mucho sobre la paciencia y la aceptación, así como sobre la intimidad y cómo trabajar con los conflictos. Pero los defectos de carácter muy serios pueden destruirte y herirte. El mejor examen es la palabra de Dios y cómo se siente tu corazón mientras mantienes una relación con la persona.

Si estás tratando con alguien que te lastima, te deja sintiéndote mal en tu interior y con respecto al amor, y que te hiere de otras maneras, *estás lidiando con cosas que no debes permitir*. Tu mejor prueba es siempre tu experiencia con la persona. Si te estás sintiendo muy mal al estar con esta persona, tómalo como señal. La relación no va a mejorar por sí misma. Haz lo que tengas que hacer para detener la destrucción. Protégete conociendo lo que sientes y lo que vales, y ten el valor para mantenerte firme en lo que valoras en tus relaciones de citas. Al final, vas a recibir lo que valoras. Valora lo bueno y di no a lo que destruye.

Consejos para el camino

- Ningún ser humano es perfecto y nunca tendrás la relación «ideal».
- Mantén las puertas abiertas a los tipos de personas que están fuera de tus gustos y preferencias normales. Nunca sabrás lo que te gustará hasta que de verdad hayas llegado a conocer a alguien.
- Aprende a reconocer la diferencia entre las imperfecciones humanas que todo el mundo tiene y que no son destructivas, solo molestas, y los defectos de carácter que pueden ser seriamente dañinos para una relación. Aprende a aceptar a la persona y trata con los problemas menores.

No permitas que las tonterías arruinen una relación.

- Descubre qué preferencias son tan importantes para ti que deseas mantenerlas si la relación se torna seria. Estas preferencias pueden afectarte durante mucho tiempo en el futuro.
- Aprende a identificar las imperfecciones que no son benignas, sino destructivas. Son «luces rojas» y deben ser señales para ti de que la relación en sí es destructiva.
- Aprende a asumir una posición en estos asuntos. Desarrolla la habilidad de decir, como David, que hay ciertas cosas que no tolerarás, entonces mantente firme en tus valores. Aprende a afrontar estas situaciones y solo confía en alguien cuando existe responsabilidad y cambio.

Capítulo 7

No te enamores de alguien a quien no considerarías para ser tu amigo

—Parece que entre tú y Dennis se está "cocinando" algo —le dije (Dr. Cloud) a Stephanie. Por algún tiempo habíamos tratado de reunirnos para ponernos al día, pero en cada ocasión ella había estado haciendo algo con Dennis.

—No —me contestó—. Solo me gusta pasar el rato con él. Disfrutamos muchas de las mismas cosas y tenemos excelentes conversaciones. Pero es solo un amigo.

—¿Por qué no es algo más? —le pregunté.

—¡Ah! No sé. Lo que sea ese "algo" que te atrae a otra persona… sencillamente no lo siento con Dennis. Pero me gusta mucho estar con él y que seamos amigos.

—Es fácil darme cuenta de eso —le dije—. No todo el mundo tiene que enamorarse. ¿Has encontrado ese "algo" que me describes en algún otro lugar?

—Sí —respondió.

Por su respuesta pude darme cuenta que no todo estaba bien con quienquiera que tuviera ese «algo».

—Su nombre es Ryan y he estado saliendo con él por tres meses. Tengo ese "algo" con él, es decir, realmente me atrae para ser más que amigos. Pero hay algunos problemas.

—¿Qué quieres decir? —le pregunté.

—Bueno, en verdad no sé cómo explicarlo. Me atrae de una manera muy romántica y física. Siento las mariposas y todo el cuento. Pienso mucho en él y quiero estar con él. Pero, después de todo eso, no sé lo que estoy haciendo.

—¿Qué quieres decir con que "no sabes lo que estás haciendo"? —le pregunté.

—Bueno, hay mucho romance y todo ese tipo de cosas. No es que estemos durmiendo juntos, pero hay mucho contacto físico en la relación. Y tengo muchos sentimientos del tipo "me estoy enamorando". Pero cuando miro de cerca la situación, no hay mucho más que eso. Realmente no hablamos de temas importantes. Lo que existe es esta dinámica y un anhelo de estar con él que no puedo explicar. Además hay ciertas cosas sobre él que normalmente no escogería. No tiene profundidad espiritual y parece que tiene otras intenciones. Y algunas veces en realidad no se comunica. Pero sé que me estoy enamorando de él por alguna razón que no puedo explicar. Siento cierto tipo de vitalidad cuando estamos juntos. Ryan sabe llegar a una parte muy profunda de mí, aunque tenemos una relación bastante superficial. Esto como que no tiene sentido, ¿verdad?

—Lo que me parece es que sientes que estás "enamorada" de Ryan, pero tienes una relación mucho más real con Dennis —le comenté—. Por cierto, me parece que necesitas encontrar a alguien con quien puedas tener ambas cosas. La conexión profunda y la habilidad para compartir cosas importantes, comunicarte y divertirte como con Dennis, y también la chispa y la química que tienes con Ryan.

—Claro que eso sería muy bueno. Pero parece que siempre tengo estos dos tipos de personas en mi vida. Existe el tipo de muchacho que me gusta y el tipo del que me enamoro. Nunca he encontrado ambas cosas en la misma persona.

Sonaba casi rendida al describirme su dilema.

En aquel momento le dije a Stephanie todo lo que pensaba. Sabía que era por su bien. Pero en el proceso me compadecí mucho por ella pues sabía que iba en camino a que le rompieran el corazón. La verdad era que había hecho esto varias veces antes, y necesitaba advertirle que iba por el mismo camino otra vez. Stephanie estaba permitiendo que la química que sentía con alguien le vendara los ojos con respecto a cosas muy importantes que son esenciales para una relación saludable y duradera.

En resumen, se enamoraba de hombres que no escogería como amigos. Le atraían hombres que no compartían su compromiso espiritual, sus valores, su profunda comunicación, sus intereses y muchos otros aspectos de su vida. Sencillamente existía esta atracción que no tenía la habilidad de justificar de forma racional. La atracción era fuerte, pero poco satisfactoria, y entonces tenía a Dennis que satisfacía todas las otras necesidades en su vida. La amistad, la comunicación y los buenos momentos «solo pasando el rato» estaban siempre fuera del espectro de la persona por quien tenía sentimientos románticos.

Un problema común

Hemos conocido a muchos solteros que comparten el problema de Stephanie. Quizás tú también los conozcas. Quizás te atraiga cierto tipo de persona, pero descubres que tienes una mejor amistad con otro, y en realidad tienes algo más parecido a una relación con el «amigo» que con la persona que te atrae. En muchos casos, como el de Stephanie, sencillamente te das cuenta de que la persona por la que sientes atracción no es capaz de conectarse con todas las áreas de tu vida. Pero en otros casos es mucho más que eso. A veces sientes atracción por alguien que no es nada bueno para ti.

Puedes sentir todo tipo de atracción y química hacia alguien a quien no solo le faltan algunas habilidades, sino que también tiene algunos rasgos de carácter bastante destructivos. La persona puede ser egocéntrica, mentirosa de alguna manera, inclinada a la crítica, controladora o alguien que ignora tus necesidades. Nunca escogerías como amigo a alguien así porque tendrían muy poco en común y no querrías tener que lidiar con todos sus problemas. No obstante, sientes una atracción desesperada por alguien que es justo así. Y luego, más adelante en la relación, salen a flote los problemas más profundos y te das cuenta de que la relación no tiene sustancia como para que perdure. A pesar de esto, encuentras difícil salir de la relación porque sientes una gran atracción por esa persona.

La división

Un día estábamos haciendo un programa radial sobre el tema de las citas y una mujer nos llamó con el problema anterior. Nos decía que en el mundo había dos clases de hombres. Uno era el tipo atractivo que no tenía carácter, y el otro era el tipo con buen carácter y profundidad espiritual pero sin atractivo.

—¿Qué debo hacer? —preguntó.

—¿Ha pensado alguna vez que quizás no haya realmente dos tipos en el mundo como los que ha descrito? —le preguntamos—. ¿No cree que esto puede tener algo que ver con usted? Tal vez exista una razón para que le atraigan los hombres superficiales y destructivos. Y quizás usted bloquea esos sentimientos de atracción por los hombres buenos.

—No, para nada. No es eso. Realmente hay solo dos tipos de hombres en el mundo. Están los guapos, fuertes y atractivos, y los chicos buenos que no son tan emocionantes. Lo he visto una y otra vez —argumentó.

—¡Ah! Sí creemos que lo ha visto una y otra vez. Pero lo que le estamos preguntando es si alguna vez ha considerado que esto tiene que ver algo con usted y no con los hombres. Puede que usted tenga cierto tipo de división interior que está provocando que se sienta atraída hacia cierto tipo de hombre y elimine al otro —le respondimos.

—No. Ustedes no entienden. Hay realmente solo dos tipos —insistía con más firmeza.

—¿Entonces lo que está diciendo es que en todo el mundo no existe un solo hombre atractivo que tenga profundidad y cualidades espirituales? ¿Y qué ninguno de los que tienen profundidad y carácter es atractivo en alguna manera, forma o estilo? —clarificamos solo para ayudarla a ver lo tonta que se había oído.

—Eso es absolutamente correcto —contestó—. He estado saliendo con personas por mucho tiempo y eso es exactamente lo que hay allá afuera.

—Entonces, en ese caso, supongo que tendremos que comprobar que usted está en lo correcto. Bueno, sur de California —dijimos a nuestros oyentes—, queremos que todos los que sean solteros vengan hasta nuestro estudio ahora mismo y hagan dos filas. Si eres de alguna manera atractivo, colócate en una fila; y si tienes alguna profundidad de carácter, en tu vida espiritual o personalidad, colócate en la otra. Luego, lo que podemos hacer es ponerlos en pares y tratar de que se ayuden mutuamente. Los feos y profundos pueden discipular a la gente linda, y los lindos pueden darle algunos consejitos sobre estilo, carisma y otras cosas a los monjes y monjas. A lo mejor logramos que los dos grupos se puedan unir y quizás comencemos aquí algunas relaciones.

Aquel resultó ser un programa maravilloso. Estuvimos cuatro horas recibiendo llamadas sobre este problema. Afortunadamente, no todo el mundo estaba tan ciego a su responsabilidad en el asunto como la primera oyente. Ellos podían ver que había mucho más en la dinámica que algún tipo de explicación exotérica de que solo hay dos tipos de hombres en el mundo. Y nosotros tuvimos un tiempo muy estimulante examinando las causas de este tipo de problema, porque es uno que se puede resolver muy fácil y hemos visto a muchas personas superarlo. Nos encanta cuando una persona que ha batallado en esta área nos dice: «Finalmente encontré a alguien que tiene todo lo que había estado buscando». ¡Qué gratificante es esto para el crecimiento espiritual y personal!

He aquí lo que le decimos a las personas solteras que tienen este problema.

1. Si te atrae alguien que no posee las cualidades de carácter y amistad que necesitas en una relación duradera, no pienses que lo vas a cambiar. Él o ella profundizarán más solo si lo desean. No abrigues falsas esperanzas.
2. Mira esto como un problema. Si notas un patrón, no sigas pensando que esto no tiene nada que ver contigo, que es solo que «no has encontrado al que es». Hemos escuchado las excusas de mucha gente que no quiere ver que tienen un patrón que necesitan examinar con respecto a la forma en que ven a las personas, o a las personas que atraen, o a las que les atraen a ellas.
3. Haz todo lo posible para estar consciente de la realidad de la persona que te atrae y de la relación que tienen. Pregúntate:

    - ¿Puede compartir todos tus valores?
    - ¿Tienen el mismo compromiso espiritual?
    - ¿Hay rasgos de carácter que estás ignorando, negando o excusando?
    - En resumen, *¿escogerías a esta persona para ser tu amigo o amiga?*

    Luego asegúrate de que le hablas a alguien sobre esto. Es más difícil mantener la negativa si hablas con alguien y le confiesas lo que es cierto.
4. ¿Estás confundiendo un anhelo con «estar enamorado? Muchas veces la gente anhela a un cierto de persona irreal y confunde este profundo anhelo con estar enamorado. Recuerda, el amor satisface, no te deja desfalleciendo románticamente.
5. ¿Estás confundiendo la obsesión con el amor? Lo primero es una proyección de necesidades y fantasías idealizadas sobre una persona que tiene poco que ver con quién esa persona es realmente. Muchas veces la gente crea un tipo de persona que simboliza muchas de las cosas que necesitan o idealizan y piensan que se

está n enamorando cuando en realidad es una fantasía que no durará.

6. Sobre todo, busca un sistema de responsabilidad al que puedas someterte para no cruzar el límite y dejarte ir demasiado lejos en una relación con alguien a quien no escogerías para ser tu amigo o amiga. *No permitas que tu corazón se involucre con una persona a quien no tendrías como amigo o amiga.*

Solución a la división

Este no es un libro para trabajar con todos los tipos de problemas que tendrás si sientes atracción por el tipo de persona equivocada. Escribimos el libro *Safe People: How to Find Relationships That Are Good For You and Avoid Those That Aren't* [Gente Segura: Cómo encontrar relaciones que sean buenas para ti y cómo evitar las que no lo son] para ayudarte con ese problema, y también nuestros libros *Changes That Heal* [Cambios que sanan] y *Hiding from Love* [Escondidos del amor]. Lo importante aquí es que necesitas tener algunos límites sólidos para ti mismo en cuanto a permitirte ir muy lejos en una relación con alguien a quien no escogerías para que fuera tu amigo o amiga.

Sin embargo, a continuación encontrarás algunas razones por las que tal vez te atraiga el tipo de persona equivocada.

Asuntos de origen familiar sin resolver

Si tuviste problemas familiares durante tu crianza, es probable que estos afloren en tus relaciones de citas. Por ejemplo, puedes sentir atracción por una persona que es como el padre o madre con quien tienes problemas. Conozco a una mujer que tenía un padre extremadamente crítico. Mientras crecía, luchó por ganar su aprobación pero nunca la consiguió. Como resultado, se sentía desesperadamente atraída por hombres muy críticos a los que nunca podía complacer. Nunca hubiera querido tener amigos como esos, pero no tenía problemas en «enamorarse» de hombres con ese tipo de carácter.

O tal vez te atraiga alguien que es diametralmente opuesto a ese familiar que tanto te hirió. Conozco otra mujer que tuvo un padre tan agresivo que le temía a cualquier tipo de fuerza e impulso en un hombre. Como resultado, siempre le atraían hombre muy pasivos, aunque cariñosos, que siempre terminaban frustrándola porque ni siquiera podían pararse en sus dos pies.

En ambos casos, ninguna de las mujeres había resuelto su situación original con una antigua relación, y como consecuencia estaban tratando de solucionarla a través de las relaciones presentes. Esto nunca resulta. Debes tratar con cada relación por su propio mérito para que así no interfiera con las demás.

Partes sin integrar de tu persona

Otra razón importante para que te atraigan personas que no te convienen es que estés buscando resolver algún aspecto de tu interior que nunca has enfrentado. Algunas veces es algo bueno, como el ser enérgico. Conozco a un hombre que nunca había integrado su sentido de la energía y fortaleza, y siempre le llamaban la atención las mujeres dominantes y controladoras porque se sentía atraído por la fuerza que él no tenía. Con frecuencia, si no posees cierta cualidad, sientes atracción por alguien que la tiene en exceso. En otras palabras, una persona pasiva no se sentirá atraída hacia alguien que es normalmente enérgico, sino hacia alguien que está inclinado en la dirección opuesta: una persona demasiado dominante.

A veces puedes sentir atracción hacia algo malo. Si siempre has sido una persona «buena», te puedes inclinar hacia alguien que personifica algún tipo de lado «oscuro». El lado oscuro puede ser el sexo, el abuso de sustancias, la irresponsabilidad o impulsividad, pero sea lo que sea, el «santo» se cae sin remedio ante el «pecador». ¡Esto explica los dolores de cabeza de los padres de las adolescentes! La chica buena, de una buena familia, se enreda con el «chico malo».

Este es un patrón común que ocurre cuando no eres capaz de ver e integrar tu propia «maldad». Puedes sentir vergüenza porque no eres perfecto o perfecta, y no quieres enfrentar algunos de los aspectos de tu alma que necesitas atender. Debido a las demandas externas o internas de ser una persona «buena», no examinas ni integras tus lados «oscuros» y los buscas en una persona real. Tienes una división interior entre lo bueno y lo malo que se manifiesta siendo bueno o buena, pero sintiendo atracción hacia lo malo. La solución para esto no es volverte «bueno» o «malo», de una manera dividida, sino transformarte en una persona *real*, con tus aspectos buenos y los malos (véase Lucas 11:39–40; Eclesiastés 7:16–18). Si puedes encontrar relaciones seguras y sanas donde puedas integrar esos aspectos interiores por los que sientes vergüenza, entonces no sentirás atracción por la oscuridad exterior.

Hay veces que tienes una herida o un dolor que nunca has enfrentado. Si este es tu caso, te puedes sentir atraído o atraída hacia una persona con muchos problemas y daños como una manera de conectarte con tu propia angustia. Este es el clásico síndrome de codependencia.

Sea cual sea el problema, hay innumerables personas que están negándose muchos aspectos de sí mismas y se sienten atraídas hacia situaciones problemáticas en un intento por tratar esos asuntos. Como dice Proverbios 4:23: «Por sobre todas las cosas cuida el corazón, porque de él mana la vida». Lo que haya en tu corazón es con lo que te vas a encontrar lidiando, en una forma u otra. Guarda tu corazón y aliméntalo y no sentirás atracción por los tipos de personas equivocadas.

Esperanza defensiva

¿Has tenido muchas desilusiones y pérdidas en tu vida? Si es así, puede que te resulte difícil separarte de las cosas, aun cuando estas no sean buenas. Quizás, sin saberlo, hayas desarrollado un patrón de carácter de «esperanza defensiva». Anhelas que las cosas cambien como una defensa contra la pérdida, pues el dolor de la separación puede resultar demasiado agobiante para ti. Aunque la persona no vaya a ser lo que necesitas a largo plazo, prefieres aferrarte a la esperanza de que cambie en lugar de pasar por el dolor de la pérdida.

Romanticismo

¿Te consideras una «romántica sin causa»? Si es así, quizás seas vulnerable a los seductores, quienes te pueden llevar a una dinámica de romanticismo pero sin el carácter subyacente para tener una relación duradera. Como dice la Biblia: «Engañoso es el encanto» (Proverbios 31:30). Los seductores y sus presas no son capaces de pasar del romanticismo a la verdadera intimidad. Muchos adictos al romance y al sexo caen en esta categoría. El drama romántico y la energía sexual de la relación los distrae del vacío de una relación que carece de intimidad. Como me dijo una mujer: «Nos estamos llevando nuestro vacío al cuarto y negándolo mutuamente».

Si tienes una tendencia al romanticismo, puede que tengas la tendencia a vivir en un mundo de relaciones fantasiosas. Esto a veces no es malo al principio de una relación, por una temporada o de una forma limitada. La atracción a veces se fundamenta en la fantasía. Pero si la relación no puede pasar de la fantasía a la intimidad continua y a una conexión real, todo el asunto es una farsa y debes hacer frente a tu vacío.

No estamos diciendo que el romance, la sexualidad y la pasión sean malas. Por el contrario, son absolutamente esenciales. Si pasas mucho tiempo en una relación en desarrollo y nunca sientes pasión o atracción sexual, algo está mal o esta persona es alguien a quien debes mantener en la categoría de «amistad». Para que una relación sea profunda y satisfactoria debe estar acompañada de sexualidad e intimidad. El sexo es parte del diseño de Dios para el amor erótico en el matrimonio y debe desarrollarse de la misma forma que el amor platónico, la conexión y la amistad. Pero la pasión sin el sostén del carácter, la intimidad y la amistad es extremadamente peligrosa.

Si eres una romántica, puede que tengas un complejo de Cenicienta que ha durado demasiado. O tus fantasías pueden ser una defensa contra la depresión u otro tipo de desilusiones. Sin embargo, aun con lo maravilloso que es el romance, no se basa en la realidad del carácter de alguien y a fin de cuentas te va a romper el corazón. Si eres una romántica por estilo o necesidad, mantén lo bueno de esto, pero trata con lo que pueda estar impidiendo que enfrentes algunas realidades. La vieja dinámica del «vino y la cena» que seduce a las personas no es una base duradera para una relación. La amistad sí lo es.

Por cierto, el mejor sendero es aquel donde la conexión real y la amistad son el principio, y a partir de ahí se desarrolla el romance. Hablaremos de esto más adelante, pero por ahora, recuerda que si siempre tienes la tendencia al romanticismo, estás evitando la realidad de lo que está ocurriendo. Y la realidad es con lo que vas a tener que vivir.

Intimidad sin desarrollar

Hay personas con quien nunca nadie ha logrado conectarse realmente ni han sido conocidas en un nivel muy profundo. Nadie ha podido relacionarse con las partes más vulnerables de sus corazones. Así que no conocen de verdad lo que es una conexión o la intimidad genuina. Es posible que vengan de un trasfondo de familias o iglesias desunidas. Sea cual sea el caso, ni siquiera saben qué es lo que les falta.

Si esta es tu experiencia, es muy probable que te atraigan las personas que tampoco pueden conectarse. El retraimiento suele atraer retraimiento, tanto por razones de familiaridad como por la seguridad de permanecer desconocido. Es como si le dijeras a la persona con la que sales: «Parece que eres igual que yo. Vamos a desconectarnos juntos». O sencillamente no conoces algo mejor. Pero el resultado final es que te atrae un carácter desconectado y el «enamorarte» como una vida de fantasía surge de la parte desconectada de tu interior.

La cura para la desconexión es asegurarte de que mantienes relaciones saludables que no son de naturaleza romántica, de esta forma todas las piezas de tu persona se pueden relacionar y encontrar conexión. Entonces habrás desarrollado la capacidad para la intimidad y te conocerán en todos los niveles, y escogerás personas que también pueden conocerte en todos esos niveles.

El camino es la amistad

El romance es estupendo. La sexualidad es estupenda. La atracción es estupenda. Pero esta es la clave: *Si todo esto no está fundamentado en una amistad duradera y en el respeto por el carácter de la persona, algo anda mal.*

Una relación real y duradera debe basarse primero en la amistad. Vas a pasar mucho tiempo con esa persona. Como me dijo una amiga sobre la selección de su pareja: «Sabía que podía llegar a vieja al lado de él. Me gustaba pasar tiempo juntos y me hacía reír mucho». Además compartían profundos valores espirituales y otros gustos en común, como lo harían con cualquier otro amigo. Han estado casados por cerca de treinta años.

El mejor límite que puedes tener en tu vida de citas es comenzar todas tus relaciones con un ojo puesto en la amistad. No te apresures a ningún tipo de romance. Mantén todos tus límites, los físicos y los emocionales. Pasa tiempo con la persona. Pasen tiempo conociéndose en formas no románticas. Pasen tiempo compartiendo con grupos de amigos. ¿Qué tan bien él o ella se acopla al grupo? ¿Qué tan bien tú la pasas con sus amistades? ¿Puedes decir que él o ella tiene buenas amistades? (Si no tiene amistades de mucho tiempo, esa es una mala señal.)

Si no te permites enamorarte apresuradamente de alguien que no ha sido primero tu amigo o amiga, sentirás más seguridad cuando te des el permiso para pasar al siguiente nivel. Es muy posible que te sorprendas teniendo todo tipo de sentimientos. Disfrútalos. *Pero no los creas*. Solo confía en tu experiencia de conocer a una persona y evaluar si pueden compartir a un nivel profundo. Evalúa si él o ella es una persona con un carácter en el que confiarías para una amistad. Y tan importante como todo esto, *evalúa si es una persona con la que te gustaría pasar el tiempo aun si no hubiera ningún tipo de romance*. Esa es la verdadera medida de un amigo, una persona con la que te gusta pasar tu tiempo sin que te importe cómo lo pasas. «Pasarla juntos» es todo lo que necesitan. Y esto, a largo plazo, requiere carácter, y en las amistades más profundas, también valores compartidos. Desearías que tus mejores amigos fueran sinceros, fieles, maduros, espirituales, responsables, cariñosos, interesados en crecer y en conectarse contigo. Asegúrate que esas cualidades estén presentes en la persona de la que te estás enamorando.

Mantén tus límites. Te garantizamos que enamorarte de alguien a quien no escogerías como amigo o amiga no es nada bueno.

Consejos para el camino

- Si descubres que no eres realmente amigo o amiga de alguien que te interesa muchísimo, permite que esa sea una señal de alerta de que algo está mal.
- No pienses que alguien que no tenga carácter lo va desarrollar solo porque tú quieras que lo haga.
- Si es un patrón el que te atraigan las personas equivocadas, no le eches la culpa a las razones externas, asume la responsabilidad del problema y trata de encontrar la causa.
- Oblígate a enfrentar las preguntas difíciles sobre la persona con la que estás saliendo. Con la ayuda de tus amistades, sé sincero sobre si realmente te «gusta» la persona en la misma medida en que tienes «química» con él o ella. Los sentimientos románticos pueden ser muy engañosos, y hasta patológicos. No son «amor verdadero».
- La amistad y los valores compartidos son las cosas que duran en una relación. No le creas a tus sentimientos románticos.
- El romance es estupendo. La sexualidad es estupenda. La atracción es estupenda. Pero esta es la clave: Si todo esto no está fundamentado en una amistad duradera y en el respeto por el carácter de la persona, algo no anda bien.
- La amistad debe ser siempre el cimiento subyacente de cualquier relación romántica. El romance es efímero, viene y va. La amistad perdura. Ambos son importantes en una relación duradera.

Capítulo 8

No arruines una amistad por tu soledad

Recientemente fui (Dr. Townsend) a la boda de una amiga. Ellen había querido casarse desde hacía mucho tiempo y Dios trajo a Jeff a su vida de un modo muy significativo. La boda celebraba la unión de una pareja que ciertamente parecía estar hecha el uno para el otro. Durante la recepción se hicieron varios brindis. Uno lo hizo Ted, que había sido el mejor amigo de Ellen desde la escuela intermedia. Él felicitó a la pareja y les deseó lo mejor. Al mismo tiempo, era obvio que también estaba un poco triste. Todavía estaba soltero y sentía algunas punzadas por la pérdida, pues sabía que de alguna manera iba a tener que cambiar su relación con Ellen. No estaría tan disponible para él como lo había estado antes de casarse con Jeff, una realidad que ambos habían aceptado como algo bueno. A pesar de esto, era todavía doloroso para Ted.

Los conocía a ambos desde hacía mucho tiempo y sentí empatía por Ted. Recuerdo que con el paso de los años llegaron a conocerse muy bien, parecían muy compatibles y felices cuando estaban juntos. Varias personas sugirieron: «A la verdad que ustedes son perfectos el uno para el otro. ¿Por qué no tratan algo más?» Finalmente, decidieron tratar algo romántico. Pero para ambos la experiencia fue algo así como dice el dicho: «Besar a tu hermano (o hermana)». Sencillamente no existía la conexión romántica. Era obvio que la cercanía que sentían los había llevado a confundir los sentimientos de amistad.

Así que los dos concluyeron que eran un puerto seguro para cada uno, y mantuvieron una relación platónica. La relación que tenían era muy satisfactoria para ambos. Cada uno tenía un amigo del sexo opuesto que le daba ese apoyo especial y una perspectiva que no podía proveer un amigo o amiga del mismo sexo.

La amistad de Ted y Ellen es un ejemplo de dos cosas. Primero, ilustra todo lo bueno que podemos recibir de una relación saludable con el sexo opuesto. Y segundo, muestra todo el dolor que se evitaron al no tratar de tener una relación romántica cuando los sentimientos sencillamente no estaban allí. Y ese es el tema de este capítulo: ayudarte a experimentar las cosas buenas de la amistad y evitarte los problemas que llegan cuando quieres hacer de los amigos y amigas algo que no son.

El romanticismo y la amistad

Los sentimientos románticos surgen cuando idealizamos a la otra persona. En nuestra cabeza creemos que nuestro amado es perfecto y experimentamos todo tipo de sentimientos, tales como el anhelo de estar juntos, la admiración y el deseo sexual. Esta idealización puede provocar varias reacciones, tanto saludables como enfermizas:

1. En una relación nueva, no conoces mucho sobre la otra persona. La idealización llena los espacios en blanco con cosas buenas a fin de mantener a la pareja involucrada en la relación y ayudarlos a tolerar los aspectos tempranos del desarrollo de la conexión.
2. En una relación madura, la idealización romántica aumenta y disminuye en intensidad por medio de la

conexión en varias etapas. Surge de una profunda apreciación y gratitud por la presencia y el amor de la persona, sin embargo, al mismo tiempo mantiene la realidad de quién es él o ella.

3. En una relación con problemas, una persona puede desarrollar sentimientos románticos a raíz de su propia necesidad. Esta necesidad toma matices de romanticismo; esto es, disfraza su naturaleza real usando el romance. La persona siente el deseo y la motivación de estar con el otro. No obstante, la necesidad es provocada generalmente por algún vacío interior.

Es esta tercera causa la que puede arruinar una amistad perfectamente buena. ¿Cómo se transforman los sentimientos dependientes en unos románticos? La idealización del romanticismo ocurre cuando una persona sola es incapaz de sentir y actuar de forma adecuada con respecto a sus emociones de soledad. Por cierto, la soledad en sí misma es buena. Es una señal de que necesitamos algo de afuera, llámese ánimo, apoyo o empatía. Nos salva de pasar hambre emocional. Dios nos diseñó para responder a esa señal. Si tienes hambre, ve y cómete una hamburguesa. Si te sientes solo o sola, conéctate a una relación. No es así de sencillo, pero esa es la idea fundamental.

Sin embargo, muchas personas tienen dificultad con esto. Por alguna razón u otra, y en algún punto del camino, la necesidad que Dios les dio de establecer relaciones se convierte en algo que los hace a ellos y a sus amigos bastante miserables. Puede que tengan toda una historia de intentos de transformar la amistad en algo más. O quizás les ocurrió esto una o dos veces en la vida. Las palabras que los hirieron más profundamente tenían una buena intención: «Me gustas… como una amiga».

En realidad, existen dos clases de soledad. La primera es la que indica que necesitamos el contacto diario con otras personas. Las relaciones son un proceso continuo. Necesitamos con bastante frecuencia una dosis de presencia y apoyo de otros para seguir funcionando. Por ejemplo, un vendedor que sale en un largo viaje de negocios siente la falta de su red de apoyo mientras está fuera y cuando regresa toma las medidas para reconectarse.

La segunda clase describe un problema de condición. Este tipo de soledad es un sentido crónico y duradero de vacío en la vida sin importar las circunstancias. La persona puede estar rodeada de gente cariñosa y que se preocupe por ella, y aun así sentirse aislada. Puede que esté sintiendo que no le importa a los demás o que no sea capaz de recibir lo que otros le dan. Esta soledad es un indicio de que hay algo quebrado en el alma y que necesita ser reparado en el proceso de sanidad divina.

Cualquiera sea el tipo de soledad que experimenten, hay varias causas para tornar las circunstancias en romanticismo.

Conflictos para lidiar con la dependencia

Con frecuencia, las personas con tendencias al romanticismo son incapaces de sentir su dependencia como lo que es: dependencia. La dependencia es realmente un estado bendecido: «Dichosos los que tienen hambre y sed de justicia, porque serán saciados» (Mateo 5:6). Esto es algo bueno, porque cuando respondemos a ello, Dios nos da todo lo bueno que necesitamos. Sin embargo, los sentimientos de dependencia de mucha gente se cercenan. Son incapaces de experimentar la soledad *como soledad*, el vacío *como vacío*, el hambre de relaciones *como hambre de relaciones*. Hay una buena razón para esto. Aunque la soledad es buena y es una emoción dada por Dios, no siempre es placentera. Indica necesidad, abstención y sentirnos incompletos. Sentir que necesitamos algo puede ser muy doloroso. Y con frecuencia tratamos de negar lo que es doloroso para así alejarnos de este sentimiento.

He aquí algunas razones que explican por qué las personas son incapaces de sentir su hambre:

- Pueden temer a la profundidad de su vacío interior.
- Tal vez sientan que hay una asociación entre la maldad y la soledad. Las personas que han estado en relaciones

violentas o distanciadas a menudo tienen sentimientos intensos de maldad.

- Quizás se sienten avergonzados de tener que necesitar a alguien.
- Puede que tengan temor al riesgo de exponerse por miedo a que los lastimen.
- Tal vez se sienten indefensos e impotentes cuando sienten sus necesidades.

Como resultado, la gente sola puede que no se sienta como debe sentirse la gente sola; esto es, en soledad. Sin embargo, tal vez sientan otras cosas tales como: irritación, depresión, inclinaciones adictivas y grandes urgencias románticas. Esto es mucho más aceptable y tolerable. En cambio, el problema es que actuar basándose en estos «falsos» sentimientos no satisface las necesidades reales de amor, cuidados y aliento. Si alguna vez has tenido una adicción, o saliste con alguien que la tenía, entiendes cómo la substancia con frecuencia apaga la sed por ciertos deseos, pero en realidad provoca que la persona se mantenga desconectada de la vida de la relación.

Por otro lado, hay personas que tienen la capacidad de lidiar con su soledad pero están en conflicto con ella. No niegan su soledad, pero no la ven como algo bueno. Su necesidad es dolorosa y desagradable. Y por esto no actúan. Por ejemplo, un amigo una vez me dijo: «Salgo con mujeres que no me entusiasman demasiado, así no tengo que arriesgarme. Sencillamente detesto esa sensación de necesitar a alguien que tal vez no me necesite a mí».

Fracasos en sus relaciones con el mismo sexo

Con frecuencia, aquellos que tratan de añadir romance a la amistad tienen una historia de no haber sido capaces de conectarse segura y profundamente con el mismo sexo. Quizás alberguen muchos sentimientos negativos hacia las personas del mismo sexo:

- Están preocupados porque lastimarán a la otra persona
- Dudan que puedan tener algo que ofrecer

- Menosprecian las debilidades convencionales de su género
- Temen perder las oportunidades con el sexo opuesto por pasar tiempo con las amistades del mismo sexo

No obstante, pueden sentir justo lo opuesto con las relaciones del sexo opuesto. Se sentirán revitalizados, animados y llenos de vida luego de un buen encuentro romántico. Con frecuencia, estas personas han tenido problemas en el pasado con las relaciones del mismo sexo. Por ejemplo, una mujer puede haber tenido una madre distante y controladora y por lo tanto se conectó demasiado con su padre para satisfacer sus necesidades. O tal vez tuvo un padre seductor que trató de interferir en la relación de madre e hija. Cualquiera sea la causa, las necesidades de dependencia que deben suplirse en relaciones saludables con el mismo sexo se transfieren a la esfera romántica.

En esencia, los sentimientos románticos son para los adultos. Así nos preparamos para uno de los procesos más «adultos» en la vida que es el matrimonio. Las necesidades de quienes intentan añadir romance a la amistad son pre-adultas, entre ellas: sentido de pertenencia, seguridad, y sentirse alentado y amado. Estas necesidades serán satisfechas primordialmente por Dios y por tus relaciones seguras no románticas. Permite que estas relaciones sean una parte importante de tu vida. Te ayudarán a buscar el romance desde una perspectiva adulta cabal y no desde la de un niño solitario.

Si has tenido un amigo con este problema, quizás hayas notado que eres para él algo así como una «parada de autobús». Cuando no tiene a nadie especial en su vida, quiere pasar todo el tiempo contigo. Pero cuando encuentra a alguien, no oyes de él en mucho tiempo. Estás en la banca de la parada de autobús y él acaba de montarse en el autobús del romanticismo para otro paseo.

Idealización del romance

Muy relacionado con esto está el problema de pensar que el romance es la forma más sublime de la amistad. Mucha gente que está «buscando» el romance (¡cuídate de cualquiera que te diga esto!) piensa que la amistad está en un escalón más abajo que el romance. Por lo tanto, intentarán desarrollar sentimientos románticos por alguien que ya es su amigo o amiga, creyendo que así están llevando la amistad a un nivel superior y más profundo. Una amiga me dijo que hizo esto varias veces con amigos de la escuela superior y la universidad. Pensaban: *Somos amigos tan íntimos que aquí debe haber algo de romance*. Por suerte, según me contó: «Nos echamos para atrás, aunque en ese momento pensábamos que nos estábamos perdiendo algo fantástico. Hoy día, luego de los treinta, estamos casados con otras personas y estamos felices con eso».

Las relaciones románticas no son mejores que la amistad. Son diferentes y satisfacen necesidades distintas. No caigas en la trampa de pensar que te estás perdiendo algo al mantener a tu amigo como «solo» tu amigo.

Roles de rescate y cuidado

A veces las personas que quedan atrapadas en la idea del romanticismo tienen la tendencia de caer en ciertas formas de relacionarse llamadas *rescate* y *cuidados*. El que necesita «rescate» emite una señal para que alguien lo cuide. El que «cuida» recibe la señal y ofrece apoyo, aliento y la solución de problemas a quien pidió el «rescate». Este tipo de relación tiene que ver con los problemas de la persona para tomar responsabilidad directa por su vida, o para ser capaz de recibir, en lugar de dar.

Este estilo de patrón se puede «romantizar» fácilmente por ambas partes. El que pide el rescate busca un padre que lo proteja, y se enamora de ese padre. El que ofrece los cuidados busca a alguien a quien ayudar, y luego se enamora del agradecido niño. El rescate y el cuidado se muestran en diferentes maneras en el mundo de las citas:

- El hombre herido por demasiadas mujeres
- La mujer que piensa que su amor puede arreglar a ese hombre herido
- La mujer que no puede organizar su carrera y sus finanzas
- El hombre que piensa que puede ayudarla a levantarse

Si juegas este juego, uno de los dos está haciendo el papel de niño. Y aunque ahora puede sentirse agradable y tierno, recuerda que un día los niños crecen. Y pelearán por su libertad y autonomía. No es nada agradable estar casado con alguien que piensa que eres el padre o la madre que quiere controlarlo.

Impulsividad

Hay personas que luchan con el romanticismo porque tienen dificultades con sus deseos e impulsos. Caen muy aprisa en la intimidad sexual (un oxímoro), o desarrollan conexiones muy rápidas, intensas y «profundas». La sed que tienen por la experiencia del romance los hace sentir vivos y con energía. Una amistad es algo simple, pero en un romance pueden dejar salir todo tipo de sentimientos y conductas amorosas y agresivas. Es como si el romance fuera el lugar donde pueden liberarlo todo.

El problema aquí es que los impulsos deben madurar y estructurarse en maneras saludables, no simplemente actuar cuando ellos nos lo indiquen. Esa es la esencia del autocontrol. El romanticismo impulsivo es un atajo ineficaz para llegar a las verdaderas relaciones profundas y satisfactorias. Aprende a verbalizar y expresar tus fuertes impulsos así como a lidiar con ellos de manera que te lleven a una conexión saludable y no a una historia de conexiones intensas y rotas.

¿Cómo puedo saber si esto es una amistad o un romance?

Pero, ¿cómo puedes decir si tu relación actual es una cosa real o es algo que has creado para alejarte de la soledad? ¿Tienes que darle un «beso de hermano» a cada amistad para averiguarlo? Estas son preguntas importantes, sea que estés en el extremo curativo o el preventivo de las cosas. He aquí algunas formas de ver si estás echando a perder una amistad tratando de añadirle romance.

Conéctate fuera de la relación

Todos necesitamos personas que continuamente nos amen, nos apoyen y nos digan la verdad. Esto provee una base emocional que ayuda a mantener las relaciones en perspectiva de lo que son realmente. Mucha gente a la que le hemos preguntado sobre sus tragedias en las citas nos han dicho: «Siempre me he sentido solo y me moví muy rápido» o «acababa de salir de un mal matrimonio y estaba demasiado solo». No se debe enfatizar demasiado en la necesidad de conectarnos con otras personas. Por cierto, es casi imposible que puedas seguir las siguientes sugerencias hasta que te conectes primero con otros porque tus profundas necesidades de una relación pueden distorsionar tu pensamiento y objetividad. Así que deja a un lado este libro por una semana y ¡busca algún lugar seguro donde puedas relacionarte sin una cita!

Evalúa los frutos de la relación

¿Qué valoras en la relación? El romance verdadero y el romanticismo persiguen metas muy diferentes. Esta tabla te ayudará a descubrirlo.

Romance saludable	Amistad «romantizada»
El deseo se basa en un amor que tiene sus raíces en algún otro sitio.	El deseo se basa en una necesidad vacía por la otra persona.
Se valora la libertad de la otra persona.	La libertad de la otra persona es un problema.
La relación atrae amigos.	La relación aleja a los amigos.
Los conflictos se tratan de forma adecuada.	Los conflictos amenazan la relación.
Sentimientos mutuos.	Una persona se siente romántica, la otra no.
Coexisten los sentimientos de amistad y los románticos.	Los sentimientos son del tipo todo amistad o todo romance; no pueden darse los dos al mismo tiempo.

Como puedes ver, tarde o temprano el romanticismo romperá la relación, si es que estás involucrado en esto sin saberlo. Una amistad «romantizada» no llenará las necesidades que debe satisfacer un amor romántico. Es muy bueno descubrir esto antes del matrimonio.

Busca opinión

Pregúntale a tus amigos si creen que eres un adicto o adicta al romance. Si alguna vez se han sentado en la parada de autobús esperando por ti entre una relación y otra, o si alguna vez han sentido que los has usado o abandonado, quizás tengan una muy buena respuesta que darte. Pídele que te evalúen como amigo. Pregúntales si conocen los rasgos profundos de la persona que eres. Descubre cuál ha sido tu inversión emocional en la vida de otros.

Si estás del lado de quien recibe...

Natalie y Spencer habían estado saliendo por varios meses. Ella se había sentido atraída por la simpatía, actitud jovial y valores de él. Spencer acababa de pasar por un doloroso rompimiento con una novia. Al principio, Natalie se preocupó por las repercusiones que esto pudiera tener. Sin embargo, él parecía estar muy involucrado en la relación por lo que dejó de preocuparse. La estaban pasando muy bien.

Recientemente, Natalie comenzó a preocuparse otra vez. Spencer parecía querer más tiempo y más compromiso del que ella estaba dispuesta a dar. Quería saber dónde estaba ella todo el tiempo. Peor aún, cuando estaban juntos todo lo que quería hacer era estar pegado a ella y que lo oyera quejarse de sus problemas. Natalie se sentía más como una madre que como una mujer en una relación con un hombre. Por varios meses más siguieron saliendo bajo estas circunstancias porque ella no quería lastimarlo; con frecuencia Natalie disfrutaba la relación y él la ayudaba en su soledad.

Finalmente, comenzaron a hablar de sus sentimientos. Resultó que Natalie tenía razón para estar preocupada. Spencer reconoció su problema y le dijo: «Solo necesito alguien por quien preocuparme. Cuando no tengo a esa persona especial, no puedo soportar el vacío». Natalie se sintió aliviada pues también fue capaz de entender mejor la experiencia de ella. A fin de cuentas, la relación no duró. Sin embargo, como resultado, Spencer buscó un grupo de apoyo para que le ayudara a resolver su problema de dependencia en vez de continuar con una serie de relaciones. Y Natalie encontró a alguien que quería una compañera, no una madre.

Si te identificas con la experiencia de Natalie, es bueno que te veas como parte del problema. Natalie disfrutaba de la presencia de Spencer. No obstante, esperó un largo tiempo para admitirse ella misma que estaba saliendo con un hombre solitario con quien se llevaría mejor como amigos. Lo hizo porque disfrutaba de sus atenciones, no quería lastimarlo y porque *ella también era una persona sola*.

Quizás te encuentras en la misma situación. Ni tú ni tu pareja se están haciendo ningún favor evitando la realidad. Los sentimientos de niños pequeños y algunas partes de nosotros mismos terminarán por causar problemas en nuestras relaciones de citas de adultos si no tienen otras relaciones donde pueden sanar y madurar. Presta atención a cosas como la franqueza, la libertad, la reciprocidad, entre otras. Si evades estos asuntos, puedes evitar que una persona solitaria trate con un problema en el que Dios quiere ayudarle, y tú puedes desperdiciar mucho de tu tiempo y energía. Por el bien de ambos, sé parte de la solución.

Consejos para el camino

- Examina tu soledad para ver si es una necesidad normal de conexión o una señal de una herida que necesita sanidad.
- Toma conciencia de que los sentimientos románticos, aunque buenos, pueden disfrazar una soledad profunda y confundir la forma en la que escoges a las personas.
- Involúcrate profundamente en tus amistades y valora todo lo bueno que recibes de ellas. Esto puede satisfacerte interiormente y ayudarte a resolver la tendencia a añadirle romanticismo a las relaciones platónicas.
- No temas a los sentimientos de dependencia. Úsalos para salir en busca de personas buenas.
- Mantente en contacto con amigos confiables y seguros que te puedan ayudar a ver cuándo has creado algo que en realidad no existe en una relación.

Capítulo 9

Ten cuidado cuando los opuestos se atraen

«Él es tan fuerte y yo soy tan insegura».

«Ella es muy sociable y a mí me gusta estar en lo mío».

«Él es bueno haciendo dinero y yo soy buena gastándolo».

«Ella es muy segura y yo necesito seguridad».

«Él es todo lo que yo no soy. Él me completa».

Sentirnos completos. En lo profundo de nuestro ser todos lo deseamos y lo necesitamos. Estar completos es ser de una pieza, íntegros, sin déficit ni división. En algún punto todos estamos conscientes de que no estamos completos, de que estamos sin terminar y no somos lo que debemos ser. Sin embargo, dentro de nosotros existe un deseo dado por Dios de encontrar las piezas faltantes que nos terminarán. Este deseo nos lleva a relaciones y experiencias que nos ayudarán a alcanzar ese sentido de estar completos. No obstante, como veremos, este deseo también puede confundirse con los deseos de salir y buscar pareja, y pueden ocurrir muchos desastres.

Este es el problema de la mentalidad «los opuestos se atraen». La idea es que tu traes a la mesa ciertas cualidades y tu pareja trae las cualidades opuestas. El resultado de esta relación es que ambos terminan siendo mejores; la suma es mejor que las partes. Por ejemplo, puede que seas una persona cuidadosa pero a veces indecisa. Te enamoras de un chico que sabe lo que quiere y lo busca. Entonces piensas: *¡Tremenda combinación! ¡Él me puede ayudar a aprender a descubrir qué quiero y cómo alcanzarlo!*

Las diferencias de dones son buenas para las relaciones

Ciertamente hay mucho valor en que las personas traigan sus fortalezas a una relación, pues nadie es Superman. Nuestras vidas siempre se enriquecen cuando se conectan con otros que tienen habilidades que a nosotros nos faltan. Cualquier hombre de negocios te dirá que las descripciones de trabajos y los entrenamientos son bien particulares. Quieres en contabilidad a la gente analítica y orientada a los detalles, pero en mercadeo quieres a las personas creativas y que aportan ideas.

Lo mismo se aplica a la iglesia. La Biblia nos enseña que todos tenemos distintos dones o habilidades que traemos a nuestras relaciones y al mundo: «Ahora bien, hay diversos dones, pero un mismo Espíritu» (1 Corintios 12:4). Algunos son más talentosos en la administración, mientras otros aportan sus habilidades para enseñar al cuerpo de Cristo. Ningún creyente es autosuficiente.

En más de una manera, la idea de fortalezas y dones complementarios es buena para nosotros emocionalmente. Necesitamos aprender humildad para pedir lo que no tenemos y eso nos ayuda a crecer. Por ejemplo, si la persona con la que estás saliendo tiene percepción para las relaciones, podrías preguntarle por qué estás teniendo problemas en tu relación con tu compañera de cuarto. Además, podemos crecer a partir de las capacidades de los demás. Cuando mi hijo Ricky quiso inscribirse en un equipo de básquetbol, quería ayudar como entrenador pero no sabía mucho del deporte. Así que llamé a Dan, un amigo que conoce el juego, y que además tiene un hijo, Zack, que es amigo de Ricky. Decidimos compartir la tarea de entrenar al equipo que integrarían nuestros hijos, con Dan como entrenador principal y yo como su asistente. Aunque no tengo los dones que tiene Dan para este deporte, sí aprendí mucho de básquetbol en aquella temporada. Así es como nos enriquecemos y ayudamos aprovechando los diferentes dones de otros.

El problema con la atracción de opuestos

Debemos usar y apreciar las habilidades de aquellos que tienen lo que a nosotros nos falta. Sin embargo, el peligro se presenta cuando *hacemos de las habilidades o estilos opuestos la base de la relación.* Al comienzo de la relación esto puede parecer algo bueno. Se están complementando mutuamente. Cada cual provee lo que el otro necesita. Sientes estímulo por las diferencias en el punto de vista del otro.

No obstante, el peligro de escoger una persona del tipo opuesto es este: *las relaciones impulsadas por los opuestos con frecuencia confunden la dependencia con el amor verdadero.* Es decir, la gente puede sentir un fuerte anhelo y atracción por alguien que es su «opuesto». Puede que les guste la sensación de «estar completos» con esa persona. Pero se corre el riesgo de simplemente necesitarla por esas funciones y nunca encontrar los verdaderos sentimientos de amor que toda relación necesita para crecer y alcanzar el éxito. La dependencia es solo parte del amor. No es la total expresión del amor. La expresión total del amor es dar desde un corazón lleno.

Por ejemplo, Lindsey era más una mujer amorosa que una luchadora. Era buena conectándose y preocupándose por otros, pero pasaba mucho trabajo para ser enérgica y lidiar con el conflicto. Parecía que a menudo terminaba sufriendo el maltrato y la falta de consideración de otros. Era una mujer agradable, y por lo tanto un imán para las personas irresponsables.

Lindsey comenzó a salir con Alex, quien era su opuesto en esta área. Alex era fuerte, seguro y no tenía ningún problema en entrar en conflicto por lo que creía que estaba bien. Tenía una moral transparente y valores espirituales, era exitoso en su carrera y tomaba la iniciativa para resolver sus problemas. A Lindsey le atrajo la fuerza de Alex. Y le impresionó aun más cuando esto la ayudó en su propia vida. Por ejemplo, el administrador del apartamento de Lindsey olvidó mandar a reparar un problema en las conexiones eléctricas por el que ella se había quejado varias veces. En una cena, se lo mencionó a Alex. Ya para el día siguiente él había llamado al administrador. Lindsey nunca supo qué fue lo que le dijo, pero en un lapso de veinticuatro horas los cables ya estaban arreglados. Ella estaba muy contenta, agradecida y se sentía más atraída hacia Alex. No cabe duda de que él tenía otras buenas cualidades, tales como ser cariñoso, responsable y gracioso. Sin embargo, Lindsey sentía mucho alivio cuando enfrentaba conflictos que Alex resolvía por ella.

La relación continuó creciendo y profundizándose. Sin embargo, Lindsey comenzó a depender más y más de Alex para resolver los conflictos que ella no se sentía preparada para tratar. Él negoció con su mecánico para resolver los problemas del carro de ella. Habló con su jefe sobre su horario de trabajo. Él llegó hasta confrontar a la mamá de ella sobre cómo usaba la culpa para lograr que Lindsey hiciera visitas inoportunas.

Finalmente, el Alex antagónico sentó a Lindsey para su propia confrontación. Le explicó: «Te amo de verdad, pero estoy comenzando a sentir algo de resentimiento. No me importa ayudarte; me hace sentir útil. Pero con algunas de estas relaciones a las que temes enfrentar, me estoy sintiendo más usado que útil».

Lindsey entendía lo que Alex le estaba diciendo. Había estado usando la mentalidad de «los opuestos» para no tener que lidiar con su crecimiento; específicamente, su miedo al conflicto, el coraje y los argumentos. Estuvo de acuerdo en que había estado usando a Alex sin darse cuenta y comenzó a tratar con el problema en su grupo de apoyo en la iglesia. Le dijo a Alex: «Déjame saber la próxima vez que te pida que hagas los trabajos difíciles por mí». Alex apreció su actitud.

Esta historia termina bien, pues al final se casaron y son felices. Pero el problema pudo haberse resuelto de muchas formas diferentes:

- Alex podía haberse callado su resentimiento hacia Lindsey y la relación se hubiera desintegrado.
- Lindsey podía haber estado en desacuerdo con Alex, y pensar que era la responsabilidad de él resolver estos problemas en la relación.
- Alex podía haber usado sus habilidades para la confrontación para controlar y manipular a Lindsey en la relación.
- Lindsey podía haberse desesperado ante su incapacidad para defenderse a sí misma.
- Lindsey podía haber sentido resentimiento por las habilidades de Alex y verlo como alguien dominante en lugar de trabajar para volverse ella más enérgica.

Si Lindsey no hubiera sido una mujer que quería crecer, quizás hubiera seguido evitando los conflictos y esperando que Alex siguiera haciendo lo que ella temía o no quería hacer.

Por qué se atraen los opuestos

La frase «los opuestos se traen» sí tiene algo de verdad. En muchos estilos, los opuestos se atraen el uno al otro:

- Extrovertidos e introvertidos
- Analíticos y visionarios
- Enérgicos y tranquilos
- Razonadores y sentimentales
- Disciplinados y espontáneos
- Sociables y tímidos
- Seguros e inseguros
- Egoístas y bondadosos
- Críticos y comprensivos

¿Qué tienen los opuestos que la gente los encuentra tan atractivos? ¿Por qué nos atrae nuestro opuesto? Hay varias respuestas a esta pregunta.

No queremos trabajar en nuestro desarrollo

Con frecuencia, salimos y deseamos gente «opuesta» porque no queremos desarrollar en nosotros la capacidad de la otra persona. Cualquiera que sea la característica del opuesto, parece ser más fácil apreciarla, admirarla y usarla, que crecer en esa área. Es cuestión de no asumir la responsabilidad por lo que necesitamos reparar y desarrollar en nuestro carácter.

En el ejemplo anterior, inicialmente Lindsey se sentía feliz dejando que Alex hiciera todas las confrontaciones por ella. Se sentía segura, aliviada y protegida. Sin embargo, no se había dado cuenta de que estaba descuidando un área de crecimiento que necesitaba trabajar. *Y esa es la esencia del asunto de los opuestos. No se trata realmente de la otra persona. Se trata de usar a la otra persona para no tener que enfrentar nuestra alma.* Cuando decidimos dejar de recostarnos en las fortalezas de la otra persona, ellos no son el problema. Somos nosotros. Y puede comenzar el crecimiento.

Queremos sentirnos completos

En principio, la razón por la que nos sentimos atraídos hacia un individuo con un rasgo opuesto es una muy saludable. Es porque *nos atraen las personas que tienen lo que a nosotros nos falta, y de esta forma podemos interiorizar y tomar posesión de esa característica.* Esto es algo bueno pues así fue que Dios diseñó el proceso de crecimiento. Recibimos entrenamiento de otros a lo largo de la vida, entonces pasamos nuestro conocimiento y habilidades a otras generaciones para su beneficio.

Por lo tanto, supongamos que eres una persona del tipo A y que estás saliendo con una persona muy emotiva. Puede que te atraigan sus respuestas sentimentales ante la vida porque es una parte del crecimiento que quieres desarrollar en ti. Él está más desarrollado que tú en esa área, así que puede tener algo que ofrecer. Y esto es algo bueno.

Aunque así es como realmente crecemos, las citas no son un buen medio para que alguien desarrolle un aspecto de crecimiento específico e importante. Aunque la persona con la que sales puede ser un buen ejemplo de apoyo, sigue siendo una cita y no es tu mentor, tu maestro o tu consejero. Además, como las citas no son un compromiso permanente, corres el riesgo de perder los beneficios que te puede traer esa persona. Es mucho mejor ir a tus relaciones no románticas para madurar y crecer bajo la tutela de otros que tienen aquello que estás tratando de poseer.

Tenemos miedo de lidiar con nuestras deficiencias

Otra razón para que nos atraigan los opuestos es nuestro miedo a reconocer nuestras fallas de carácter. La autoexploración y el cambio pueden ser aterradores. Puede que tengamos miedo de lidiar con nuestra inhabilidad o debilidad en varios asuntos:

- Cometer errores y fracasar
- Correr el riesgo de enojar a otros
- Que otros nos dejen
- Sentir culpa por herir a otros
- Volver a experimentar un pasado doloroso
- Observar aspectos de nosotros mismos que preferimos no ver

El asunto de Lindsey con Alex se basaba en el miedo. Ella no era una persona irresponsable, pero venía de una familia donde ser cortés, agradable y complaciente se veían como virtudes; mientras que la sinceridad, la confrontación y el establecimiento de límites se veían como pecados egoístas. Había crecido con la convicción de que decir la verdad podía provocar heridas y ella detestaba el conflicto. Por esta razón le aterrorizaba tener problemas con la gente.

Tenemos vagancia espiritual

La irresponsabilidad es la otra cara de la moneda. Sencillamente es más fácil dejar que otros hagan por nosotros lo que no queremos hacer nosotros mismos. Esta es la naturaleza de la inmadurez o de la «vagancia espiritual».

En realidad, la vida comienza con otros haciendo todo por nosotros. Los recién nacidos dependen de sus madres para prácticamente todo. Los infantes tienen muy poco en su interior de lo que necesitan para sobrevivir. Aprenden de un exterior que no poseen. La Biblia ilustra este proceso: «Deseen con ansias la leche pura de la palabra, como niños recién nacidos. Así, por medio de ella, crecerán en su salvación» (1 Pedro 2:2).

Pero para un recién nacido esto no es una irresponsabilidad, es su tarea. Dios lo diseñó para que recibiera el amor, el apoyo, la seguridad, los cuidados, la instrucción y la disciplina, interiorizara todas estas cosas y luego las desarrollara por él mismo. Lo que antes estaba fuera de nosotros ahora se convierte en una parte de nosotros. No obstante, es inmadurez cuando una persona fracasa en asumir la responsabilidad por eso que ha interiorizado y continúa exigiendo que otros le provean. El adicto a la ira necesita que su novia lo calme cuando tiene coraje, en lugar de aprender a calmarse por él mismo y lidiar con su coraje. La mujer que compra compulsivamente depende del novio para desenredar sus finanzas. El introvertido espera que su novia lo ayude a mantener las relaciones que él debería desarrollar. Esto no es apreciar las fortalezas de otros. En cambio, se trata de que una persona no está asumiendo la mayordomía de su vida y la otra está asumiendo demasiada mayordomía de esa misma vida.

Así que no importa si el problema es miedo o vagancia, tenemos que tratar con nuestras deficiencias en lugar de buscar una pareja que las sane.

Dependemos de las habilidades de nuestra pareja en lugar de lidiar con nuestras deficiencias de carácter

A veces el problema puede ser una confusión entre los talentos y las deficiencias de carácter. Una mujer puede pensar que su novio tiene más talento que ella en la toma de decisiones y en las finanzas, así que le cede a él esa parte de su vida. Aunque quizás sea más talentoso, competente o diestro, ese no es el asunto. Todos tenemos que llevar nuestras cargas en la vida. Aunque busquemos que otros nos ayuden en algunas áreas, aun así tenemos que hacernos responsables por nuestras vidas. Si te das cuenta de que necesitas continuamente a tu pareja para que haga cosas que deberías hacer por ti mismo, quizás estés confundiendo el talento con asuntos de carácter.

¿Cómo se verá una relación en la que se aprecian el talento y la habilidad, pero las dos personas aun así se hacen responsables de sus vidas? He aquí algunas indicaciones.

1. Cada persona está tratando de forma personal con sus problemas. No son los problemas del otro. No es falta de la otra persona si fallamos en el área en la que no somos fuertes.
2. Ambas partes aman y aprecian los dones de la otra persona. Sin embargo, ven los dones del otro como dones, no como algo indispensable para la relación.
3. Cada miembro está involucrado en una búsqueda de satisfacción y crecimiento espiritual en sus áreas de debilidad, y no le complace el que el otro haga el trabajo en esa área.

Qué ocurre cuando nos controla «lo opuesto»

Aunque los opuestos sí se atraen, también puede haber peligro en esto. Para ilustrar los problemas que se presentan cuando los opuestos se atraen, usaremos el ejemplo de Kim y Pete, una pareja que estuvo saliendo por cerca de un año. Sus luchas mostrarán el tipo de problemas que se presentan cuando «lo opuesto» nos controla.

Para Kim siempre había sido difícil relacionarse con las personas. Tenía dificultad en mostrarse accesible o confiar en los demás. Comenzó a salir con Pete, para quien nadie era un extraño. La gente siempre estaba alrededor de Pete, quien parecía hacer que se sintieran cómodos con solo una sonrisa o una pregunta. A Kim le encantaba estar con él, no solo porque se sentía atraída, sino porque pasaban cosas buenas cuando él estaba cerca. De repente Kim se encontró rodeada de muchos amigos, como resultado de la asociación con su opuesto, Pete. En su círculo de amistades eran una pareja muy popular. Las actividades en la iglesia, las fiestas y los eventos deportivos se convirtieron en una parte maravillosa de su vida. Entonces, con el paso de algunos meses, le ocurrieron varias cosas a la pareja.

Pérdida de libertad

Primero, Kim comenzó a darse cuenta de que tenía que planificar su vida alrededor de la de Pete. Cuando él no estaba cerca, no podía relacionarse tan libremente con los demás porque la química no estaba allí. Así que para que Kim tuviera gente alrededor, tenía que seguir a Pete a todas partes. Comenzó a perder la libertad y el control de su tiempo y su agenda.

Cuando dependes de otra persona para lo que debes desarrollar tú mismo, ya no tienes el control ni la libertad en ese aspecto de tu vida. Ahora pertenece a la otra persona. Aun si es una buena persona que te ama, no eres tú. Dios te creó para que tomes decisiones libremente (Gálatas 5:1–2). Cuando dependes de «lo opuesto» de tu pareja, ya no estás a cargo de tu vida. La otra persona tiene lo que no has desarrollado, así que tienes que entregar tu libertad para que puedas tomar esto de él o ella.

Resentimiento

Kim y Pete comenzaron a sentir resentimiento mutuo. Kim se sentía como un cachorro sin vida propia y sentía que Pete la controlaba. Además envidiaba su facilidad para relacionarse con los demás. Pete, por otro lado, comenzó a resentirse con Kim por su dependencia en él. No le gustaba «llevar solo la carga social», para usar sus palabras. Aunque se querían mucho, estos sentimientos negativos comenzaron a hacer mella en su relación.

Confusión en las responsabilidades

Kim comenzó a vivir su vida de forma más y más pasiva haciendo lo que Pete quería. Empezó a pensar que su papel en la relación era mantener contento a Pete, y de esta manera él la mantenía en su círculo social. La pareja comenzó a experimentar una extraña repartición de tareas que con frecuencia se encuentra en los matrimonios: Kim dejó de hacerse responsable por sus amistades y convirtió a Pete en su proyecto. Pete dejó de asumir la responsabilidad por su forma de conducir su relación con Kim. Pete sabía que ella se quedaría con él sin importar qué pasara. Ninguno de los dos estaba asumiendo una total posesión de sus vidas.

Luchas padre-hijos

Kim comenzó a sentir que era la niña y Pete el papá dominante. Como ella lo necesitaba cerca desesperadamente para mantener sus relaciones, se sentía inferior a él cuando diferían en asuntos relacionados con las actividades sociales. Si ella quería ir a una actividad para solteros en la iglesia, y Pete quería ir a un partido de fútbol, ambos sabían que Kim llevaba las de perder. A veces Pete tomaba una ventaja injusta de su influencia, diciendo: «Bueno, tú vas a lo tuyo y yo a lo mío», sabiendo que Kim se sentía fuera de sitio en las actividades sociales si él no estaba. Ella sentía que había que hacer lo que él dijera. Pete pensaba que Kim se estaba volviendo majadera e inmadura, que es lo que con frecuencia sienten los padres con respecto a un hijo dependiente.

El otro aspecto de la lucha padre-hijo es que Dios diseñó a los chicos para que un día dejen el hogar. Su dependencia en sus padres «opuestos» —es decir, las personas que tienen las fortalezas que los hijos todavía no poseen— un día se va a resolver. En ese momento, seguirán su camino solos.

Esta misma dinámica se da en las relaciones, porque el asunto de «lo opuesto» tiene que ver realmente con la dependencia. A fin de cuentas acabó con la conexión entre Kim y Pete. Kim comenzó a trabajar con su timidez y sus problemas de confianza. Se unió a un grupo de apoyo y comenzó a arriesgarse y a mostrarse accesible a la gente. Se enfrentó con muchos miedos, pero, con el tiempo, comenzó a adentrarse en el mundo de las relaciones por sí misma. Por cierto, se sorprendió haciendo amigos sin ayuda de nadie. Ya Kim y Pete no eran opuestos. Eran sencillamente adultos.

Kim comenzó a sentirse más libre para estar en desacuerdo con Pete con respecto a las actividades y las agendas, pues ya no tenía miedo de estar sin él. Empezó a ir a las actividades con él o sin él. Y aunque Pete había mostrado resentimiento por la dependencia de Kim, ahora resentía más su independencia. Al final, terminaron separándose. La relación padre-hija que tenían no pudo transformarse en una de adultos, una relación mutua.

Dependencia y crecimiento

Con esto no queremos decir que no debemos depender el uno del otro. Dios nos creó para depender de él y de otros. Él dice que es algo bueno: «Si caen, el uno levanta al otro, ¡ay del que cae y no tiene quien lo levante!» (Eclesiastés 4:10). Si alguna vez has fracasado o caído y no has tenido a alguien que te ayude, sabes lo vacía que es una vida así. La dependencia en el amor y el apoyo de los demás es algo bueno. Pero la dependencia tiene un propósito mayor: el crecimiento. Debemos aceptar el amor, el aliento y la instrucción de los demás para crecer espiritual y emocionalmente.

El problema es que puedes tener una relación basada en la dependencia sin crecimiento. La dependencia es regresiva. Te mantiene a ti y a tu pareja emocionalmente inmaduros. Este es el problema de dos opuestos que dependen de las fortalezas mutuas. Dos personas tienen conexión, se sienten bien juntas y se apoyan mutuamente. Sin embargo, uno de los dos no está haciendo la tarea difícil de tomar lo que le han dado y trabajar en su carácter y alma. *La dependencia que no lleva al crecimiento a fin de cuentas crea más inmadurez en la persona.* En algún momento los bebés se destetan. Se les dice a los niños que salten a la piscina. Y los jóvenes adultos aprenden a tomar decisiones morales y profesionales por ellos mismos.

Hugh y Sandy llevaban un tiempo saliendo juntos. Él era del tipo «empresario organizado». Ella era una persona artística, con interés en la pintura, la actuación y la música. Él quedó fascinado por la creatividad de ella. Sandy activó la vida predecible que impulsaba el hemisferio izquierdo de su cerebro. Para ella, Hugh trajo la estabilidad y la seguridad que necesitaba. Aunque al principio apreciaron las fortalezas mutuas, rápidamente, y sin darse cuenta, comenzaron a depender el uno del otro para sus deficiencias. Hugh dejó de tratar de ser una persona más emocional y espontánea, y le dejó eso a Sandy. Ella, por su parte, dejó de intentar organizar su vida y dejó que Hugh lidiara con eso.

Sin embargo, mientras la relación fue progresando, comenzaron a notarse las grietas. Hugh comenzó a resentirse de tener que lidiar con la crisis financiera de Sandy, los problemas crónicos con la organización de su agenda y sus asuntos profesionales. Él sentía que estaba haciendo el papel de papá. Desde la perspectiva de Sandy, ella se resentía de tener que ser interesante para una persona insípida y de alguna manera controladora, y sentía que solo ella estaba entregándose emocionalmente a la relación. Ambos estaban en lo correcto. Estaban usando la dependencia para servir a la inmadurez y no al crecimiento.

A menudo los opuestos dependen uno del otro. Esto no es un problema, mientras que conduzca a cada persona a la madurez y la integridad.

Opuestos y madurez

En nuestra experiencia, el grado de atracción que los opuestos sienten entre sí es con frecuencia un diagnóstico de la madurez de la pareja. En las parejas maduras los rasgos opuestos simplemente no son un asunto de mayor importancia. Las dos personas no sienten atracción por los rasgos diferentes como resultado de sus propias deficiencias. Les atraen los valores que comparten, tales como el amor, la responsabilidad, la capacidad de perdonar, la honestidad y la espiritualidad. La atracción que se basa en los valores es mucho más madura que la atracción que se basa en aquello de que careces en tu interior.

Por el contrario, las parejas inmaduras parecen tener más problemas para encontrar a alguien que posea la capacidad de preocuparse por otra persona, la estructura, la competencia o la personalidad que a ellos les falta. Pasan por dolorosos ciclos en los que idealizan a la otra persona, se acercan a ella, desarrollan dependencia el uno por el otro, asumen el papel de padre o madre, y luego tienen separaciones horribles, solo para buscar a otra persona con los mismos rasgos opuestos. A fin de cuentas, muchos están buscando a un padre o una madre que cuide de esa parte interior que ellos no están cuidando.

Las diferencias pueden ayudar a hacer de una relación algo gratificante, que enriquece y que satisface. Cada compañero aprecia el talento y los puntos de vista únicos del otro, y se enamora más profundamente de esa persona. La pareja llega a ser parte de lo maravilloso del amor, que dos personas que son tan diferentes puedan conectarse muy bien y realmente transformarse en uno.

Mi papá, quien ha estado casado con mi mamá por cincuenta años, es muy diferente a ella. A él le gusta tocar jazz en el piano, mientras ella canta. Todavía habla de cómo ella es capaz de alumbrar un cuarto con su presencia, mientras a él le gusta estar tras bastidores. Lo que realmente quiere decir, pienso yo, es que ella alumbra no solo la habitación, sino también su corazón. Y de esta manera es que los opuestos realmente pueden atraerse: no como una base para la relación, sino como un maravilloso complemento y adición a una conexión amorosa que ya existe.

Así que no permitas que el ser opuestos sea un problema. Busca más el carácter, el amor y los valores en vez de «quién tiene qué». No te enamores de un introvertido solo porque eres extrovertida. Enamórate de alguien que te aliente a amar, a crecer y a acercarte a Dios. Y luego aprecia sus diferencias particulares y únicas.

Consejos para el camino

Terminemos esta sección con algunas sugerencias para lidiar exitosamente con el problema de que sea «lo opuesto» lo que controle.

- Reserva tu vida de salidas y citas para las personas que están involucradas activamente en el proceso de crecimiento. La gente que se está haciendo cargo de sus deficiencias es menos propensa a desarrollar dependencias en las fortalezas de los demás.
- Mantente en el proceso de crecimiento. El crecimiento atrae crecimiento. Sentirás más atracción hacia otros por las razones saludables y menos atracción por lo que no posees.
- Haz una distinción entre la atracción hacia una persona basada en tus deficiencias, la atracción de alguien por ti basada en las deficiencias de él o ella, y la atracción que se fundamenta en los rasgos únicos y diferentes de cada ser humano.
- Asegúrate de que tu relación de citas incluya tanto amor como verdad. Rétense al crecimiento mutuo. Si tu relación es una de total comodidad, puede que estén contribuyendo a la vagancia espiritual de cada cual.
- Establece límites a las tendencias de rescatarse el uno al otro de sus deficiencias de carácter. Si eres una persona que se conecta con otros, como Pete, no hagas todo el trabajo relacional para tu pareja. Si eres el enérgico, como Alex, no hagas todo el trabajo de confrontación por tu pareja. Alienta, pero no rescates.
- Identifica y sistematiza cada una de tus deficiencias de carácter. Problemas como el aislamiento, la irresponsabilidad, la responsabilidad excesiva, el perfeccionismo, los conflictos de autoridad y otros así por el estilo, deben ser temas que ambos deben tratar personalmente. Dos buenos recursos de información sobre estos tópicos son los libros *Changes That Heal* [Cambios que sanan], escrito por el Dr. Cloud, y *Hiding from Love* [Escondidos del amor], escrito por el Dr. Townsend. Sé un agente de crecimiento, sanidad y cambio en estos asuntos.

Parte 3

CÓMO SOLUCIONAR LOS PROBLEMAS EN LAS CITAS... CUANDO ERES PARTE DEL PROBLEMA

Capítulo 10

Acostúmbrate ahora, paga después

Por decirlo de una forma moderada, Keri quedó anonadada. Cuando conoció a Steve sintió que él era diferente. «Guapo, exitoso, espiritual, ama a los niños» podría haber sido su anuncio en el periódico. Él era todo lo que siempre había buscado y no podía creer que «Dios lo hubiera traído» a su vida. Estaba caminando en las nubes.

Cuando salieron en su primera cita, a Keri le gustó la manera en que él tomó el control. Steve tenía la noche completamente planificada y parecía que había cuidado de todos los detalles. Le dio un gran sentimiento de seguridad estar cerca de alguien que estuviera «en control» de todo. Mientras continuaba la velada, se percató de que no era solo alguien más, sino el tipo de persona que quería llegar a conocer mejor. Cuando esa noche la dejó en su casa, sintió mariposas en el estómago.

Se sorprendió cuando él la llamó a la siguiente mañana.

—La pasé muy bien anoche. Hagámoslo otra vez esta tarde —le dijo. Ahí estaba de nuevo presente el asuntito de estar «en control» y a ella le gustó esto al día siguiente tanto como la primera noche.

—Seguro. ¿Qué quieres hacer? —preguntó ella.

—Tengo un par de boletos para un partido y luego podemos ir a cenar. Paso por ti al mediodía —le dijo Steve.

Aunque dudó un momento, así y todo le dijo:

—Perfecto. Voy a estar lista.

Colgó el teléfono, sorprendida por lo rápido que había dicho que sí, pues sabía que tenía planes para cenar con algunas amigas. Pero, ¿cómo podía negarse? No quería enviarle a Steve la señal equivocada de que no estaba interesada. Aparte de eso, sus amigas entenderían. Después de todo, probablemente saldrían para hablar sobre lo difícil que es hoy día encontrar chicos de calidad, por lo que pensó que tenía mucho más sentido salir con uno que hablar del tema. Así que las llamó y les dejó saber.

Cuando Steve pasó a recogerla, hubo otra vez la misma conexión. Tuvieron una excelente tarde y cuando estaban de camino a cenar, él le preguntó:

—¿Qué tal si comemos comida china? Conozco un lugar excelente cerca de aquí.

—Me parece muy bien —dijo Keri.

Pero por dentro se retorció. Le disgustaba muchísimo la comida china, molestaba a sus amigas cuando la comían y le había puesto muchos sobrenombres a esos platos. Sin embargo, después de todo, no quería discutir sobre algo tan trivial. Tampoco quiso arruinar la noche cuando, después de cenar, Steve sugirió que fueran a caminar alrededor del lago. Aunque estaba muy cansada y tenía una cita al otro día muy temprano en la mañana, Keri estuvo de acuerdo. No se atrevió a decir que no.

Keri no sabía que esto era solo un presagio de lo que estaba por venir. Con el tiempo, comenzó a notar que siempre que Steve sugería algo, ella accedía. Enamorándose un poco más cada día, solo estaba interesada en estar con él, y cualquier cosa que Steve quisiera o le gustara hacer estaba bien, siempre y cuando estuvieran juntos.

Pero cerca de dos meses más tarde, sentía una incomodidad que estaba empezando a molestarla. Al principio de la relación (y esto es algo normal), no se había preocupado por detalles como las restricciones de tiempo, otros compromisos, tener diferentes preferencias y cosas que podrían causar algún conflicto. Le preocupaba tanto no espantar a Steve o ponerse difícil con él, que sencillamente accedía a todo. Pero esto estaba empezando a incomodarla pues tenía otras cosas que hacer y algunas de sus preferencias no encontraban espacio en la toma de decisiones de Steve.

Todo comenzó con el trabajo. Keri era una escritora independiente y se estaba atrasando mucho en su trabajo a causa de estar pasando más y más tiempo con Steve. Así que, lentamente, comenzó a decirle que debía escribir y que tenía que hacer alguna investigación para una historia. Ocurrió lo mismo con sus amigas. Gradualmente comenzó a extrañarlas y quería pasar más tiempo con ellas. Así que comenzó a decir que no a algunas de las invitaciones de Steve. Además, comenzó a sentir que era tiempo de hacer cosas diferentes a las que él sugería.

Al principio, él no tuvo problemas con el trabajo. Pero pronto comenzó a enojarse cuando ella tomaba decisiones que la mantenían lejos de él o que eran diferentes a lo que él quería. Se irritaba y se volvía cortante, y algunas veces Keri sintió que Steve no era muy maduro.

Las cosas llegaron a un punto crítico cuando se le presentó un viaje para cubrir una historia para una revista y él no quiso que fuera. «Sencillamente esto no está bien para mí», le dijo. «Tienes que tomar una decisión. Es tu trabajo o yo. No puedo estar después de tu trabajo todo el tiempo». Y luego se fue.

Keri estaba destruida y lista para echarse la culpa. Buscó a su amiga Sandy, le contó lo que había pasado y le hizo muchas confesiones. «Él tiene razón. Es imposible pretender seguir adelante con mi carrera y al mismo tiempo mantener contento a alguien. Tendré que encontrar otra manera de trabajar. Solo espero no haber perdido a Steve».

Pero cuando Sandy escuchó la historia, y recordando las cosas que había visto en los meses más recientes, se dio cuenta de que había un patrón. Mientras Keri se había adaptado a los deseos y necesidades de Steve, todo marchó sin problemas. Pero tan pronto comenzó a ser una persona auténtica, con necesidades y deseos propios, él fue incapaz de lidiar con la igualdad. Todo era un asunto de «se hace a mi manera o sigue tu camino».

Sandy fue sincera con su amiga, algo bastante arriesgado. Ella sabía lo ligada que estaba Keri a Steve, pero la quería mucho y tenía que decirle la verdad. Le dijo que no era la misma desde que estaba con Steve. Por cierto, Keri ya no era la persona que Sandy había conocido y que tanto respetaba.

Sandy le dijo: «Te equivocas al pensar que no puedes tener tu carrera y también una relación. Después de todo, ¡tienes que trabajar! Le gustas a Steve, pero solo cuando haces lo que él quiere. ¿Alguna vez se ha ajustado él a lo que tú quieres? Pienso que debes mantenerte firme y así descubrir qué tipo de persona realmente es».

Para Keri fue muy duro oír la verdad. Pero se mantuvo firme con el apoyo de su amiga, y a Steve no le gustó esto. Cuando le dijo que iba a haber momentos en los que tendría que trabajar y que quizás no iba a estar con él tanto como al principio, Steve no pudo aceptarlo. Le dijo que eso probaba que ella no tenía un interés real en él y en la relación, y que, después de todo, no querían las mismas cosas.

Al principio, Keri estaba destruida, pero con la ayuda de amigas como Sandy se dio cuenta de que se había evitado un problema mucho mayor. Es mejor descubrir en los primeros meses de una relación que estás con alguien que no se puede adaptar a tus deseos, que descubrirlo mucho más tarde, o Dios no lo quiera, después de casarte. Keri estaba agradecida y había aprendido una lección: *No pretendas ser alguien que no eres solo para ganarte el amor de una persona*. Si lo haces, la persona que amas se enamorará de alguien que no eres tú. Es del papel que estás haciendo y no de la persona que realmente eres de quien se habrá enamorado.

Anhelos, necesidades y deseos

Como Keri descubrió, no puedes actuar para siempre. Y como un día me dijo un hombre al que le daba consejería sobre su relación con su esposa: «En algún momento siempre dañaba la cosa y daba mi opinión». Y es que esto tiene que pasar. *Eres un ser humano y no puedes ir por la vida sin satisfacer tus anhelos, necesidades y deseos, ni tampoco debes hacerlo*. Tus necesidades y deseos van a salir a la superficie, y mejor es que descubras temprano en la relación cómo reaccionará la persona con la que estás saliendo ante la idea de tener que adaptarse a ellos algunas veces.

De lo contrario, te encontrarás en la misma situación de Keri. Al principio se adaptó y le dio a Steve una idea falsa de quién era ella en realidad. Entonces, cuando comenzó a ser ella misma, fue un problema. A veces pasan años antes de que surja la verdad, pero siempre ocurre y nunca es lindo.

Acepta nuestra palabra. Como consejeros matrimoniales vemos muchos, muchos matrimonios que tienen problemas por esta dinámica. Una de las personas tiene límites muy pobres cuando comienza la relación y la otra tiene todo el control. Entonces cuando pasan algún tiempo casados, el complaciente no puede soportarlo más. Él o ella finalmente toma su lugar y quiere ser una persona. Y muchas veces al cónyuge, quien con frecuencia es un poco más que egoísta, no le gusta. Las reglas están cambiando y el cónyuge no tiene las herramientas para lidiar con el cambio. Y comienzan los problemas en el matrimonio. A veces crece, otras veces se adapta y otras veces no.

Lo que es importante que recuerdes es que este tipo de matrimonio existe en primer lugar y ha llegado hasta ahí *porque una de las personas se adaptó desde el principio*. Si esa persona hubiera tenido límites, como lo descubrió Keri, nunca hubiera habido boda. O si se casaban, primero se hubiera resuelto el problema.

Asegúrate de no terminar en una relación que se transforme en un mal matrimonio. De aquí a diez años, no te gustaría tener que decirle a tu consejero ninguna de estas cosas.

- Ella parece que siempre quiere hacer todo a su manera.
- Tengo miedo de dar a conocer mis verdaderos sentimientos y deseos.
- ¡Tenemos tantos conflictos por tantas boberías!
- Siempre gastamos nuestro dinero en lo que él quiere.
- A ella no le importa lo que siento y deseo.
- ¿Por qué él nunca puede ir a los sitios que yo quiero ir?

Asuntos como estos usualmente se descubren más tarde en una relación donde una de las partes se ha adaptado por demasiado tiempo, y luego quiere cambiar. La lección de este capítulo es: *sé tú mismo desde el principio*, y así encontrarás a alguien que también sea auténtico. Una relación como esta tiene reciprocidad y compañerismo. Tiene dar y recibir. Tiene igualdad. Tiene compartir y un sacrificio mutuo por el bien del otro y de la relación. Si eres una persona auténtica desde el principio, una relación donde hay reciprocidad tiene potencial de desarrollarse. Si no lo eres, entonces te encaminas a tener problemas.

Malas atracciones

La pregunta que se hacen muchos solteros y muchas solteras es: «¿Por qué sigo atrayendo a tantos patanes?» Piensan que hay algo esencialmente mal en ellos y a veces comienzan a perder las esperanzas de tener probabilidades de encontrar a una buena persona para salir o casarse.

Las personas egoístas y controladoras solo pueden ser así si están en una relación con alguien que se ajusta a todo. Si alguien los enfrenta y es sincero o sincera sobre sus necesidades y anhelos, entonces la persona controladora tiene que aprender a compartir o se frustra y se va.

Es en los detalles de la vida donde puedes ver las cosas grandes. Si estás con alguien egoísta que no puede satisfacer tus anhelos, debes descubrirlo bastante pronto siendo una persona sincera y directa sobre las cosas sencillas, pues es así como se vive el día a día. Rápidamente descubrirás si tu pareja es capaz de compartir o es alguien que siempre tiene que hacerlo todo a su manera. Este conocimiento será muy útil ahora y esencial para el futuro.

Consejos para el camino

- Di la verdad sobre adónde quieres ir y adónde no, o lo que quieres hacer y qué no.
- Sé sincero o sincera con respecto a tus deseos y preferencias.
- No pretendas que te gustan las cosas que le gustan a tu pareja solo para que te acepte. Que le gustes a la persona por quién eres exige que seas esa persona.
- No temas compartir tus anhelos y deseos por miedo al conflicto. Descubre temprano si estás con alguien con quien puedes compartir en igualdad.
- Pide la opinión de amistades sinceras que te digan si realmente estás siendo auténtico o auténtica, y que puedan ver la relación de forma realista.
- Recuerda que con cada decisión que haces le estás dando una impresión a la otra persona de qué te gusta en la vida y en una relación. Ten cuidado... él o ella te puede creer.
- Cuando des o sirvas, que sea con sinceridad y propósito.

Capítulo 11

Demasiado y muy aprisa

Uno de mis amigos más cercanos (Dr. Townsend), Chuck, es un compositor muy talentoso. Cuando éramos compinches en la universidad, lo visité un día en su hospedaje. Chuck tomó su guitarra y dijo: «¿Quieres oír mi nueva canción de amor?» Le dije que sí y esto fue lo que me cantó: «Te amo. Siempre lo he hecho, siempre lo haré. ¿Cómo te llamas?»

Nunca supe si Chuck se refería a la historia de sus citas o simplemente estaba hablando de la vida romántica en la universidad, pero sí sabía que me podía identificar con la letra de la canción. Entendía el ritual de las confesiones intensas de un amor que nunca moriría, seguido por el descubrimiento de una total ignorancia sobre el ser amado. En otras palabras: demasiado y muy aprisa.

El problema con el compromiso prematuro y con involucrarse demasiado en una relación de citas es muy común. Dos personas descubren que hay sentimientos intensos entre ellos. En muy poco tiempo, comienzan a invertir una gran cantidad de tiempo en la relación. Suspenden o descuidan a las demás personas, sus intereses y actividades. Rápidamente comienzan a salir de forma exclusiva. Sienten una gran pasión mutua y se extrañan mucho cuando no están juntos. Quizás se casen poco tiempo después, o tal vez se separen, solo para repetir la prisa con alguien más. De cualquier manera que termine, la pareja se caracteriza por ser propensa al compromiso apresurado, un proceso que les toma menos que la cantidad de tiempo usual.

¿Qué es lo normal? Aunque la Biblia no es explícita sobre cuánto tiempo debe durar una relación de citas, nosotros sugerimos que un año, sin incluir el período de compromiso, es un buen mínimo. No consideraríamos dos o tres años como algo irreal. Sabemos que Dios ha establecido un momento y un tiempo para toda actividad bajo los cielos (Eclesiastés 3:1). Cuando sales por al menos un año, experimentas en gran medida a través de las temporadas de la vida que todo el mundo vive: días festivos, períodos fiscales, vacaciones, año escolar, etc. Puedes ver cómo se comporta la relación con el fluir de la vida de ambas personas. Esta información tiene un valor incalculable para ayudar a la pareja a ver que tan «ideales» son.

Sin embargo, mucha gente se conoce, sale y se casa en cuestión de meses y aun semanas. Creen haber reconocido a la persona correcta y que están listos para el matrimonio. O algunas parejas toman el año o dos de requisito para salir, pero tienen problemas al «sobrecargar» la relación: se comprometen demasiado y muy pronto en el juego, y nunca pasan por el proceso de ir acercándose paulatinamente. En cualquiera de los casos, el problema es el mismo. Por muchas razones que discutiremos, la pareja ve el tiempo como un adversario y no resisten más de lo que es necesario.

¿Por qué esperar?

El especialista en jóvenes, Josh McDowell, le hizo esta pregunta con respecto a guardar el sexo para el matrimonio a millones de adolescentes. La misma pregunta se aplica al asunto de regular la velocidad con respecto a involucrarse en la relación de citas: ¿Por qué debes esperar, tomar tiempo y acercarte de forma gradual a una persona que te atrae enormemente? A continuación veremos algunas respuestas útiles para esta pregunta.

Las relaciones no toleran atajos

Primero tenemos que entender la naturaleza de las relaciones tal como Dios las diseñó. Esto no solo es válido para las citas, sino que también se aplica a las familias y amistades. Las relaciones crecen de forma saludable solo cuando pasan por diferentes experiencias; y no hay ningún atajo para las experiencias. En otras palabras, solo nos «conocemos» en la medida en que compartimos experiencias. Podemos conocer datos sobre la persona con la que estamos saliendo: sus amistades, trabajo, pasatiempos, etc. Pero eso no significa que la «conocemos» como persona. Ese tipo de «conocimiento» no se obtiene leyendo un archivo de alguien. Por ejemplo, cuando Adán «conoció» a Eva (en el lenguaje de la versión Reina Valera), la estaba conociendo en la experiencia, en la profunda intimidad que viene de la sexualidad saludable.

La experiencia requiere tiempo. Es sencillamente imposible tener suficientes experiencias sin pasar mucho tiempo lidiando con la relación. He aquí algunos ejemplos de actividades necesarias, y que requieren tiempo, en la jornada para llegar a comprometerse con alguien:

- Tener suficientes conversaciones para franquearse el uno con el otro
- Adentrarse en el mundo del trabajo, los pasatiempos, la adoración y el servicio de cada cual.
- Conocer y pasar tiempo con las amistades de cada uno
- Entender las fortalezas y debilidades mutuas
- Discutir los valores básicos sobre lo que es importante en la vida para cada cual
- Conocer a las familias de cada uno
- Pasar tiempo separados uno del otro para pensar en la relación, solos y con los amigos
- Descubrir la forma de manejar de forma adecuada los desacuerdos y el conflicto

Es difícil imaginar que se pueda hacer todo esto en unos cuantos meses, porque no puede hacerse. Sin embargo, muchas parejas con ojos soñadores le dirán a sus amistades: «Es que ustedes no entienden. Es como si nos hubiéramos conocido de toda la vida. Somos almas gemelas desde la primera cita». Y, al saber de gente que se ha conocido y casado rápido, pienso que el éxito de su relación se debe más al carácter que tienen que a haber pasado por el proceso de la forma correcta.

Por ejemplo, mi tía Jonnie y mi tío Walton han estado casados por más de cincuenta años. Tienen enmarcada la propuesta de matrimonio que él le hizo. ¡Él la escribió cuando ambos estaban en el jardín de la infancia! Supongo que cada uno supo bien temprano en la vida quién era esa «persona especial». Pero no creo que ellos atribuirían el éxito de su matrimonio a lo temprano que se comprometieron. Conociéndolos y habiéndolos observado toda mi vida, creo que hablarían más del amor, los valores correctos, su fe y de haber sido capaces de vivir juntos los tiempos buenos y los malos.

No hay ninguna relación apresurada de citas que tenga sentido. Te invito a que pases por las temporadas de la vida con la persona que crees puede ser la que Dios creó para ti.

Una medida de importancia

En segundo lugar, el tiempo que pasas saliendo con alguien debe reflejar la importancia de la relación. Dicho de manera sencilla: mientras más importante es una decisión, más tiempo debe tomarse para hacerla. Esto suena obvio, pero muchas parejas fallan en eso. Pasamos muchos años decidiendo qué carrera vamos a seguir. Luchamos por largos períodos antes de comprometernos con nuestra fe. Investigamos sobre inversiones económicas por meses. Entonces, tiene sentido que la relación humana más importante de nuestras vidas también justifique algún tiempo.

Muchos matrimonios miran hacia atrás, al tiempo en que salían, y lamentan no haberse tomado más tiempo para evaluar, cuestionar, explorar y discutir algunos asuntos entre ellos. Cuando estás saliendo con una persona a veces es difícil pensar más allá de los sentimientos románticos, intensos y tiernos que la relación despierta. Pero pocas decisiones en la vida cambian la existencia de forma más profunda que el matrimonio. Veamos algunos de los aspectos importantes que el matrimonio implica:

- Un compromiso de por vida de amar solo a una persona
- Dar la espalda a cualquier otra oportunidad de amor romántico con otra persona que no sea tu cónyuge
- Estar relacionado con todo lo malo, lo inmaduro y las partes dañadas de esa persona
- Permitir el escrutinio de esa persona de lo malo, inmaduro y partes dañadas que hay en ti.
- Resolver los conflictos de maneras que no impliquen abandonar la relación
- Permanecer en la relación aun si la otra persona cambia para lo peor
- Sacrificar muchas preferencias personales por el bien de la relación

Esta lista no tiene la intención de deprimirte, sino de ayudarte a ver la seriedad de lo que se supone produzcan las citas. Tomar una decisión apresurada, apasionada o reactiva puede ser algo desastroso. En igualdad de condiciones, un mal matrimonio es probablemente más doloroso que una mala soltería. ¿Por qué? Porque en un mal matrimonio hay una estructura de intimidad pero no existe un corazón de intimidad. Dos personas viven sus vidas juntas —conviven en la misma casa, duermen en la misma cama y crían a los mismos hijos— sin embargo, viven solos emocionalmente. Vivir en soledad dentro del contrato del matrimonio vuelve tan intensos los sentimientos de desconexión que mucha gente abandona la relación. Cuando están en riesgo unos factores tan serios, vale bien la pena tomarse mucho tiempo para llegar a conocer a alguien.

La naturaleza del amor

Otra razón para tomarte tu tiempo es que esto es una parte necesaria para aprender a amar. Las citas no solo deben producir un compañero, también deben desarrollar en ti la habilidad de amar a ese compañero o compañera de forma adecuada y profunda. El amor, tal como la Biblia lo define, es un compromiso de trabajar por el bien de la otra persona. El amor de Dios lo movió a enviar a su Hijo por nuestro bien (Juan 3:16). Cuando aprendemos correctamente cómo salir en citas, nace ese tipo de amor y crece en nuestro interior.

Por ejemplo, cuando vas a un buen paso en tu relación, estás sacrificando cosas que te gustarían ahora por un mayor beneficio más adelante. Estás tolerando un retraso en la gratificación, experimentando frustración y aprendiendo paciencia. Estás aprendiendo a querer a una persona que todavía no te pertenece, lo que es una situación que produce bastante ansiedad.

Básicamente, brindarle el tiempo necesario a tu relación de citas te ayuda a clarificar la distinción entre necesitar y amar. Ambas cosas tratan sobre buscar una relación, y ambos son buenos aspectos de la vida, pero con frecuencia se confunden. La necesidad busca una cercanía para llenar tus deficiencias, tales como la soledad, la dependencia y la impotencia. El amor busca la cercanía en aras de sí mismo, sabiendo que la otra persona se beneficia de la relación.

Si estás saliendo con alguien que te está presionando para que te comprometas más temprano de lo que quieres hacerlo, pregúntale por qué quiere hacer esto. A menos que padezcas de una fobia total al compromiso, muchas de las razones que oirás probablemente tengan que ver con alguna necesidad que él o ella tiene, tales como:

- Necesitar la seguridad de saber que tiene tu compromiso absoluto
- Querer terminar con su frustración sexual

- Necesitar la relación para sentirse completo o completa
- Necesitar a alguien con quien relacionarse en la vida

Estos deseos pueden incluir buenas necesidades, pero no son razones para apurar las cosas. Todos tratan con algún tipo de dependencia y te colocan, en alguna medida, en el papel de padre o madre. Como veremos muchas veces a lo largo de libro, una de las peores cosas que puedes hacer es tratar de ser paternal o maternal con la persona que estás saliendo. Esto usualmente provoca confusión y dolor para ambas partes.

No olvides llevar un paso gradual y pausado en tus citas para no solo buscar amor, sino también para convertirte en alguien amoroso: «El amor es paciente» (1 Corintios 13:4).

¿Voy demasiado rápido?

Puede ser difícil decir si vas demasiado rápido. El amor lleva un paso individual para cada persona. Algunos pueden progresar de forma segura con más rapidez que otros. Tal vez sean mejores tomando decisiones o tengan más madurez en lo que se refiere a las relaciones. Además sí existe algo que se llama ir demasiado lento. Piensa en la difícil situación de una mujer que ha estado saliendo por años con un hombre que le tiene fobia al compromiso y no tiene ninguna esperanza de progreso.

He aquí algunas manera de determinar si te estás comprometiendo demasiado rápido:

- Se «conocen» más emocionalmente que lo que se «conocen» objetivamente.
- Encuentras que estás invirtiendo más en la relación que en áreas de tu vida que son importantes para ti.
- Dejas de salir con otras personas abruptamente.
- Tus amigos comienzan a decirte que la relación parece ir demasiado aprisa.

Cualesquiera sean las señales, préstales atención. La experiencia dice que es mejor errar del lado de la precaución.

¿Por qué no esperamos?

Si es tan beneficioso salir en citas a un paso gradual, entonces ¿por qué vemos tanto compromiso en exceso? Hay muchas razones para que la gente se lance de clavado en la orilla poco profunda del amor. Estas son algunas de las más importantes.

Soledad

La soledad es una de las más dolorosas, pero necesarias, experiencias en la vida. La gente se siente incompleta, vacía y hasta hambrienta en su interior. Es también una gran fuerza motivadora, así como lo es la necesidad de alimento. La soledad nos puede llevar a hacer casi cualquier cosa para llenar el hueco interior. Es fácil entender por qué, cuando encuentras a alguien que te atrae, puedes llenar tu vida rápidamente con esa persona.

La soledad es más fuerte que la determinación, la voluntad o la disciplina. La gente se puede prometer a sí misma no involucrarse demasiado, y luego descubrir que su promesa se derrite cuando su hambre relacional encuentra a la persona que desea. Y de repente, comienzan a pasar juntos todas las noches y caen en el patrón de ser una pareja.

Sin embargo, aquí el enemigo no es la soledad. Sentirnos solos es una señal de que estamos vivos. Dios nos creó con la urgencia de conectarnos y estar unidos a él y a otros. La soledad es buena porque a fin de cuentas nos conduce a las relaciones y es ahí donde Dios nos quiere a todos. Todos somos miembros de un solo cuerpo (Efesios 4:25). Las relaciones curan la soledad.

No obstante, salir a citas no es el tipo de relación que cura la soledad, y ese es realmente el problema. Las relaciones que sanan la soledad deben tener ciertos elementos, tales como la seguridad, el amor incondicional y el compromiso profundo. Estos elementos ayudan a que la persona acepte el amor que necesita, se conecte con la vida y se mantenga en la relación. Las citas no tienen estos elementos. Por lo menos al principio, son de naturaleza exploratoria y de poco compromiso. Sin embargo, la gente solitaria con frecuencia hace una conexión profunda y muy rápida con alguien. Entonces, cuando surgen los conflictos, se sienten devastados porque han invertido las partes más profundas de su corazón y su alma en la relación.

Si te estás acercando demasiado y muy pronto debido a la soledad que sientes, usa esto como señal para establecer una conexión con relaciones buenas, sólidas y no románticas. Trata con la soledad antes de que te traiga consecuencias.

Dificultad para dejar el hogar

Algunas parejas parecerán casi casadas en las etapas tempranas del cortejo. Rápidamente se establecen como una unidad, con sus patrones e itinerarios predecibles. Puede que parezcan asentados y seguros. De alguna forma puede parecer el cuadro de lo que mucha gente sueña: el alma gemela para toda la vida.

Sin embargo, este cuadro puede tener un lado oscuro. Algunas veces una pareja parece «emparejarse» muy rápido porque no han terminado la tarea de dejar emocionalmente el hogar. No son capaces de navegar en la vida de la soltería y encuentran que es muy difícil para ellos. Por lo tanto, están optando más por el estado del matrimonio que por la persona.

Una de las descripciones de ser un adulto es ser un individuo que ha dejado el hogar eficazmente. Tiene que ver con dejar la dependencia a una familia y transformarse en una persona autónoma y responsable. Todo el mundo necesita un período de transición en la adultez temprana en el cual se toma gradualmente lo que se ha aprendido en el hogar y se crea una vida separada del mismo. Esta es la razón por la que la universidad y esos años entre los veinte y los veinticinco son tan importantes: proveen un contexto para aprender cómo vivir la vida solos.

Dejar el hogar no solo se aplica a las áreas de «desempeño» de la vida, tales como las finanzas, la selección de una carrera o la construcción de una casa, sino también a las áreas «relacionales» de la vida. Los adultos ya no dependen emocionalmente de sus familias. Aman a sus familias, pero ya no las necesitan como solían hacerlo. Esto los prepara para el proceso de «dejar y unirse» (Génesis 2:24) que Dios ha diseñado para nosotros. Nos alejamos de nuestra familia de origen y formamos nuestra propia familia, tanto en las amistades como en el trabajo, la iglesia y el vecindario.

La soltería es una lucha para aquellos que no han terminado el proceso de dejar el hogar. No la disfrutan y pueden sentir que es una forma vacía, fría e insegura de vivir. En cierta medida, anhelan el ambiente de hogar que nunca terminaron de dejar. Y esta es la razón por la que con frecuencia se comprometen tan rápido. El matrimonio es la única forma en la que pueden experimentar estar «en casa». Esto se convierte en un problema cuando, después de casarse, la dependencia aflora de otras maneras. Por ejemplo, una persona se vuelve totalmente dependiente de la otra. O todavía prefiere a mamá o a papá por encima del cónyuge. O ahora quiere más libertad de su cónyuge, pues ahora está listo para dejar el hogar.

Esta lucha no solo se aplica a los que nunca se han casado, sino también a los divorciados. Mucha gente divorciada se comprometerá demasiado porque están más acostumbrados a estar casados. Una mujer que antes había estado casada me dijo en una ocasión: «Me casé con mi ex esposo cuando tenía diecinueve años y estuvimos casados treinta años. No conozco las reglas de la soltería». En este problema, con frecuencia es bueno separar a la persona de su estilo de vida.

Dificultades para mantener las amistades

Algunas personas se comprometerán en exceso debido a los problemas que tienen para hacer amistades profundas y duraderas. Encontrarán que no sienten una parte de la vida y que no pueden acercarse verdaderamente a la gente. Puede que les resulte difícil confiar en la gente. Luchan con lo que se conoce como problemas de enlace. Las personas con este problema quizás no se sientan solas. En realidad, pueden sentir alivio cuando están solos, porque su necesidad de relación se ha eliminado.

Tengo un amigo que es uno de los artistas de ilustraciones más talentoso que conozco. Dibuja paisajes que dejan al espectador sin aliento. Sin embargo, no podía hablar con nadie de otro tópico que no fuera el arte. La intimidad era un área en la que tenía poca experiencia. Entonces, a los diecinueve años, conoció a una chica que era altamente relacional y extrovertida. Se enamoró rápidamente de ella, se volvieron inseparables y se casaron en unos cuantos meses. Le pregunté a él qué fue lo que le atrajo de ella y me dijo: «Ella hace que sea fácil hablar y relacionarse. Es difícil con otros». Puedo apreciar esto, pero con el paso de los años también he visto el resentimiento de ella por ser el único conducto a la vida que tiene su esposo.

Perfeccionismo

Quizás pienses que los perfeccionistas nunca se casarán, pues son demasiado selectivos. Puede que tengan mucho miedo de cometer un error o que se preocupen por siempre de haberse comprometido con alguien «pasable», para luego encontrarse la persona perfecta a la vuelta de la esquina. Sí, algunas veces un perfeccionista retrasará el compromiso. Pero si se deja llevar por los ideales, puede caer en el problema contrario y comprometerse demasiado rápido. Esto ocurre porque la gente trata con su perfeccionismo en diferentes maneras.

Por ejemplo, algunos perfeccionistas se comprometen rápidamente con una persona que parece representar todas las debilidades que ellos no tienen. Sus amigos se llevarán las manos a la cabeza desconcertados y tratarán de adaptarse a alguien con el que ninguno de ellos tiene algo en común. Con frecuencia esto se debe a que el perfeccionista, como es incapaz de solucionar sus debilidades o imperfecciones, se enamora rápidamente de alguien que las tenga. Proyecta en la persona que ama lo que es incapaz de tolerar en sí mismo. De esta manera, la persona todavía está en relación con todas las partes de sí misma, sin embargo, no tiene que hacerse responsable de ellas.

Cuando ves a una mujer «angelical» comprometerse rápidamente con un hombre con aire de «diablillo», esta es una de las posibles causas. Lo que no es tratado en nuestras almas se encuentra a menudo en la gente que escogemos.

¿Qué debo hacer?

Si tu vida de citas tiende a ser «demasiado y muy aprisa», hay varias cosas que puedes hacer al respecto. No son agradables y requieren algo de trabajo. Pero si estás cansado o cansada de la montaña rusa de intensas pero fracasadas relaciones, bien vale la pena el esfuerzo.

Identifica qué es lo que está marcando el paso

Puede ser la soledad, el miedo a sentirte fuera del mundo, los problemas en hacer amigos o el perfeccionismo. Trata estos temas como asuntos de la vida, no como problemas de citas. Mientras vayas madurando en estas áreas, con frecuencia el furor se resuelve por sí mismo.

Comienza a vivir una vida gratificante

Una vida plena es probablemente el mejor antídoto para comprometerte demasiado y muy pronto. Por naturaleza detestamos los vacíos, y la gente tiende a llenar estos con el compromiso romántico. Pídele a Dios que te ayude a tener una vida gratificante pasando tiempo con los amigos, en el trabajo, con pasatiempos, en la iglesia, en el servicio y con Dios mismo.

Reduce el paso deliberadamente para diagnosticar la relación

Si puedes reducir tu paso, podrás descubrir rápidamente qué hay debajo del compromiso apresurado. Por ejemplo, la otra persona se puede frustrar e impacientar por no querer tratar con tus problemas. O puedes descubrir que brotan en ti sentimientos de ansiedad, tristeza o coraje de los que el ritmo acelerado te ha protegido. Si la relación es madura, soportará la prueba de ir más despacio.

Investiga quien está contribuyendo al paso

¿Tiendes a ser tú, la persona con la que estás saliendo o ambos? Esto te ayuda a descubrir de dónde viene la presión, y a hacer algo al respecto.

Pide la opinión de tus amistades

Ve humildemente a tus amigos maduros y seguros y pídeles que te digan cuándo estás actuando de forma extraña. Cuando vean esa mirada de locura en tus ojos y te estés preparando para invertir fuertemente y con demasiada prisa en alguien, dales el permiso para que te digan: «¡Detente!»

Es fácil comprometerse demasiado y muy aprisa en el mundo de las citas. Sin embargo, descubrir qué es lo que está impulsando a dar ese paso puede proveerte una vida de citas más saludable y balanceada.

Consejos para el camino

- Si la relación se está moviendo rápidamente, míralo como una señal y pregúntate por qué.
- Evita la tendencia a un compromiso muy rápido involucrándote en la vida real de tu pareja y viceversa, especialmente con las amistades.
- Trata con los conflictos, diferencias y preferencias en lugar de pasarlos por alto.
- Recuerda que las relaciones rápidas e intensas a menudo terminan apagadas o siendo superficiales. El amor verdadero toma tiempo y no tiene atajos, pero bien vale la pena.
- Asegúrate de que no te estás moviendo rápidamente porque quieres evitar algún otro dolor, tal como la soledad o las heridas internas.
- Pídele a Dios que te haga paciente en el proceso del amor, y que tengas la capacidad de experimentar su crecimiento día a día.

Capítulo 12

No permitas que te secuestren

Debbie iba por muy buen camino en su crecimiento. Había estado trabajando en algunos asuntos de su vida y había alcanzado el éxito con la ayuda del grupo de apoyo que había desarrollado. Luego de varias relaciones difíciles y algunos problemas de autoimagen, se sentía feliz de estar llegando a un nuevo nivel en su vida.

No había salido seriamente con nadie desde que ella y su prometido tuvieron un duro rompimiento hacía un año. Fue en ese momento que se volvió a sus amistades buscando sanidad y estabilidad. Y le había dado dividendos. Debbie la estaba pasando bien con sus amistades y se sentía bien con respecto a la vida y al futuro. Su vida espiritual y de iglesia se había vuelto muy activa, y también estaba desarrollando nuevos pasatiempos e intereses. Había aprendido a navegar y estaba tomando algunos cursos de arte. La mayor parte de su vida social la pasaba saliendo con diferentes personas y pasándola bien con sus amigos y amigas. Y ya estaba comenzando a sentir una real gratificación participando como voluntaria en algunos proyectos comunitarios. ¡La vida parecía buena otra vez!

Entonces conoció a Nick. Se llevaron bien desde el principio y comenzaron a pasar mucho tiempo juntos. Muy pronto, ya estaban saliendo de forma exclusiva. Al principio las amistades de Debbie se sintieron emocionadas de que hubiera encontrado a alguien que le gustara tanto. Le hacían bromas sobre estar «perdida en el mar» y otras metáforas por no estar viéndola mucho. Parecía que Nick se estaba volviendo el centro de su vida. Pero para ella, su relación con él parecía ser el siguiente paso para que su vida se transformara en todo lo que siempre había deseado.

Sin embargo, con el paso del tiempo, sus amigas dejaron de reírse. Se sentían tristes porque raras veces veían a Debbie. Ocasionalmente hablaban con ella por teléfono pero siempre parecía estar a punto de salir para hacer algo con Nick, o estaba en la casa de él o cosas por el estilo. Sentían emoción por lo que le estaba pasando, pero también la extrañaban mucho. Finalmente, aceptaron la idea de que estaba enamorada y de que no la verían por algún tiempo. Además, también estaban inconformes porque tampoco conocían muy bien a Nick. En pocas ocasiones lo habían visto pero no había compartido realmente con él y con Debbie. Las actividades de grupo que habían compartido por tanto tiempo ya no tenían lugar, y de alguna forma Nick era un misterio para el círculo de amistades de Debbie.

Mientras tanto, desde la perspectiva de Debbie, todo iba a las mil maravillas. Les gustaba hacer cosas juntos y estaban disfrutando del proceso de conocerse mutuamente. Debbie sabía que se estaba enamorando.

Lo que no estaba viendo era que estaba cambiando gradualmente, o la estaban cambiando. Antes estaba muy interesada en diferentes actividades y en pasatiempos al aire libre; ahora solo pasaba el tiempo con Nick y hacía lo que él quería. A Nick le encantaba el surfing, por lo que ella pasaba mucho de su tiempo en la playa, mirando y leyendo. La obra comunitaria en la que había invertido tanto tiempo ya no estaba recibiendo su atención, tampoco el círculo de amigos que había sido una parte tan importante en su crecimiento. Pero estaba tan «feliz» que no extrañaba nada de eso.

Espiritualmente, parecía que había perdido todo su interés en Dios. No era que le hubiera dado la espalda; simplemente Nick la consumía. Ya no pensaba tanto en Dios ni en su crecimiento espiritual. Pero estaba tan «feliz»...

Todo siguió de esta manera hasta que sucedieron dos cosas que sirvieron como llamadas de alerta para Debbie. Primero, comenzó a acostarse con Nick, algo que había prometido no hacer otra vez hasta que se hubiera casado. Su promesa había sido parte de su compromiso espiritual con Dios y también debido a lo que había aprendido de su anterior rompimiento. En aquella ocasión, lo que había parecido ser «para siempre» no lo había sido, y se sintió devastada por haberse entregado a alguien que terminó usándola. Ahora, se sorprendió haciendo lo mismo, aunque esta vez, se repetía una y otra vez, iba a ser realmente para siempre. Pero con el paso del tiempo, su duplicidad estaba comenzando a atormentarla. Y tampoco le gustaba la forma tan casual en la que Nick trataba la vida sexual de ellos. Al principio, él parecía estar muy comprometido espiritualmente. Pero poco a poco ella estaba descubriendo que su espiritualidad no tenía raíces muy profundas.

La segunda llamada de alerta ocurrió un día cuando Nick le preguntó si estaría interesada en hacerse una cirugía coméstica. Al principio ella pensó que estaba bromeando. Pero cuando se echó a reír, él no lo hizo e insistió diciéndole: «Solo creo que puede ayudar a tu apariencia general».

Este fue un duro golpe para Debbie, pero más que eso, la puso a pensar. Comenzó a recordar otras conversaciones que ella y Nick habían tenido con respecto a su apariencia. Algunas habían sido sobre su figura, su pelo y otras veces sobre su peso. (Ella tenía un peso muy normal y atractivo.) Otras fueron sobre su ropa y estilo, y mientras más pensó en esto, se dio cuenta que algunas veces las mismas habían girado en torno a áreas más importantes de su vida. Recordó la forma en que había criticado la navegación la primera vez que le habló de la emoción que sentía por su nueva pasión. Nick pensaba que era un deporte aburrido y que no tenía acción real. Así fue como terminó mirándolo hacer surfing. El surfing no era aburrido, según Nick. Pero luego de pensar bien en el asunto, mirar a alguien haciendo surfing tampoco era muy emocionante. Sencillamente se había sentido tan feliz de estar cerca de Nick que había perdido el contacto con los intereses de ella.

Hubo también otras críticas sutiles con respecto a sus otros intereses. No fue nada rudo en ellas y quizás por esto no notó lo que estaba ocurriendo. Era más bien una forma de pensamiento basado en que las cosas que a ella le gustaban o quería no eran tan emocionantes, o con más frecuencia, Nick sencillamente tenía una mejor manera de hacer las cosas o mejores cosas que hacer.

Lo mismo era cierto con respecto a sus amigas. Él no había congeniado realmente con ellas, y esa era la razón por la que se había alejado tanto de su círculo de amistades. Hacía comentarios como «ella es demasiado artística para mi gusto», u observaciones que no eran realmente críticas, pero sí suficientes para mostrar que realmente no le interesaba la gente que ella quería. Pero, otra vez, *no se había percatado de esto porque estar con él era todo lo que le importaba*. Se sentía tan bien estando con él que empujarlo hacia cosas o gente que a él no le gustaban no era una prioridad para ella. Le encantaba estar con él. Y, esta era la argucia, él era una persona maravillosa con quien estar.

Nick era divertido, positivo, simpático y mucho más. Así que, no era que hubiera sido pesado o crítico. Solo se había negado sutilmente a las personas y cosas que eran importantes para Debbie. Nick tenía una personalidad fuerte, lo que era parte de la razón por la que ella se había sentido atraída hacia él. Pero esa fuerza no estaba tan dedicada a su vida y sus deseos como a los de él. Como resultado, Debbie se dio cuenta de que había perdido el contacto con sus valores y con otras muchas cosas que amaba. Le sorprendió reconocer lo mucho que había entregado al control amoroso de Nick.

El resto de la historia de Debbie no fue fácil, pero afortunadamente tuvo un final feliz. Gracias al comentario sobre la cirugía plástica decidió hablar con algunas amigas. Fue franca con respecto a los comentarios sobre su físico y a la sugerencia de una cirugía plástica, así como a la manera en que había perdido contacto con muchos de sus pasatiempos y otras cosas que eran importantes para ella. También les dijo que se estaba acostando con Nick. Ya las amigas habían acordado estar allí para apoyarse mutuamente en esa área si era necesario. Debbie se lamentó por no haber usado antes el apoyo de sus amigas.

Pero ahora el momento había llegado y ella tenía la necesidad de que le ayudaran a ver la realidad. En ese punto, ellas hicieron lo que se supone que hagan las amigas. Fueron bien directas. Y mostraron su enojo. A veces es interesante ver cómo la gente que te ama expresa con frecuencia el coraje que tú no puedes expresar por ti misma.

«¿Qué? ¿Gorda? ¿Está loco ese tipo? ¡Dame el teléfono! ¡Le voy a decir lo que es estar gorda!»

«¿Cirugía plástica? Este tipo es un patán. ¿Cómo pudiste quedarte callada sin decirle nada?»

«¿A qué se refiere con que navegar es aburrido? A ti te encanta la navegación. ¿Acaso no le dijiste que se sentara en un muelle a ver si le iba a gustar verte navegar?»

«¿Insistió en tener sexo a pesar de que le habías dicho lo importante que era para ti esperar? Este tipo es realmente un engreído».

Estaban enojadas. Al principio, Debbie defendió un poco a Nick diciéndoles lo bueno que era y cómo nunca se atrevería a maltratarla. Pero ellas estaban decididas y no iban a permitir que la negativa continuara. Él era un muchacho agradable, pero la estaba secuestrando. Había separado a Debbie de sus amigas, sus sistemas de apoyo y todo lo que era importante para ella, incluyendo sus valores.

Poco a poco comenzó a darse cuenta. E hizo lo que se suponía hubiera hecho antes. Usó su red de apoyo y comenzó a ser más fuerte y directa con Nick. Se mantuvo firme en los límites de su relación física y le dijo que para ella era importante que compartiera con sus amigas, y también que fuera a navegar con ella.

Nick no se puso a la defensiva. Le dijo que no se había dado cuenta de que estaba hiriendo sus sentimientos con sus comentarios y sus acciones. Le dijo que lo sentía y decidieron seguir adelante con la relación. Todo fue bien por algún tiempo, pero la realidad comenzó a aflorar nuevamente con respecto a su naturaleza real y sus intenciones, conscientes o inconscientes. A Nick todavía le molestaba la apariencia de ella y quería que la cambiara. Fue de mala gana a lugares que ella quería, pero no fue una participación placentera. Había un nuevo conflicto.

Pero esta vez existía un gran elemento que hizo toda la diferencia del mundo: *Debbie se mantuvo en contacto con sus amigas y su comunidad.* Pasó tiempo con ellos y con Nick, y regresó a su iglesia y a sus actividades. En su interacción son sus amigas, pudo describir qué era lo que pasaba y ellas pudieron darle su opinión. Sus amigas le ayudaron a ver la realidad de esta relación y finalmente ella y Nick terminaron.

¿Te parece un final feliz? Seguro que lo es. Debbie se libró de muchos dolores de cabeza que de seguro le esperaban si hubiera seguido con Nick. Sin el apoyo de sus amigas, su necesidad de tener una relación la hubiera llevado a continuar, y quizás hasta a casarse con Nick. Las amigas le dieron varios ingredientes que todas las relaciones de citas deben tener para mantenerse cimentadas en la realidad. Examinemos esos elementos.

Una base de intercambio de información para ver la realidad

Estar «enamorados» al inicio de una relación es una enfermedad. Es curable, pero no deja de ser una enfermedad. La enfermedad es la incapacidad de ver la realidad, ya que el estado mismo de estar «enamorados» es un estado de idealización, donde la otra persona no está mirando realmente a través de los ojos de la realidad. En esencia, él o ella está mirando a través de los ojos de los deseos y fantasías que otra persona es capaz de simbolizar.

Pero con frecuencia las fantasías se basan en la suficiente realidad como para que el estado de idealización pase a ser algo real y duradero.

El problema es que si las idealizaciones son lo suficientemente fuertes, y la necesidad de la persona de que sean reales es también lo suficientemente fuerte, él o ella pueden omitir grandes trozos de realidad sobre la persona de la que está enamorada. Esta es la razón por la que es tan importante mantenerse en contacto con un grupo de amistades que te conozcan bien. Y debes confiar en ellos. A menos que haya algo que no esté marchando bien en tu relación con ellos, o que ellos sean particularmente disfuncionales, tus amistades no estarán mirando a través de los ojos de la idealización y la necesidad, y podrán ver a la persona con más claridad. ¿Alguna vez te has preguntado cómo algunas de las personas que conoces y quieres pudieron escoger a una pareja tan difícil, y hasta a veces horrible? ¿Crees que el príncipe un día se transformó en una rana? La mayor parte del tiempo no es así. La rana siempre fue rana, aunque estuviera vestido como un príncipe en el tiempo del cortejo. Pero la princesa estaba mirando a través de los ojos de la idealización o la negativa. Toma prestada la visión de tus amistades. Tal vez la necesitas.

Además, ellos te conocen y saben qué es importante para ti. Pueden notar si te estás convirtiendo en una persona más balanceada y completa con esa persona, o si te estás volviendo una persona diferente a la que realmente eres. Ellos saben quién eres y tendrán la capacidad de evaluar si estás alcanzando la estatura del ser que Dios te creó para que fueras.

Estos dos elementos estaban drásticamente ausentes en la relación de Debbie con Nick. Como no compartieron con los amigos y la familia de ella, y como ella no se mantuvo cerca de sus amigas, no pudo ver las dos realidades que estaban ocurriendo: su idealización de una persona controladora y su transformación en alguien que realmente no era. Sus amigas le hubieran dicho esto si se hubiera mantenido en contacto.

Una base de apoyo para lidiar con la realidad

No tratamos con la realidad por dos razones. O no la vemos, o la vemos y no queremos o no podemos lidiar con ella. Muchas veces reconoceremos que hay algo que no anda bien en la relación y que necesitamos límites mejores o diferentes. Hasta hay ocasiones en las que sabemos que la relación es estúpida o pecaminosa. Pero no podemos encontrar en nuestro interior la forma de romperla o hacer lo correcto.

Es ahí cuando necesitas el poder de un sistema de apoyo. Como Eclesiastés 4:9–12 dice: «Más valen dos que uno, porque obtienen más fruto de su esfuerzo. Si caen, el uno levanta al otro. ¡Ay del que cae y no tiene quien lo levante! Si dos se acuestan juntos, entrarán en calor; uno solo ¿cómo va a calentarse? Uno solo puede ser vencido, pero dos pueden resistir. ¡La cuerda de tres hilos no se rompe fácilmente!» En parte, encontramos en las personas que nos apoyan las fuerzas para hacer lo que no podemos hacer. Se mantienen a nuestro lado en tiempos difíciles para hacer varias cosas:

- Darnos apoyo emocional.
- Darnos verdad y sabiduría.
- Darnos valor para mantenernos firmes en nuestra moral y nuestros valores.
- Darnos aliento y fuerzas para dejar que la persona se aleje de nuestra vida, y consuelo en los momentos difíciles.
- Darnos el conocimiento y las destrezas que no poseemos.

En el caso de Debbie, nunca hubiera sido capaz de asumir la postura que necesitaba tomar con Nick si sus amigas no hubieran estado allí para apoyarla. Al principio tuvo miedo al conflicto y ellas le dieron la fortaleza para levantarse y enfrentarlo. Luego, cuando todo empeoró, sin la ayuda de sus amigas probablemente se hubiera derrumbado ante Nick, pues estaba enamorada o lo necesitaba demasiado. Y finalmente, cuando vio que esta era una relación en la que no quería permanecer y necesitó dejarla, sus amigas la ayudaron a sobrellevar la pena.

Con demasiada frecuencia, debido a los sentimientos de soledad y abandono, una persona pasará por el necesario rompimiento para luego regresar a la relación y repetirlo todo otra vez. Las amistades y los sistemas de apoyo te dan la fuerza que necesitas para pasar por el rompimiento. Como dijo Salomón en Eclesiastés 3:6, hay «un tiempo para intentar, y un tiempo para desistir; un tiempo para guardar, y un tiempo para desechar». Algunas relaciones de citas tienen que terminar y llega el momento, pero la persona no tiene las fuerzas suficientes para hacer lo que se necesita. Los amigos y la comunidad pueden ser salvavidas en esa situación.

Conexión con todos los aspectos del interior

Cuando Debbie estaba saliendo con Nick estaba perdiendo parte de su ser. Eso no es lo que pasa en una buena relación. Una buena relación nos ayuda a convertirnos cada día más en la persona para la que Dios nos creó, no en menos. Lentamente, Debbie no solo estaba perdiendo el contacto con sus amigos, sino también con ella misma. Perdió el contacto con su amor por el servicio y el trabajo voluntario. Perdió el contacto con su pasión por la navegación y por el arte. Perdió el contacto con sus sentimientos y el deseo de estar cerca de Dios.

Además, estaba perdiendo otros aspectos de ella misma. Se estaba volviendo una persona menos cabal y más unidimensional. Su profundidad espiritual casi se había secado completamente, así como su gran variedad de sensibilidad emocional. Como estaba perdiendo contacto con su vida, perdió también la habilidad de sentir muchas de las pasiones y sentimientos de la vida. Su enojo y su sentido de protesta habían dado paso a la falta de interés. Nick lo llenaba todo y como resultado había mucho menos de Debbie.

Sus amigas se percataron de esto. La llevaron a pasear a cines y a museos. Oyeron música y fueron a exhibiciones de arte con ella. Debbie las llevó a navegar y regresó al grupo de solteros de la iglesia, donde disfrutaba de la buena compañía y las actividades. Poco a poco, estaba volviendo a ser ella.

Si hubiera estado cerca de sus amigas desde el principio, no hubiera perdido estos aspectos de ella misma y se hubiera percatado más temprano de los problemas con Nick. Hubiera permanecido en contacto con todo lo que era y él hubiera tenido que ser capaz de relacionarse con ella o al menos no alejarla de las cosas que le gustaban. Si sigues «viviendo tu vida» de la misma manera que lo hacías antes de que comenzaras a salir, entonces sigues siendo tú, y ambos van a conocer todo lo que es cada cual. Las amistades te ayudan a hacer esto. Te ayudan a mantenerte en contacto con las cosas a las que estabas conectada antes de que comenzaras a salir con tu pareja.

El otro lado de esto es que los amigos notan los cambios de personalidad, para bien o para mal. Cuántas veces has oído a alguien decir: «¡Ah! Ella ha crecido tanto desde que comenzó a salir con ______. Él sencillamente hace que se manifieste lo mejor de ella». Es algo maravilloso que tus amigos puedan ver esto. Y cuántas veces has oído: «Ella ha cambiado tanto desde que comenzó a salir con ______. Ya no es ella. Ahora ni siquiera me gusta estar cerca de ella». A veces las citas pueden cambiar a alguien en lo peor. Las relaciones tienen ese tipo de poder cuando la persona no establece unos buenos límites. Dependemos de la opinión de los amigos y las amigas para que nos ayuden a descubrir si esto está ocurriendo. Puede ser difícil de escuchar, pero recuerda: «Más confiable es el amigo que hiere» (Proverbios 27:6a). A veces necesitamos oír qué tienen que decirnos los amigos sobre cosas que no podemos ver.

Cimientos en los valores espirituales que hacen que la vida funcione

Nuestros valores espirituales y nuestra relación con Dios mantienen nuestros pies en la tierra y hacen que la vida funcione. Nuestros valores son la estructura de la vida. Ellos le dan forma a la vida que vamos a tener. Si valoramos cosas como la sinceridad, la pureza, la compasión, la sobriedad, la bondad, la responsabilidad, entre muchas otras, la vida tomará una forma que tendrá un buen final. Sin embargo, cuando comenzamos a permitir que nuestros valores resbalen, nuestra vida toma una dirección distinta que no tiene un buen final. Cuando Debbie comenzó a acostarse con Nick perdió un valor que era muy importante para ella y que también la protegía de perder otros aspectos de sí misma. La seudo intimidad que tenían en el sexo le estaba impidiendo ver la carencia de intimidad real en la relación. Esta es una de las maneras en que la pureza protege a las personas solteras.

Cuando Debbie comenzó a adaptarse a las exigencias físicas de perfección en su apariencia, perdió el contacto con su sinceridad y el valor de la bondad. Lo que él estaba haciendo no mostraba bondad, y ella debió haber sido sincera y decirle que valoraba la bondad en una relación. El que él criticara su apariencia física cuando era perfectamente normal no fue nada afectuoso. No creemos que la gente deba mentir. Si ella tenía un problema real, no hubiera habido nada incorrecto en que él se lo dijera, o tuvieran una conversación sobre cómo él se sentía. Pero esto fue puro narcisismo perfeccionista de su parte. Ella debió haber mantenido su valor de la sinceridad y habérselo dicho.

Nuestra comunidad es una de las vías que Dios ha diseñado para ayudarnos a mantenernos firmes en nuestros valores y en él. Crecemos espiritualmente en esas relaciones y también Dios provee para nosotros en ellas (ver Efesios 4:16 y 1 Pedro 4:10). Las amigas de Debbie pudieron haber visto cómo ella estaba perdiendo sus valores espirituales y su relación con Dios. Pudieron haber ayudado desde el principio. Afortunadamente para Debbie, lo hicieron al final. La confrontaron con las maneras en las que se estaba saliendo del camino de lo que era bueno para ella. Y tampoco lo hicieron de forma condenatoria. Lo hicieron como lo hace Dios, teniendo en mente lo mejor para ella.

Separación y desarrollo aparte de la relación

Toda relación se constituye de dos personas independientes, con tiempo e intereses separados el uno del otro. Las personas que no tienen tiempo, amigos o cosas que hacer separadas de su pareja probablemente no han sido muy íntegras que digamos. Necesitas tu independencia. Dios te hizo así. Debbie debió haber tenido tiempo, espacio, amigos e intereses sola, aparte de Nick. Y viceversa. Pero ella se deshizo de su espacio y su individualidad y los fusionó con él. Sus amigas pudieron haber sido parte de una separación que le hubiera provisto espacio y libertad, aun cuando todo hubiera ido marchando bien.

Una relación que se deshace de la vida y los amigos, el tiempo y el espacio de cada parte de la pareja, no es una relación saludable. Es más bien simbiótica y neurótica. Tus amistades son una libertad y un espacio importante que te ayuda a ser una persona más saludable y cabal. Además, notarán si los estás dejando por una relación de citas. Las amigas de Debbie regresaron a la escena e hicieron esto por ella.

Seguridad en las citas

Recuerda, un aspecto de la seguridad en las citas es mantenerte en contacto con tus amistades y sistemas de apoyo. El lobo ataca a las ovejas solitarias que se han apartado del rebaño. Asegúrate de no ser vulnerable a lo que no puedes ver, pero con la ayuda de otros, tendrás la capacidad de ver muy claramente. Mantente segura y en contacto, y usa tu sabiduría.

Las personas dependientes y controladoras a veces secuestran a otros. No obstante, hay personas que son secuestradas por sus propios deseos personales solo para estar cerca de alguien. Entregan todas las cosas que son importantes debido a su falta de límites. Otros ni siquiera tienen una comunidad de donde puedan secuestrarlos. Están en el vacío. No permitas que te suceda nada de esto.

Desarrolla tu relación de citas con la ayuda de tu «emparedado de apoyo». Mira a tus amigos como el «pan» y a la persona con la que estás saliendo como el «relleno». Invierte tiempo y energía en tus citas, pero luego regresa a tu comunidad. Esto se vuelve especialmente fundamental si tienes que dar un paso importante o en los momentos de conflictos y cambios. Llama a un amigo o una amiga que conozca la situación para que te dé apoyo antes de que tengas que enfrentar el conflicto, ve y confronta según lo planificado, y luego llámalo y cuéntale qué pasó. El «emparedado» te puede proteger en las áreas en las que no tienes límites establecidos.

Consejos para el camino

- Ni siquiera intentes formalizar una relación de citas hasta que tengas relación con un buen sistema de apoyo y amistades que te conozcan bien. Si estás saliendo a tus citas en un vacío estás corriendo un gran peligro.
- Mantente involucrado con tus amistades y comunidad como individuo, de la misma manera en que lo hacías antes de empezar a salir con esta nueva persona. Todavía son tus amigos.
- Incluye a la persona con la que estás saliendo en tu círculo de amistades. Si no lo haces, pregúntate por qué. ¿Qué tiene esta persona que no encaja en tu círculo normal de amigos? Asegúrate de hacer muchas cosas con el grupo y otras parejas, así como solos.
- Sé franco y honesto con tus amistades sobre lo que está pasando en la relación.
- Sé espiritualmente responsable con tus amigos y mantente involucrado en la comunidad espiritual que es confiable para tu crecimiento.
- Mantente accesible a sus opiniones, aun cuando sean difíciles de escuchar. Pero pésalas y pruébalas con otros que te conozcan bien. No dependas totalmente del consejo u opinión de una sola persona.
- Usa a tus amigos para apoyarte.
- No te olvides de las actividades individuales y el tiempo aparte. Aun si comienzan a compartir intereses comunes, lo que es bueno, asegúrate de tener algún tiempo solo o sola, e intereses independientes.

- Sigue saliendo con otras personas hasta tener la seguridad de que te quieres comprometer con una persona. No te alejes del rebaño demasiado pronto.
- Usa el «emparedado de apoyo».

Capítulo 13

Despídete de las falsas esperanzas

El control y la crítica eran las dos cosas de las que Robbie se había estado quejando sobre su novia con todos sus amigos por los pasados cinco años. Estaba seguro de que era «la mujer de su vida», pero no podía comprometerse con Melinda debido a su forma de ser en estas dos áreas. Y tenía razón. Ella era muy controladora y le encantaba criticar. Él se encontraba atrapado entre complacerla en todos sus deseos para evitar conflictos severos y esconder cosas sobre él para evitar el juicio. Sus amigos habían llegado a un punto en que ya no la soportaban y detestaban lo que él estaba permitiendo que ella le hiciera. Finalmente, sus amigos lo enviaron a tomar consejería pues ya estaban cansados de oírlo. Así que vino a verme (Dr. Cloud).

—Pero es que la amo —me dijo Robbie—. ¡Ella tiene tantas características maravillosas! No puedo soportar la idea de tener que decirle adiós. Ella es muy cariñosa, lista y hermosa. En muchos sentidos es todo lo que quiero.

—Entonces, deja de quejarte de su naturaleza controladora y sus críticas, cásate con ella y sé feliz —le dije—. Y que tengas buena suerte.

—No puedo hacer eso. Ella me vuelve loco —me contestó.

—Entonces tienes un problema —le dije.

—Eso lo sé. Tengo que encontrar una manera de ayudarla a ser más condescendiente y menos crítica, y ser más paciente en lo que ella la encuentra. O ser yo más condescendiente, no sé. Pero no creo que pueda ser feliz si me caso con ella con todas esas cosas —me dijo—. Y ella me está pidiendo un compromiso.

—No creo que esas cosas sean tu problema. Tu problema es que tienes dos deseos incompatibles. Quieres estar con una persona que no sea controladora y que no le guste criticar, *y* quieres estar con Melinda. Esos dos deseos son incompatibles. Mientras los tengas los dos, vas a ser un infeliz. Y la manera en la que racionalizas tu miseria es pensando que ella va a cambiar —le dije—. Creo en los cambios. Mi profesión es ayudar a la gente a cambiar. Pero has estado saliendo con ella por cinco años, y según describes la situación, no hay nada en el panorama que indique que ella quiere cambiar. Así que el cambio está descartado. Olvídalo. Escoge uno de los deseos que te describí y sigue adelante con él.

Robbie me miró con rostro de tristeza. No le gustó lo que le dije y no sabía qué hacer.

La esperanza es una de las más grandes virtudes. Como dice Pablo: «Ahora, pues, pertenecen estas tres virtudes: la fe, la esperanza y el amor» (1 Corintios 13:13). La esperanza provoca que pasen cosas maravillosas cuando todo parece estar perdido. Si alguien puede mantener la esperanza, a través de la fe y el amor, pueden lograrse grandes cosas. Ciertamente la esperanza es una virtud maravillosa, pues sin ella nos rendimos y caemos en todo tipo de maldad. La necesitamos para perseverar.

Pero la clase de esperanza que Dios quiere que tengamos es la que «no nos defrauda» (Romanos 5:5), la clase que se basa en el amor que Dios tiene para nosotros. El amor de Dios ha sido probado por medio de sus acciones. Podemos retroceder hasta un punto en la historia y decir: «Bien. Es cierto que Dios nos ama. Aquí hay una cruz y una tumba vacía. Sí tiene sentido tener esperanza en él. No es una esperanza falsa».

Sin embargo, la Biblia también habla de otro tipo de esperanza. Es la esperanza que «aflige el corazón» (Proverbios 13:12). Es una «esperanza frustrada». En otras palabras, la esperanza que no se manifiesta no da vida. Nos deja enfermos y desesperados. Esta es una buena descripción de la depresión y el vencimiento. Cuando esperamos y esperamos, y nada pasa, y no hay ninguna razón para seguir esperando que la esperanza misma, entonces llega la desesperación.

Esta es la clase de esperanza en la que Robbie había estado involucrado por cinco años. Él tenía la esperanza de que Melinda cambiara, pero esta esperanza no era para nada una virtud. Su esperanza no se basaba en ninguna realidad. Era una negativa y un anhelo en su pensamiento. Y esto estaba consumiendo su vida. Mi trabajo, según lo percibí, era hacer que Robbie rindiera sus esperanzas e hiciera una de dos cosas: amar a Melinda tal como era o seguir su camino. Esto era así porque no vi nada en el panorama que dijera que ella iba a cambiar. Esta esperanza no tenía ninguna base.

La buena esperanza y la mala esperanza en tu vida de citas

¿Cuál es el papel de la esperanza en las citas? Algunos de ustedes probablemente están diciendo: «Yo sé… ¡es tener la esperanza de tener una cita!» Para algunos, esto puede ser cierto. Pero la mayoría de los que decidieron leer este libro ya están saliendo con alguien. Y se están preguntando cuándo tener la esperanza de que esa persona va a cambiar. ¿Cómo opera la esperanza en ese escenario?

Veamos, la esperanza tiene que basarse en la realidad. La esperanza que no defrauda tiene que cimentarse en mucho más que solo un deseo. Tiene que cimentarse en más que solo querer que una persona o una situación sea diferente. Tienen que haber algunas razones para creer que las cosas van a cambiar. Recuerda estas dos verdades:

1. La definición de locura es continuar haciendo lo mismo esperando resultados diferentes.
2. El mejor pronosticador del futuro, sin que intervenga alguna variable, es el pasado.

Si examinas tu situación actual, ¿puedes decir que tu esperanza es razonable? Miremos el ejemplo de Robbie. Él había estado enamorado de Melinda por cinco años. Se había entregado a ella. Se había adaptado a ella. Había también dejado de adaptarse y la había confrontado. Había terminado con ella. Había vuelto con ella. Había tomado consejería con ella. Había tratado todo. Y todavía tenía esperanza. ¿O era esto un deseo?

Si continuaba haciendo lo antes descrito, se ajustaría a la descripción de un loco, es decir, de alguien que hace lo mismo y espera diferentes resultados. Esa es la verdad número uno. Y la verdad número dos dice que Melinda no va a cambiar porque lo que mejor puede pronosticar los próximos cinco años de Robbie es lo ocurrido en los pasados cinco años, sin que intervenga ninguna variable de crecimiento.

Es probable que algunos de ustedes estén batallando con la disyuntiva de si deben perder la esperanza en cierta relación o continuar con ella. Vamos a examinar estas dos verdades y aplicarlas a algunos escenarios comunes.

La persona que amas te trata de una manera con la que no puedes vivir.

¿Qué haces cuando la persona que amas te trata mal o de una manera con la que no puedes vivir? El curso normal para cambiar algo en una relación es el siguiente:

- Confrontación de la dinámica. Dile a la persona cuál es la conducta y cómo te sientes cuando la muestra.
- La persona escucha, no está a la defensiva y se hace responsable por la conducta.
- La persona hace énfasis en cómo te hace sentir y expresa su pena.

- Pide disculpas y se compromete a no repetirla.
- Con ese arrepentimiento, hay un cambio evidente y no ves la conducta otra vez. O si falla, se corrige a sí misma, pide disculpas, se siente mal y continúa en el camino del arrepentimiento.
- Puede que falle ocasionalmente pero en general hay un patrón definitivo de cambio y crecimiento.

Si no hay un cambio luego de prometerlo, entonces hay:

- Responsabilidad de parte de la persona por su fracaso en cambiar.
- Responsabilidad por su incapacidad para cambiar por sí misma. Puede notar que sus esfuerzos de corregirse a sí misma no están funcionando.
- Se compromete a hacer más para que sea evidente el cambio. Esto puede ser ver a un consejero, buscar a un compañero para rendir cuentas, unirse a un grupo, ir a reuniones de apoyo o cualquier otra cosa. Pero hay más que solo «tratar con más ahínco» y apoyarse en el compromiso y la voluntad. Hay una búsqueda de sanidad. Esto puede incluirte a ti, si el problema es de índole relacional.
- Si se requiere que también tú cambies, entonces estás involucrado en el mismo proceso y trabajando en tus asuntos. No puedes culpar a la otra persona si no la estás tratando de forma justa. Primero tenemos que sacar la viga de nuestro ojo (Mateo 7:3-5).
- Hay una ganancia de entendimiento de los patrones con respecto a qué causa los problemas y hay una diferencia en la senda a tomar. No es solo una promesa de no hacerlo más, sino una comprensión de las causas y de lo que provoca e impulsa el patrón.
- Cuando hay alguna falla, hay más responsabilidad y más entendimiento. La persona regresa al sistema de ayuda que había buscado y lo usa para enfrentar el fracaso.

- Hay menos culpa y más pena. La persona se ataca menos a sí misma y hay más solución de problemas.
- Hay un curso de crecimiento sostenido donde tú no eres la fuerza motivadora. En otras palabras, la persona está buscando el cambio porque quiere crecer en lo personal y por el bien de la relación. Ya no tienes que «empujarla» más.
- El cambio comienza a notarse y se mantiene. Los tropiezos son menos y menos frecuentes y las respuestas son diferentes. Hay más pesar y responsabilidad, un regreso al sistema y la implementación del entendimiento.
- Si eres parte de la dinámica, estás siguiendo el mismo patrón.

Si la persona que amas no sigue este camino, o si este no resulta, confróntala con un testigo presente, y si eso no da resultado, hazlo con varios testigos, como una intervención a gran escala (véase Mateo 18:15–18). Con esta clase de intervención de parte de gente que se preocupa, la esperanza será que la persona entre en el proceso descrito arriba.

Si no ocurre así, debe haber algún tipo de consecuencia. Déjale saber a tu pareja que no vas a permitir que las cosas continúen como hasta el momento y que no te comportarás de la misma manera hasta que enfrente el problema y trate con él. Luego, *deja de verla o limita el verse en las maneras en que acostumbran (aparte de con un consejero o un pastor) hasta que lleve a cabo el proceso descrito*. Una vez comienza el proceso, vas en camino a un cambio esperanzador. Si no se involucra en el proceso de cambio, *tienes tu respuesta. No hay esperanza*. No hay razón para pensar que esta persona va a cambiar la forma en que te está tratando.

Así que, ¿existe una razón para que tengas esperanza? Trata las dos pruebas: ¿Estás haciendo lo mismo una y otra vez esperando un resultado diferente? Si es así, trata algo distinto, como entrar en este proceso de cambio.

Pregúntate: ¿Podría intervenir alguna variable para hacer que el futuro sea diferente al pasado? Si no es así, trata de involucrar a la persona en el camino del cambio. Si ocurre, hay razón para tener esperanza.

Para caminar con éxito por la senda del cambio hace falta más que amor y continuos recordatorios amistosos. He aquí lo que Dios hace para que comencemos a transitar el sendero del crecimiento y darnos esperanza de un cambio verdadero.

Dios comienza desde una posición de amor. Dios no necesita a la persona que está tratando de cambiar. Sus necesidades se satisfacen en la Trinidad y en sus otras relaciones. Dios siempre está en una relación y nunca está solo, así que él no está desesperado. Asegúrate de que tú tampoco estés solo en este proceso y que tienes a personas que te amen y te apoyen lo suficiente como para que no necesites el cambio de esta persona.

Dios actúa con justicia. Dios no es parte del problema. Él no paga a nadie «mal por mal» (Romanos 12:17). Él hace bien su parte en la relación. Si formas parte del problema, asegúrate de que estás cambiando y asumiendo responsabilidad por la parte que te corresponde. No puedes exigirle a la otra persona que cambie si no haces tu parte.

Dios usa a otros para ayudar. Cuando Dios quiere que alguien cambie, lo rodea de personas que pueden ayudar. Asegúrate de usar consejeros, grupos, pastores o amigos para ayudar a enfrentar y curar el problema. No lo hagas solo, sin el sistema de ayuda ordenado por Dios, es decir, sin otras personas.

Dios acepta la realidad con respecto a la persona, se aflige por las expectativas que tiene y perdona. Dios no es loco. Él afronta la realidad de quién es una persona, la perdona, y luego trabaja con la realidad de quién él o ella es. No exige perfección cuando claramente esa no es la realidad. Él se afligió por eso en la cruz de Jesús. Tú también debes dejar a un lado esos estándares perfeccionistas si quieres ser capaz de trabajar con el problema que tienes de frente.

Dios le da oportunidad a la oportunidad. Dios espera que el proceso del cambio funcione. Quizás hayas estado esperando un largo tiempo, pero no has estado trabajando en su programa. Cuando él pone todo esto en su sitio, es paciente, y da tiempo. Él no hostiga. Le concede a la persona una oportunidad de usar la ayuda y cambiar.

Dios es paciente. Como dijimos antes, él da tiempo para que se dé el cambio y es muy paciente. A veces espera por mucho tiempo. Esto tiene dos elementos que son relevantes para ti. Para que Dios haga esto, tiene que amar realmente a la persona. Para que valga la pena para ti tienes que asegurarte que quieres pasar por todo esto por esa persona. Después de todo, no están casados. Solo están saliendo. ¿Estás seguro o segura de que quieres invertir todo este tiempo y energía? ¿Tiene sentido hacerlo?

Y recuerda, mucho tiempo no significa para siempre. Es ser paciente, no esperar eternamente. Termina en algún punto cuando quede claro que la persona no está usando lo que se le ha dado para ayudarla a crecer. Dios retira el esfuerzo. No porque sea malo, sino porque está claro que la espera no hará ninguna otra diferencia.

Dios separa. Finalmente, Dios deja a la persona con sus instrumentos y se va. Quizás esto los haga cambiar. Tal vez no. Pero también nos prescribe que lo hagamos cuando también hemos tratado todas las opciones posibles (véase Mateo 18:15–18 y 1 Corintios 5:9–13). Lo único que resta es que dejes de salir con la persona. Si él o ella cambia y luego regresa, quizás puedas retomar la relación. Pero sigue tu camino como si esto no fuera a ocurrir. No tienes otra alternativa excepto la «esperanza loca».

La persona con la que estás saliendo dice que «le gustas» o «te quiere» pero «no te ama» y quiere más tiempo para ver hacia dónde va la relación.

¿Qué haces en esta situación? ¿Hay alguna razón para tener esperanza? Esta es una pregunta difícil porque mucha gente puede hacerte historias de relaciones donde la persona tardó en volver en sí y luego lo hizo. Así que mantienes la esperanza de que un buen día un insecto va a picar a ese alguien que te gusta y se va a dar cuenta de la maravillosa persona que eres y se va a enamorar.

Primero miremos lo que has estado haciendo. ¿Han estado saliendo «solo como amigos»? Si es así, quizás debes llevar la relación a un nivel diferente y tratarla más como una relación de citas, manteniendo ciertos límites. No entregues ni tu corazón ni tu cuerpo, pero déjale saber a la persona que tienes interés en llevar la relación a un plano más allá de la amistad y quieres descubrir si hay algo más. Si todavía no has hecho esto, quizás la otra persona ni siquiera sabe lo que sientes o deseas. Tal vez es momento de dar a conocer tus sentimientos.

Si pasa algún tiempo, pero parece que nada ha cambiado. ¿Entonces qué? Podrías hacer una de las siguientes cosas:

Dile a tu pareja que has disfrutado el tiempo que han pasado juntos pero que estás desarrollando más sentimientos que él o ella, así que no ves ninguna razón para seguir adelante si los sentimientos no son mutuos. Luego, termina la relación. De esta manera, si la persona solo ha estado tomando el asunto a la ligera y no se ha comprometido solo porque no tenía que hacerlo, ahora hay un límite que lo llama a entrar en una relación real, con alguna responsabilidad, o a seguir su camino. Si te han estado usando, se acabó el baile. Si la persona cambia su ritmo y se compromete con la relación, espera un poco antes de volver. Concédanse ambos un poco de tiempo para pensarlo.

Termina la relación y no vuelvas por ningún motivo. Digamos que le diste a la persona una oportunidad pero que ella no tiene la inclinación ni los sentimientos necesarios para verte como eres ni para querer estar contigo. Crees que si le interesaras, ya te lo habría dejado saber. Así que terminas la relación y sigues tu camino. En muchos casos esto es lo más inteligente porque la otra persona no va a cambiar. En otros casos, pudiera ser prematuro, pero para que esto sea cierto tendrías que estar lidiando con una persona extremadamente sincera y confiable.

Dile que estás dispuesto a continuar si la otra persona siente que un poco más de tiempo puede ayudar. Pero sé específico en la razón por la que debes dar más tiempo. ¿Qué van a hacer de forma diferente, si es que van a hacer algo? ¿Por qué ella siente que ayudará un poco más de tiempo? Si siente que está en algún tipo de encrucijada, ¿qué va a hacer para sobrellevarla? Busca algún tipo de motivo para continuar o alguna clase de lógica que apoye el que quiera seguir. Un ejemplo sería «acabo de terminar una relación bastante duradera y me va a tomar algo de tiempo confiar otra vez». Esta es una razón. «Pienso que esto es divertido y sencillamente quiero que sigamos saliendo» es un poco menos convincente si está en riesgo tu corazón.

Si le estás dando a la persona algunos privilegios que corresponden más a cierto tipo de compromiso que solo a una salida casual, detente. No es raro que las personas que están saliendo de forma exclusiva cedan algunos límites. Llamar tarde en la noche o querer hacer una visita es normal en una relación «novio-novia» pues supone algunos favores y otras cosas. En las citas exclusivas, también puede ser apropiado cierto grado de afecto físico que no es adecuado en la relación «solo amigos». Pero si te has estado comportando de esta manera y la persona juega la carta de «solo amigos», detente de hacer cosas de «más que amigos». Compórtate con él o ella como lo harías con cualquier otro amigo. Si trata de actuar diferente, confróntala claramente. Si quiere actuar como si estuvieran saliendo otra vez, sin asumir la responsabilidad de esto, no permitas que pase. Si lo haces, probablemente te han estado usando.

Continúa con tus ojos bien abiertos. Esto quiere decir que puedes seguir saliendo, deseando que las cosas cambien, o disfrutando esto por lo que es: una relación de un solo lado. Pero también significa que sabes en qué terreno estás parado y que estás corriendo un gran riesgo de que te lastimen. Creemos que esta es una opción bastante ingenua y arriesgada, pero hay veces que ha terminado en algo bueno. (Usualmente es porque la persona en tu posición comienza a actuar diferente, por ejemplo, es menos codependiente.) Así que también te lo ofrecemos. Pero ten mucho cuidado. Estás corriendo un gran riesgo de que tu amor no sea correspondido. Buena suerte.

Todos estos son ejemplos de no seguir haciendo lo mismo esperando resultados diferentes. Aun el último lo es, si por primera vez estás enfrentando cara a cara la realidad de que hay poca esperanza y estás asumiendo la responsabilidad por tu elección.

Todos los límites tienen que ver con que asumas tu responsabilidad por la realidad. Sabes dónde está parada la otra persona, y ahora es tu elección tomar control de ti mismo y hacer lo que piensas que es mejor. Pero sencillamente no sigas haciendo lo mismo esperando resultados diferentes, a menos que haya una variable en el proceso. Si no la hay, el pasado es el mejor pronosticador del futuro. En nuestra experiencia, cuando alguien escucha la frase «te quiero pero no te amo», es tiempo de seguir tu camino. Eso por lo general representa a una persona dependiente que está buscando una relación en la que pueda depender pero sin pasar a la posición de responsabilidad que llega con el amor adulto y la sexualidad. Está muy bien si la otra persona siempre ha actuado como amigo o amiga. Pero si ha estado actuando como algo más y luego te dice que solo son amigos, nuestro consejo es que no continúes en la relación.

Tu pareja no se compromete con el futuro de la relación.

¿Tienes esperanza? Quizás sí, quizás no. La incapacidad para el compromiso puede significar muchas cosas. Puede ser que la persona sencillamente no esté lista para ese tipo de compromiso. Él o ella puede sentir seguridad con respecto a ti pero no es el momento propicio para el compromiso. En este tipo de escenario necesitas hacer preguntas que te clarifiquen la situación. ¿Está ella segura de ti? ¿Por qué piensa que no es el momento apropiado?

Hemos conocido a muchas personas para las que el tiempo no ha sido el adecuado. Se aman sinceramente pero no están listos para comprometerse en matrimonio. Por ejemplo, quizás necesitan graduarse de la universidad o vivir solos por un tiempo. Entonces, cuando es el tiempo adecuado, se comprometen y se casan. Pero su relación tiene la sólida base de la certeza del amor mutuo y un patrón de honestidad comprobada. En otras palabras, nunca han dudado de ellos ni de la relación. Solo se han cuestionado con respecto al tiempo apropiado.

En otros escenarios, quizás puedas estar lidiando con alguien que le tiene fobia al compromiso. Les encanta estar enamorados hasta que les va a costar alguna pérdida de libertad. ¿Debes tener esperanza? ¿Basada en qué?

Si este es el caso, si la relación tiene algún tiempo, y no hay una buena razón para no comprometerse excepto que «no quiero», y no hay ninguna razón para pensar que el tiempo les va a permitir conocerse mejor, ¿en qué estás basando tu esperanza?

Si por otro lado tu pareja asume la responsabilidad por su resistencia y dice que tiene un problema, y que va a buscar algún tipo de ayuda para resolverlo, puede haber esperanza. Esto quiere decir que está haciendo algo diferente y que está interviniendo una variable. Si busca consejería, por ejemplo, o cualquier otro tipo de ayuda para superar el miedo y la resistencia, es una clara demostración de compromiso hacia la relación y quizás quieras honrarla dándole un poco más de tiempo.

Existen algunos casos reales en los que una persona está sinceramente bloqueada en su habilidad de seguir adelante, y en humildad pide un poco de tiempo y ayuda. Esto puede tener un excelente resultado. Pero también hay casos donde la persona apática al compromiso se siente tan cómoda en una relación sin compromiso que no tiene ninguna razón para cambiar. Esto es especialmente cierto si hay sexo de por medio. El viejo refrán que dice «para qué comprar la vaca si la leche es gratis» es muy ilustrativo de mucha gente irresponsable que quiere los beneficios de una relación sin el compromiso, los costos y las responsabilidades. Si estás entregando tu cuerpo, tu hogar, tu amor u otros «privilegios» de una relación sin recibir a cambio un compromiso, ten mucho cuidado. Hay un fóbico o un alérgico al compromiso que te está usando.

En algún punto, sin embargo, cuando hayas agotado todos los recursos, necesitas dejar de esforzarte. El tiempo se acabó y no hay razón para tener la esperanza de que vas a solucionar algo si inviertes más tiempo. Establece un límite y mantenlo. Olvida la esperanza y sigue con tu vida. Como dijo Jesús en la parábola de la higuera, si no hay fruto después de haberle dado al árbol mucho tiempo y esfuerzo, entonces córtalo (Lucas 13:8–9).

Quieres que un amigo se interese en ti de una manera diferente, pero no está ocurriendo así.

¿Deberías tener esperanza en este escenario? Quizás sí o quizás no. ¿Por cuánto tiempo han sido amigos? Piensa en la prueba que expusimos antes y aplícala. ¿Va a pasar algo diferente?

A veces sí. Los amigos pueden tener experiencias nuevas que provoquen que se vean bajo una luz diferente. Hay más exposición, más franqueza, más cercanía y se llegan a conocer más y más. Tener un mayor conocimiento mutuo es algo diferente y una variable que interviene.

Así que pregúntate si un poco más de tiempo puede lograr esto. O pregúntate si pasar más tiempo juntos los ayudará a ambos a verse bajo una luz diferente. Conozco dos personas que fueron amigas por mucho tiempo antes de involucrarse románticamente. En su caso, ambos tenían miedo de salir en citas y comprometerse, y la seguridad que encontraron el uno en el otro los sanó y proporcionó una manera para crecer en compromiso.

En algunos otros casos, alguien solo necesita romper el hielo y entonces permitir que ambas personas se vean bajo una luz diferente. Quizás quieras decirle a tu amigo o amiga que a veces piensas cómo sería si fueran más que amigos, y luego comiencen a salir para ver qué sucede. Esto es ser franco y sincero, y algunas veces puede llevar a un buen lugar.

Los escenarios problemáticos son aquellos en los que alguien siente una atracción escondida por un amigo o amiga y está aguardando con esperanza, sin ninguna otra razón. No hay ningún motivo para mantener la esperanza y en realidad la amistad está evitando que esa persona siga con su vida. Si vas a seguir intentando, tienes que darte cuenta que tu esperanza es que tu paciencia sea la nueva variable en la vida de esta persona. Quizás este individuo nunca antes ha tenido a nadie que sea paciente con él o ella. O quizás invertir más tiempo puede provocar una mayor franqueza o conocimiento.

De igual manera, conseguir algo no es lo mismo que hablar del asunto. Tal vez explorar cómo sería salir en una cita con otro amigo o amiga es también algo distinto. Pero es una tontería desear que los sentimientos de una persona cambien solo porque tú deseas que sea así.

Mantén pura la esperanza

¿Recuerdas lo que Dios dice sobre la esperanza? Primero, es una virtud y por lo tanto es algo bueno. Segundo, se debe basar en la realidad o se convierte meramente en un anhelo. Tercero, la esperanza puede ser distorsionada y llevar a la enfermedad del corazón.

Queremos que tengas esperanza en tu vida de citas. Pero queremos que tengas una esperanza que se fundamente en Dios, las realidades de tu pareja y la verdad de los principios divinos.

Si estás con alguien de buen carácter y tu relación se basa en la dirección de Dios y en principios importantes tales como la honestidad, la comunicación, la vulnerabilidad, la humildad, el amor, la responsabilidad y otros como estos, entonces puede que haya una buena razón para tener esperanza.

Además, creemos que hay una razón para tener la esperanza de encontrar una buena relación si estás trabajando con Dios en tu crecimiento personal. Creemos que casi por regla general la gente saludable atrae a otra gente saludable. (Sabemos que hay excepciones, así que ¡no nos escribas una carta con coraje porque no has encontrado a nadie!) Tu mejor oportunidad siempre depende de estar saludable, para que te atraiga una persona buena, segura y saludable y para que tú le atraigas a ella. Y esto tiene mucho que ver con nuestro compromiso con el crecimiento y estar involucrados en nuestras vidas. Si estás haciendo esto, y tienes intimidad con Dios, creemos que tienes una excelente razón para tener la esperanza de una relación de citas.

Si unes eso a mantenerte firme en los principios divinos de crecimiento, tienes más razón para esperar. Los principios como la sinceridad, la bondad, los límites firmes, el perdón, la responsabilidad y la fidelidad, te protegerán. Ya han sido verificados y han pasado por la prueba del tiempo. Los caminos de Dios son como una lámpara a nuestros pies, y si los sigues, creemos que las posibilidades de que tus citas resulten bien son aún mayores. Y eso es algo que bien vale la pena desear. Como señala el rey David: «Dichoso el hombre que no sigue el consejo de los malvados, ni se detiene en la senda de los pecadores ni cultiva la amistad de los blasfemos, sino que en la ley del Señor se deleita, y día y noche medita en ella. Es como el árbol plantado a la orilla de un río que, cuando llega su tiempo, da fruto y sus hojas jamás se marchitan. ¡Todo cuanto hace prospera!» (Salmo 1:1–3).

Ten esperanza en Dios, esperanza en sus principios, esperanza en gente con carácter confiable, esperanza en tu crecimiento personal. Estas son razones realmente buenas para tener esperanza. Pero no malgastes la esperanza en cosas que no tienen el respaldo de la realidad. Ese tipo de esperanza enferma el corazón.

Consejos para el camino

- Algunas veces tienes que darte cuenta que te estás aferrando a deseos incompatibles. Quieres que algo que no es la realidad sea cierto y no hay evidencia de que lo vaya a ser.
- La buena esperanza se fundamenta en la realidad.
- El mejor pronosticador del futuro, sin la intervención de algún tipo de variable como el crecimiento, es el pasado.
- Pregúntate: «¿Qué razón me ha dado para esperar que las cosas sean diferentes? ¿Es esa razón sostenible?»

- ¿Estás viendo alguna evidencia de crecimiento o cambio real? ¿Hay más responsabilidad, crecimiento, deseo de cambiar, participación en un sistema de cambio, arrepentimiento o algún otro fruto de un cambio de dirección? ¿Existe alguna motivación para cambiar que venga de la persona o todo viene de ti?
- ¿Estás haciendo algo diferente en la relación que pueda traer algún cambio? ¿O sigues haciendo las mismas cosas esperando resultados distintos? Si no has intentado algo diferente, quizás haya alguna esperanza si tú cambias.
- ¿Has cambiado cualquier disfunción que puedas haber estado trayendo a la relación?
- ¿Has seguido el sendero divino siendo el tipo de influencia que ayuda a que la gente cambie? ¿O solo tienes la esperanza de que se comprometa alguien que no tiene interés en el compromiso?
- ¿Existe alguna realidad con respecto a la relación que necesitas enfrentar? La mejor esperanza es involucrarte tú mismo en el proceso divino de crecimiento y desarrollar las cualidades de un buen carácter. Mientras más seas una persona de luz, mayor capacidad tendrás de reconocer a las personas por las que vale la pena tener esperanza.
- Cimienta tu vida en los valores y el carácter. Esto nunca te va a defraudar.

Capítulo 14

Límites en la culpa

«¿Por qué siempre …?»

«¿Por qué nunca …?»

«No puedo creer que lo hayas hecho otra vez».

«No merezco que me trates así».

«Es tu culpa».

«¿Quién te crees que eres?»

«Eres tan …»

«Después de todo lo que he hecho por ti …»

Si tienes el hábito de hacer estas expresiones u otras similares a la persona con la que estás saliendo, dos cosas son ciertas: primero, quizás sean ciertas; y segundo, estás empeorando la situación. Estos son los resultados que trae la culpa en las citas. Esta tiene un lugar, como veremos más adelante, pero es menos valiosa y más peligrosa de lo que puedes pensar. Examinemos cómo establecer límites a nuestra tendencia de culpar en las citas.

Un legado sincero

Si luchas con la culpa, no estás solo. Hasta cierto punto, es parte de la condición humana y sinceramente vienes con ella. Nuestros padres, Adán y Eva, modelaron y traspasaron esta característica a través de generaciones: «La mujer que me diste por compañera me dio de ese fruto y yo lo comí. La serpiente me engaño, y comí» (Génesis 3:12–13). Ellos apuntaron el dedo de la culpa al diablo, a ellos mismos y aun a Dios. Y ni aun así, les funcionó la culpa. Se mantuvieron en la silla caliente. Dios no abandonó su postura de justicia, sino que tuvieron que pagar serias consecuencias por su desobediencia.

Solo tiene que mirar a los niños desarrollar sus destrezas de echar la culpa; es algo muy natural. Cuando están en problemas, buscan en el horizonte alguien a quien culpar por sus dificultades. «Estoy castigado porque mamá es mala; el perro se comió mi tarea; Billy me hizo que lo empujara». Dada nuestra herencia y estructura, no es de extrañar que seamos una especie que se la pasa atribuyendo la culpa a los demás.

¿Qué es culpar? Es atribuirle la responsabilidad de una falta a alguien. Cuando acusamos a otro de un problema, estamos culpando. La culpa en sí misma no es mala. Tiene una buena función. La culpa señala quién es verdaderamente responsable de qué en un problema, y de esta manera podemos saber cómo resolverlo. Nos ayuda a diferenciar qué es nuestra falta y qué es la falta de otro. Por ejemplo, tu novia te invita a una fiesta en la que va a estar su ex novio. Fue imprecisa sobre si él iba a estar allí o no. Pero tú también diste la impresión de que no te importaba, lo que no era cierto. Así que la pasaste muy mal en la fiesta. Al momento de culpar a alguien, decides que ella es responsable por no haber sido clara. En cambio tú también tuviste la culpa por no haber sido sincero con respecto a tus sentimientos. Ahora ambos saben cuáles son sus tareas de crecimiento para resolver este tipo de situación. La culpa ayudó a señalar el camino a la solución.

Sin embargo, la culpa que mata una buena relación de citas es aquella en la que una persona se ve a sí misma como intachable y le atribuye casi todos los problemas de la relación a la pareja. Esta clase de culpa no es impulsada por un deseo de investigar la realidad para llegar a la verdad sobre un asunto. Viene de un lugar mucho más oscuro en nuestros corazones. Este tipo de culpa se basa en la negación de nuestra maldad. Cuando no podemos tolerar la realidad de nuestros errores, o que otros puedan ver la realidad, apuntamos el dedo hacia otro lado. Espiritual y emocionalmente, la culpa en uno de los problemas más graves que enfrentamos. Nos mantiene más ocupados en ser «buenos» que en ser honestos.

La ironía es que los cristianos deberían ser las personas que menos culpen en el mundo, sin embargo a veces somos los peores transgresores. Tenemos una nueva vida de perdón y gracia. No hay condenación para nuestros pecados debido a la muerte de Jesús (Romanos 8:1–2). Nosotros, más que ninguna otra persona, no tenemos que temer por aceptar la responsabilidad de nuestra maldad. Sin embargo, nos gusta demasiado justificarnos, dar excusas y culpar a otros. Lo mejor que puedes hacer por tu bien espiritual, así como por tu vida de citas, es comenzar a aceptar la culpa por lo que realmente te corresponde y dejar de estar culpando por lo que no es su falta a otro. A continuación presentamos las formas negativas en las que «la culpa inadecuada» puede afectar tu vida de citas.

La culpa: Un obstáculo para la intimidad

La culpa tiene el poder de invalidar el desarrollo de la intimidad en una relación de citas. Cuando una pareja intenta acercarse y volverse más vulnerable, esto involucra un alto riesgo. El amor no puede desarrollarse sin riesgos del corazón. Cuando alguien siente que la persona con la que está saliendo la culpa continuamente, se encuentra en un estado de juicio. Lo que quiere es protegerse del ataque de la culpa. Se crea un conflicto entre el deseo de ser franco y el impulso de alejarse para protegerse.

La relación de Travis y Morgan es un ejemplo de esto. Habían estado saliendo por cerca de un año y se estaban acercando cada vez más. Hacía poco habían comenzado a sentir suficiente confianza entre ellos como para tratar algunos de sus problemas y conflictos. Uno de ellos era la irresponsabilidad de Travis. No llamaba cuando decía que iba a hacerlo o llegaba tarde a las actividades. Esto le molestaba mucho a Morgan, quien valoraba mucho la responsabilidad, el compromiso y la puntualidad. Esta era una queja muy legítima y varias veces habló con Travis sobre cómo se sentía con relación a esto.

Travis trató de cambiar y hacerse más responsable del problema, pero sin mucho éxito. El problema continuó. Mientras el tiempo fue pasando, Morgan comenzó a ver la mayoría de su relación bajo la luz de su defecto. Cuando Travis tenía una emergencia real y no podía llamar, ella le decía: «Aquí vamos otra vez, y ahora estás inventado excusas». O cuando Morgan reaccionaba ante Travis, se justificaba diciendo: «Me enojo con facilidad porque tengo que estar lidiando con tu irresponsabilidad».

Aunque realmente quería a Morgan, Travis fue alejándose gradualmente. Ya no hablaba mucho de sus sentimientos y experiencias. Mantenía las cosas de manera superficial o solo la escuchaba a ella. Hacía lo que fuera para mantenerse lejos de la culpa. Finalmente, cuando un día se percató que sentía muchísimo miedo mientras iba camino a casa de Morgan para salir con ella, supo que existía un problema serio. Quería proyectarse hacia un futuro con ella pero se sentía acorralado todo el tiempo. Comenzó a eludir el hacer planes con Morgan.

Afortunadamente la pareja pudo resolver sus problemas y hoy día tienen un matrimonio exitoso. Travis comenzó a hablar con Morgan sobre su miedo por la continua imputación de culpa de parte de ella y Morgan empezó a trabajar con esto. Curiosamente, aunque él todavía no es perfecto, también se volvió más responsable. Pero esta fue una pareja que por poco no llega lejos debido a la culpa.

Un estado mental

Todavía hay peores noticias con respecto a la culpa y las citas. Ni siquiera tienes que culpar verbalmente a la otra persona para arruinar la relación. Puedes culpar a alguien en tu interior, con tu actitud, sin que digas una sola palabra. Los problemas con la culpa tienen que ver más con el estado de nuestras mentes que con lo que le decimos a nuestra pareja. Nuestros pensamientos y sentimientos son tan importantes como nuestra conducta (Mateo

5:28). Así que el ser humano que diga «al menos no le digo lo que estoy pensando cuando le echo la culpa», no debe imaginar que está fuera del anzuelo de Dios.

Esto es cierto por varias razones. Primero, la culpa afectará tu forma de acercarte a tu pareja. Si con frecuencia sientes coraje, frustración o no puedes perdonar, no podrás exponer la profundidad de tu ser a esa persona. Segundo, la culpa tiene una manera de comunicarse a sí misma por medio de acciones si no existen las palabras. El silencio, la frialdad, la distancia y el sarcasmo pueden hacer el mismo daño que hacen las palabras. Así que si tienes que lidiar con la culpa trátala como un problema tanto del corazón como de la lengua.

Cómo funciona

¿Cómo opera la culpa en el interior de quien la recibe? Básicamente, se siente como una verdad sin amor, y eso siempre se percibe como juicio o condenación. Todos necesitamos oír la verdad sobre nuestro orgullo, pecado o inmadurez. Por ejemplo, las primeras veces que Morgan le dijo a Travis que su irresponsabilidad la hería o molestaba lo estaba ayudando a crecer.

Sin embargo, no podemos digerir la verdad de parte de alguien si no sabemos que nos aman. Es demasiado doloroso. Sentimos que nos odian o que sencillamente somos malas personas. En realidad, aun cuando la gente que nos quiere nos dice la verdad todavía nos duele. Un amigo mío (Dr. Townsend) se sometió recientemente a una cirugía. Me habló de esto porque necesitaba mi apoyo. Luego me dijo: «Me lastimó el que no me llamaras para saber cómo me había ido en la operación». Esta es una amistad de mucho tiempo y muy cercana. Me dijo esto de una forma muy directa pero al mismo tiempo con mucho cariño. Y aun así me sentí muy mal en dos maneras. Sentí la tristeza y el arrepentimiento que debemos a sentir cuando nos damos cuenta de que le hemos fallado a alguien (2 Corintios 7:10-11). Y también sentí los sentimientos de «todo lo hago mal» que indican que todavía me falta crecer en mi habilidad de asimilar la verdad sobre mí mismo. Solo duró un tiempo corto, mucho menos que cuando comencé a tomarme en serio el crecimiento espiritual. Pero duró lo suficiente como para sentir su aguijón.

El asunto es, si así es como se siente la verdad cuando estamos seguros y nos aman, ¿cuánto peor es cuando no es así? Sentimos una ira profunda hacia nosotros o hacia la otra persona porque esa es la esencia de lo que produce la ley sin la gracia (Romanos 4:15). Así que la única manera de oír la verdad es en una atmósfera de amor (Efesios 4:15); de lo contrario, se pone a la persona a quien se culpa en un estado de condenación con el que deberá luchar ya sea devolviendo el golpe contra ti o contra ella misma.

Las citas: Una gran oportunidad para la culpa

Por su naturaleza, las citas son una rica fuente de culpa. La gente se sorprende apuntando el dedo hacia la persona que, unos meses atrás, era su alma gemela. Hay varias razones para esto.

La naturaleza exploratoria de las citas

Este tipo de relación todavía no es permanente, aunque podría estar moviéndose en esa dirección. Sin embargo, hasta que se casen, hay pocas prohibiciones para dejar la relación si eres infeliz en ella. Esto también quiere decir que no tienes que soportar tantos problemas en una relación de citas como si estuvieras casado. Si lo bueno no hace que lo malo valga la pena, puedes irte. En el matrimonio, el pacto es mucho más profundo para solo decidir si te quedas o no basándote en la proporción de lo bueno y lo malo. Es para toda la vida.

Cuando no tienes que vivir con los defectos de alguien eres menos propenso a hacer la difícil tarea de ver qué papel juegas en provocarlos. Una esposa podría notar que sus compras excesivas provocan la ira de su esposo. Ella ya se conoce el libreto, y sabe que la única forma en que se resolverá es descubriendo qué ella necesita hacer para cambiar. Pero en una relación de citas puede decir: «No tengo por qué aguantar estos arrebatos», y se va, brindado la posibilidad de pensar que toda la culpa es de él y que ella no tiene ninguna. Esto no pretende atenuar el asunto de la ira del esposo. Pero perpetúa la posibilidad de que ella continúe buscando una pareja perfecta que no tenga ningún defecto y que pase por alto tratar con los defectos de ella.

Atribuir la culpa como un rasgo de carácter

En cierta medida, todos culpamos a otros. Sin embargo, algunas personas tienen más tendencia a culpar que otras. Si te das cuenta de que continuamente te obsesionan los defectos de tu pareja, puede que estés luchando con la culpa como parte de una debilidad de carácter. El atribuir la culpa no es mejor o peor que otras fallas de carácter, tales como el orgullo, la impulsividad, o la pasividad, pero sin duda alguna es un defecto importante.

Si tienes esta característica puede que tienda a ser más evidente en el área de las citas. Como estás en el proceso de investigar y evaluar los estilos y conductas de la gente con la que sales, este proceso puede fácilmente contribuir a tu debilidad de inculpar. Te conviertes en un juez sin tener las credenciales. Si esta es tu situación, necesitas trabajar en algunas de las tareas que se mencionan al final de este capítulo para que tu relación de citas no se afecte por tu tendencia a atribuir a otros la culpa. Sin embargo, hasta que hagas algo con respecto a esto, ser un inculpador en el mundo de las citas es algo así como permitir que un alcohólico sirva en un bar: es demasiada tentación para las partes débiles de tu naturaleza.

La intensidad romántica de las citas

El romance es lo que distingue las citas de la amistad, y trae consigo mucho de pasión e intensidad emocional. Esta intensidad puede tener una cualidad regresiva. Su fuerza y profundidad pueden despertar viejas necesidades y deseos de cuando éramos niños. Esta es la razón por la que algunas personas actúan como tontas cuando están enamoradas. Se sienten como niños otra vez, con todas las altas y bajas que sienten los pequeñines.

Cuando se está en la parte baja de estos vaivenes infantiles, la culpa puede hacer acto de presencia. La gente que tiene dilemas sin resolver puede culpar sin darse cuenta a la persona con la que está saliendo de cosas de las que no es culpable. Sus rasgos infantiles no son capaces de diferenciar entre la pareja y los aspectos importantes de una relación en formación. La culpa da en el blanco equivocado. Esta es la razón por la que muchas personas que están en relaciones de citas han tenido la experiencia de «¿por qué tiene tanto coraje conmigo? Este castigo es mucho peor que la ofensa». Es, con mucha probabilidad, que el fuego del romance desenterró aspectos de su alma que nunca crecieron.

Si has tenido esta experiencia, necesitarás tratar con esas heridas tempranas en relaciones de apoyo y sanidad. Cuando reparas estas partes por medio del proceso de crecimiento divino y satisfaces esas necesidades a través de relaciones con otras personas que te estimen, es menos probable que sientas la intensa necesidad de culpar a la persona con la que estás saliendo.

Los resultados de la culpa

A fin de cuentas, la culpa tiene su recompensa propia y única. Hay una satisfacción muy enfermiza en el apuntar el dedo del juicio hacia otro. Nos provee la falsa ilusión de que somos mejores de lo que en verdad somos, y que los más grandes problemas en la vida son los pecados de las otras personas. Nos impide ver la profunda necesidad que tenemos de la gracia y la misericordia de Dios.

Una ayuda para dejar de culpar a otros es saber lo poco que se logra con esto. He aquí los verdaderos resultados de una relación de citas que se caracteriza por la culpa:

- La pareja invierte más profundamente en las quejas que en quererse.
- Una persona lucha contra la culpa mientras que la otra la persigue.

- Una persona idealiza a alguien con quien no está saliendo, y piensa que nunca será peor que la gente que ha conocido.
- Las parejas desarrollan maneras pocos satisfactorias de resolver los conflictos.
- Se le pone la etiqueta a alguien de ser el «chico malo» y tiene que vivir con esto para siempre.
- El chico bueno es el objeto de resentimiento y perjuicio, pues es muy difícil estar en una relación con un inculpador.

La lista podría seguir. Sin embargo, basta con decir que cualquiera sea la felicidad, la seguridad y el amor con los que has soñado, probablemente se verán en peligro en la medida en que le echas la culpa a la otra persona.

Las citas y la superioridad moral

Otra forma en que la culpa puede matar una relación de citas es aquella cuando la persona lastimada asume una actitud de superioridad moral ante su ofensor. Se siente sorprendida y lastimada por la conducta de la otra persona y piensa: *Nunca sería capaz de causar el daño que me ha causado*. Aunque puede ser cierto que haya sido herida profundamente, él o ella no conoce las capacidades oscuras de su propio corazón (Romanos 3:10–18).

Los acusadores son personas que tienden a asumir la postura de víctimas. Se sienten indefensos y atropellados por gente con poder, y no se ven a sí mismos como personas capaces de aportar a las relaciones. Esta es una postura de niños y por lo tanto, trae consigo un aire de inocencia. El resultado es que la parte acusadora —y que se ve a sí misma como una víctima inocente— siempre atribuirá el problema al ofensor.

Es muy difícil que una relación de citas sobreviva a esta situación. El ofensor tratará y tratará de llegar a los encantos de su pareja, pero regresará sintiéndose lastimado e inferior con respecto a su inocentemente lastimada pareja. Aunque necesita asumir la responsabilidad por cualquier daño que haya causado, es muy difícil hacerlo con alguien que se ve a sí mismo como un ángel y al otro como el demonio. A fin de cuentas se cansará de tratar de hacer lo imposible.

Si tiendes hacia la postura de superioridad moral, míralo como algo que está afectando negativamente todo lo que deseas en la vida: relaciones adultas, crecimiento personal y libertad. Comienza a reconocer lo capaces que somos todos de pecar y de lastimar a otros. Por cierto, es un alivio dejar atrás la pretensión de ser inocentes. Vivir en la realidad es menos trabajo que vivir en el país de la fantasía.

Cómo sanar la culpa

Muchas veces una persona se sentirá con derecho a sentir frustración con su pareja pues esta ha hecho cosas realmente malas. Sencillamente no quiere ignorar el asunto. Así que enfrenta un dilema: o pretende que no es un problema y ve como todo empeora, o dice algo y acepta que le pongan la etiqueta de juez. Ninguna de las dos alternativas es una buena solución, y ciertamente no ayudarán a nadie a alcanzar una relación duradera y exitosa. A continuación algunos principios para curar el problema de la culpa.

Practica el auto escrutinio

La solución más importante es observar atentamente las faltas y debilidades de tu alma. Los problemas de culpa tienden a aminorarse cuando estamos apuntando primero el dedo a nosotros mismos. Recuerda que no puedes ejercer juicio y luego esperar recibir misericordia de las manos de Dios: «Porque habrá un juicio sin compasión para el que actúe sin compasión. ¡La compasión triunfa en el juicio!» (Santiago 2:13). Hemos ganado gran parte de la batalla cuando nos preocupamos más por nuestros pecados que por los pecados de nuestra pareja.

La persona con la que estás saliendo necesita oír sobre sus defectos. Pero necesita oír primero sobre los tuyos. Esto establece una base de igualdad moral que trae un sentido de seguridad. Recuerda que el terreno siempre se nivela al pie de la cruz.

Relaciónate con lo bueno y lo malo de tu pareja

Es difícil mantener una posición de culpa si tienes en mente las características buenas de tu pareja, así como las malas. Esto no es una negativa; es relacionarte con la totalidad de la persona. Por cierto, cuando la culpa es un problema crónico se acerca más a la negativa porque puede negar tu gratitud, estima y amor por las buenas características de tu pareja. En las relaciones saludables, la gente acepta lo bueno y lo malo que hay en cada persona. Se aman y se odian mutuamente. Pero el amor domina al odio y es lo que nos ayuda a tolerar lo malo que no debemos ignorar.

Establece límites en lugar de culpar

Muchas veces las personas usan la culpa porque se sienten indefensas e inútiles en la relación. Usan la culpa porque es la única forma en que pueden protestar por lo que la pareja está haciendo. No obstante, hay una mejor manera. Es mucho más provechoso confrontar a tu pareja con amor, dejarle saber qué no vas a tolerar y establecer límites si la conducta continúa. Esto te brinda la posibilidad de tener otras alternativas, algo de libertad y poder, y no sientes que estás bajo el control de la otra parte. Por ejemplo, Morgan pudo haberle dicho a Travis: «No me voy a quejar más cuando no me llames. Pero esa no es la forma en que quiero que me trates. Así que la próxima vez que prometas que me vas a llamar y no lo hagas, no quiero que nos veamos por un par de semanas. Quiero seguir contigo pero no de la manera en que están las cosas ahora». Hubiera logrado más de esta manera que usando la culpa. Cuando atribuyes la culpa nunca se soluciona realmente el problema que tienes. Con frecuencia, los límites logran este propósito, y de ese modo eliminan la necesidad inicial de echarle la culpa a otro.

Perdona

Otra razón por la que la gente continuamente echa mano de la culpa es porque tienen dificultad en perdonar a su pareja. El perdón es cancelar una deuda que alguien tiene. En algún momento todos necesitamos perdón, y todos se lo debemos a alguien. Muchas veces no perdonamos porque sentimos que es injusto y que la otra persona va a quedar impune. Por esto tenemos un Salvador, porque la alternativa es peor. El problema de incapacidad para el perdón es muy real. Para resolverlo, es importante recordar que tenemos un Salvador que nos ha perdonado en el nivel más profundo, y que nos exige que echemos a un lado el deseo de venganza o de justicia perfecta (Mateo 6:12–15), de la misma manera que él lo hizo por nosotros. Deja a un lado la ofensa y la necesidad de venganza o justicia perfecta. Establece límites en lo que se puede cambiar. Perdona lo que no. Y evalúa si esta es una relación que quieres fundamentar en estos dos aspectos.

Laméntate

Aunque el perdón es objetivo por naturaleza, el lamentarse es su componente emocional. Cuando cancelamos una deuda estamos renunciando al derecho de demandar un desquite. Esa renuncia trae consigo pérdida y un sentimiento de tristeza. Esa es la esencia de lamentarse. Los que acusan sienten coraje, pero es el tipo de coraje que no soluciona problemas. A fin de cuentas, el coraje debe dar paso al lamento y la tristeza. Esto significa que estás diciendo: «Perdí», porque es cierto. Quizás hayas perdido una batalla para que otro cambie, o para que vea las cosas a tu modo, o para que sencillamente entienda lo mucho que te ha lastimado. Deja de pelear batallas que no merecen ganarse, o que no tienen posibilidad de ganarse. Eso es lo que Dios hace todos los días. Él lo deja pasar y se siente triste por la forma en que conducimos nuestras vidas (Mateo 23:37).

Estos pasos requieren algo de esfuerzo, pero establecerán límites eficaces al poder negativo de la culpa en tu relación.

Consejos para el camino

- Aprende a oír las críticas con humildad y reprime la urgencia de reaccionar a la culpa.
- Usa la culpa como una señal para descubrir si tienes miedo, te sientes juzgado o te sientes triste por una falta.
- Asume una postura firme en cuanto a preocuparte más por el estado de tu propia alma que por el de tu pareja.
- Acepta los aspectos negativos de tu pareja y trabaja con las realidades, en lugar de quedarte estancado en la protesta, el argumento y la culpa.
- Pídele a personas de confianza que te digan cuándo estás jugando el juego de la culpa.
- Sé un perdonador y haz del perdón mutuo una parte de la cultura de tu relación de citas.

Parte 4

CÓMO SOLUCIONAR LOS PROBLEMAS EN LAS CITAS... CUANDO TU PAREJA ES EL PROBLEMA

Capítulo 15

Dile no a la falta de respeto

Cindy se había divorciado hacía dos años y finalmente se sintió lista para ingresar de nuevo al mundo de las citas. Conoció a Craig y de inmediato se volvieron inseparables. Él era muy listo y atento. Una de las cosas que más le atraía de Craig era su capacidad de relacionarse con ella como mujer. Su primer esposo había sido algo así como un hombre machista y ella se había sentido en un mundo totalmente distinto al de él. Pero Craig se sentía cómodo con ella y podía hablar de emociones y de los asuntos más profundos de la vida como alguien que entendía de lo que se trataba. No solo eso, sino que tampoco le molestaba estar con las amigas de Cindy. No existía ese tipo de distancia chauvinista que tienen algunos hombres.

Sin embargo, sí tenía un problema. Lo notó por primera vez cuando salieron a cenar a un precioso restaurante en el centro de la ciudad. Cindy se sentía halagada por la atmósfera y se sintió aun más atraída hacia las atenciones de Craig luego de que los acomodaron en su mesa. Entonces la mesera de las bebidas, una rubia impresionante, apareció y les preguntó si querían algo de tomar o algún aperitivo. En el rostro de Craig se dibujó una mirada seductora y le dijo:

—No, gracias, a menos que estés en el menú.

La mesera sonrió sorprendida y se fue. Cindy sintió una gran conmoción y dolor.

—¡Realmente me humillaste con ese comentario! —le dijo a Craig.

—¿De qué estás hablando? Solo estaba haciendo una broma —dijo él levantando las manos—. Deja de exagerar.

Confundida, Cindy se calmó y trató de ajustar su actitud. Luego pasaron el resto de la velada muy placenteramente.

Cindy borró el suceso de su mente hasta que, un par de semanas después, Craig le dijo algo extraño a una de sus amigas en una fiesta. Liz se había estado quejando de su ex novio con la pareja. Craig dijo: «El tipo debe estar loco para tratarte de esa manera. Si tuviera a alguien con tu apariencia y tu cerebro, le estuviera dando gracias a mi buena suerte». Una vez más, cuando Cindy lo confrontó, él le dijo: «¿Por qué no me dejas ser yo? Solo estoy diciendo cosas a la ligera».

El resto de la relación parecía ir tan bien que Cindy no quería arriesgar mucho por un poquito. Pero sus sentidos estaban muy alertas, y comenzó a llevar cuenta de la frecuencia con la que Craig coqueteaba con otras chicas estando ella con él. Mientras más se involucraban, con más frecuencia parecía ocurrir.

Cuando Cindy le comentó a una amiga sobre esto, ella le contestó: «Míralo de esta manera. Quizás es la única manera en la que puede entablar una conversación con una mujer. Además, al menos lo hace delante de ti. Eso quiere decir que se siente tan comprometido contigo que no tiene por qué ocultarse». Había bastante sentido común en lo que le dijo la amiga como para que Cindy dudara de sus sentimientos. Sin embargo, no podía conseguir sencillamente dejarlo pasar.

La peor parte era el poco aprecio de Craig hacia su incomodidad por su coqueteo. A él parecía no importarle o no entendía lo difícil que esto era para ella, aun si fuera cierto que todo se trataba en realidad de una reacción exagerada de parte de ella. Si hubiera mostrado algún interés por sus sentimientos, le hubiera molestado menos el flirteo como tal. Y, mientras más observaba, la desatención de Craig por sus sentimientos no se limitaba al asunto del coqueteo. Con el tiempo él se volvió más y más insistente en sus maneras y sus opiniones, y menos interesado en las de ella. En cualquier momento que ella tenía una opinión diferente, la respuesta de Craig era siempre para minimizar su punto de vista y protestar por su inocencia.

Cindy conoció a algunas mujeres que habían conocido a Craig en su vida anterior y descubrió que sus experiencias habían sido similares. Craig podía conectarse muy bien con la persona que estaba saliendo mientras que no hubiera cerca otras mujeres y todo fuera bien con ella. Pero cuando se presentaban conflictos o había otras mujeres cerca, perdía la conexión con su pareja.

Cindy comenzó no solo a confrontar a Craig por lo inapropiado de su conducta, sino que también empezó a actuar. Cuando coqueteaba en su presencia, ella tomaba su cartera sin hacer mucho ruido y se iba a casa, dejándolo a él con la tarea de explicar por qué ella se había ido. Le dijo: «No me voy a quedar para experimentar tu inmadurez y mi humillación, aun si no piensas que eso es lo que está pasando». Este asunto finalmente terminó por separarlos. Cindy estaba destrozada pues realmente Craig le gustaba mucho. Pero no podía visualizarse casada con alguien que era maravilloso cuando estaban de acuerdo, pero atropellaba sus sentimientos cuando no era así.

La murmuración es un problema

Una de las cosas que más molesta a las personas es la murmuración. Cuando haces esto, te expones a que la persona ofendida quiera pelear contigo porque considera esto como una falta de respeto o una violación al honor. No importa la clase social de la persona sobre la que se murmura, hacer esto es un tabú. Es indicativo de un tipo de desatención hacia los derechos y el carácter de la otra persona.

En el mundo de las citas también existen problemas con esta práctica. Sin embargo, más que hablar a espaldas de una persona, el problema aquí consiste en faltar el respeto a la pareja de uno en las citas. La falta de respeto es un serio obstáculo para la cercanía, la intimidad y las probabilidades de alcanzar el éxito marital.

El respeto es un elemento necesario para que crezca el amor entre cualquier pareja. Todo individuo tiene que sentirse respetado por la persona a quien está conociendo. Esto implica tener estima o atención hacia todos los asuntos de la otra parte. El respeto es diferente a la empatía, aunque bien es cierto que cualquier relación necesita que ambas cosas vayan mano a mano. La empatía es la habilidad de sentir las experiencias de otro, en especial las dolorosas. El respeto es la habilidad de valorar las experiencias de otro. Por ejemplo, un chico puede abstenerse del deseo de presionar sexualmente a su novia por cualquiera de las dos razones. Puede sentir una profunda compasión por el dilema en el que la está poniendo. O puede contenerse porque respeta el derecho que ella tiene de tomar sus decisiones morales. Las relaciones funcionan mejor cuando están presentes tanto la empatía como el respeto.

Cuando hay respeto, la otra persona siente que puede ser libre de ser quien verdaderamente es. Puede ser sincera, y aun así sentirse segura y vinculada. No se preocupa por que la ataquen, la humillen o la traten mal. Cuando el respeto no existe, mucha gente se sentirá controlada, desatendida o lastimada por alguien que no se preocupa por sus necesidades y sentimientos.

Si deseas que te respeten no estás pidiendo que te traten de una forma especial. El respeto no es adoración. Tiene que ver más con ser tratado de la manera en que te gustaría ser tratado, y esta es la ley de oro de Jesús (Mateo 7:12). Implica acciones como las siguientes:

- Que tu opinión se escuche y se valore.
- Que se validen tus diferencias y desacuerdos.
- Que se estimen tus decisiones, aun las incorrectas.
- Que se respeten tus sentimientos.
- Cuando estés equivocado, que te confronten respetuosamente, no con reproches ni con mimos.

Craig tenía varios problemas de falta de respeto. Primero, no respetó la necesidad de Cindy de que la tratara de un modo especial cuando estaba rodeado de otras mujeres. Se rió de su coqueteo como algo inofensivo, aun cuando las otras mujeres también se sentían incómodas. Segundo, y más importante, Craig no respetó la necesidad de Cindy de que considerara sus sentimientos cuando la lastimaba. Estaba tan decidido en su manera de actuar que no pudo ver el efecto que tenían en ella sus acciones.

Cómo ocurre la falta de respeto

La falta de respeto florece cuando alguien valora sus deseos personales por encima de los de su pareja. Puede que no esté tratando activamente de herir a la otra persona. Por el contrario, los sentimientos, la libertad y las necesidades de la otra parte se atropellan o se ignoran a causa de la determinación de la persona de hacer las cosas a su manera. La naturaleza de la falta de respeto tiende a ser más egoísta que maliciosa, aunque esto último también ocurre.

La gente involucrada en una relación de citas necesita saber que se respetan sus sentimientos, necesidades y libertades. Cuando alguien se siente incómodo en una situación de tipo sexual, o se siente herido por un comentario sarcástico, o se enoja por una promesa rota, es una señal de que algo anda mal. La otra persona necesita tomar en serio estos sentimientos. La pareja necesita hablar sobre lo que provocó esto y solucionar el problema.

La falta de respeto puede evidenciarse de diferentes maneras y usualmente incluye alguna violación a la libertad:

- Dominio: La persona no quiere oír un no de su pareja. Cuando esta no está de acuerdo, ella intimida, amenaza o se enfurece. Se siente ofendida por la libertad de decidir de su pareja. Por ejemplo, una mujer quiere que su novio pase muchísimo tiempo con ella. Cuando él le dice que prefiere hacer otras cosas, ella le falta el respeto a la libertad de su pareja poniéndose furiosa y diciéndole que esto pone en riesgo la relación.

- Distanciamiento: Una persona se aleja cuando la otra ejerce su libertad o tienen alguna diferencia. Puede aislarse, malhumorarse o guardar silencio. Pero lo que hace es castigar pasivamente a su pareja por su desacuerdo. Por ejemplo, una mujer quiere salir con sus amigas una noche en que su novio quiere que ella salga con él. Aunque él no se queja, tampoco la llama o le habla por algún tiempo. Le está demostrando que no respeta su libertad.
- Manipulación: Una persona exhibe falta de respeto a través de estrategias sutiles que tienen el propósito de hacer que la otra parte de la relación cambie de idea. Una mujer puede llorar o fastidiar para que su novio le ayude a pintar su apartamento cuando él no tiene el tiempo.
- Violación directa: La persona falta el respeto al continuar la misma acción, aun cuando se le ha pedido que no lo haga. Un hombre puede cancelar de forma repetitiva sus citas en el último momento. Sin importar que ella le diga lo mucho que esto le molesta, él lo sigue haciendo.
- Minimizar: Una persona dice que los sentimientos negativos de la otra parte son simplemente una exageración.
- Atribución de culpa: Cuando, digamos, el hombre habla del problema y la mujer le dice que él es el responsable de la situación de la que se queja. Por ejemplo, un hombre le dice a su novia que le duele cuando ella se burla de él en público. Ella podría responder con: «Si me prestaras atención no tendría que recurrir a eso».
- Racionalización: La otra persona niega su responsabilidad por la causa del problema. Por ejemplo, el que llega crónicamente tarde a su cita excusa el dolor que siente su pareja diciéndole: «Entiendo tus sentimientos pero fue el congestionamiento de tráfico en la autopista, no yo».

Respetar a otros no quiere decir que tienes que estar de acuerdo con ellos. Tampoco significa que tienes que complacer lo que ellos quieren. Lo que implica es que sus sentimientos importan porque esas emociones pertenecen a una persona que te importa. Escucha, entiende y trata de ayudar en la situación.

Margaret estaba saliendo con Mike, quien viajaba mucho a causa de su negocio. Cuando la relación comenzó a formalizarse, ella quiso tener más contacto con él, lo cual tenía sentido. Margaret quería que Mike la llamara todas las noches mientras estuviera de viaje. Esto era muy difícil para él, casi imposible, debido a los horarios de vuelos y a la agenda de reuniones. Trataba de llamarla, pero cuando no podía hacerlo, ella se sentía lastimada y no amada. Él trató con más ahínco, pero tampoco funcionó. Finalmente le dijo: «Realmente me importas mucho, pero no puedo hacer más de lo que estoy haciendo. ¿Podemos solucionar esto de alguna otra forma?» Margaret meditó en esto y se dio cuenta de que Mike no era el problema. Ella había sufrido abandono durante toda su vida al tener un padre que se fue y no regresó. Se percató de que estaba colocando su abandono sobre él, y al mismo tiempo, comenzó a lidiar con el asunto de su padre. Margaret acordó que Mike la llamaría si podía hacerlo, y eso sería suficiente. Mike respetó sus sentimientos y la pareja usó la información para solucionar el problema real.

Si tus sentimientos, tiempo, opinión y valores no han sido respetados, necesitas tomar algún tipo de acción. Puede que necesites romper el silencio y traer el asunto a la luz. Puede que necesites presentarlo como algo serio que no debe pasarse por alto. Puede que necesites establecer consecuencias en caso de que vuelva a ocurrir. Conocí a una mujer que era el blanco de las bromas de su pareja siempre que estaban con amigos. Finalmente, ella comenzó a ir a las actividades en su carro para tener la libertad de irse si él empezaba a faltarle el respeto. Solo hicieron falta pocos incidentes de estos para que él se diera cuenta de que hablaba en serio y las cosas mejoraron.

El progreso de la falta de respeto

No nacemos respetando a los demás. En lugar de esto, comenzamos a vivir muy preocupados por nuestras vidas y escasamente conscientes de las necesidades de los demás. Al madurar, sin embargo, las demás personas comienzan a entrar al panorama. Con el tiempo, se supone que aprendamos que las necesidades y sentimientos de los demás son importantes. Pero esta es una habilidad aprendida, no innata.

Algunas veces una persona sale con alguien que parece ser muy respetuoso al principio. Ellos escuchan, reconocen las opiniones de los demás y con frecuencia, difieren de ellas. Entonces, cuando la pareja comienza a sentirse mutuamente más cómoda, el respeto parece disiparse, y la persona ofendida se siente desvalorizada o denigrada. Esta se preguntará con frecuencia: *¿Cómo perdió el respeto que sentía por mis sentimientos? ¿Es que acaso la familiaridad engendra menosprecio?*

La realidad es diferente. La gente respetuosa no pierde el respeto con el tiempo, lo aumenta. Cuando la relación se profundiza, establecen lazos más profundos con la persona y respetan esos aspectos adicionales que antes no conocían. Quizás se vuelvan más casuales y confortables, pero todavía se preocupan por los sentimientos de la otra persona. Esto es un rasgo de carácter. Es estable y no depende de las circunstancias. Así que las personas que con el tiempo parecen perder el respeto, con toda probabilidad, *nunca han tenido un respeto verdadero por las necesidades y sentimientos de los demás.* Quizás puedan socializar en el exterior, conocer la etiqueta y las reglas de la sociedad, pero sus corazones todavía están enfrascados en salirse con la suya. Así que si notas un aumento en la falta de respeto, probablemente estás comenzando a ver cómo se manifiesta algo que estaba escondido.

Decir y hacer

Otro aspecto importante al notar la falta de respeto es que esta se evidencia en lo que hacemos, no en lo que decimos que vamos a hacer. Cualquiera puede disculparse y decir que cambiará. Esto exige cierto grado de crecimiento en el carácter, pero no tanto como realmente cambiar y hacer lo que prometemos.

Por ejemplo, el hombre que crónicamente rompe sus citas en el último momento podría realmente oír lo mucho que esto lastima a su novia. Puede disculparse de todas las formas posibles. Y puede prometer que, desde ese día en adelante, cumplirá sus compromisos. Sin embargo, todavía tiene la tendencia a comprometerse con más cosas de las que puede cumplir y comienza a fallar. El fallar no es una falta de respeto. Sin embargo, sí es irrespetuoso fallar continuamente en un área que hiere a otra persona y no dar los pasos necesarios para resolver el problema. No excuses la falta de respeto ni en palabra ni en acción.

Qué no cura la falta de respeto

A fin de cuentas, la falta de respeto en una relación tiene que ver con el carácter. Esta puede ser causada por el orgullo, el control, la falta de comprensión y otras razones. He aquí algunas cosas que no curan un patrón de falta de respeto.

Terminar la relación inmediatamente

Demasiadas personas que tienen dificultad para establecer límites simplemente abandonan la relación cuando se topan con la falta de respeto. De la noche a la mañana, terminan la relación, y lo atribuyen a que ya no van a lidiar más con la falta de respeto. Esta es una forma triste e inútil de solucionar el problema. Hay muchas cosas que puedes hacer, como te mostraremos, antes de tener que terminar con todo. *Las citas deben ser la plataforma en la que solucionas los problemas mientras estás en una relación, en lugar de terminar la relación cuando experimentas los problemas.* Terminar la relación prematuramente tampoco augura un buen futuro para tus años de matrimonio, ni para cualquier otro tipo de relación. Aprende a lidiar con la falta de respecto antes de terminar las cosas.

La complacencia

Tratar de complacer a una persona irrespetuosa con la que estás saliendo es algo bastante inefectivo. Aunque la complacencia parece aminorar la batalla, no puede ganar la guerra. La falta de respeto tiene el egocentrismo como médula. La complacencia crea la ilusión de que la falta de respeto no tiene consecuencias, así que el orgullo permanece, y hasta puede empeorar.

Todos tenemos el llamado a amarnos los unos a los otros, aun a los irrespetuosos: «Éste es mi mandamiento: que se amen los unos a los otros» (Juan 15:17). Pero el amor no se conforma. Mientras que amar a otros significa tomar una postura por lo mejor que hay en ellos, la complacencia los rescata de las consecuencias de su pecado e inmadurez. Por ejemplo, supongamos que estás saliendo con alguien que tiene un temperamento violento. Cuando se enoja, se vuelve perverso y crítico hacia tu persona, y le falta el respeto a tu necesidad de seguridad. Puedes actuar conforme a su coraje, calmarlo y asumir la responsabilidad por su enojo. Esto puede apaciguarlo por un tiempo, pero no curará el problema de carácter con el que está luchando: «El iracundo tendrá que afrontar el castigo; el que intente disuadirlo aumentará su enojo» (Proverbios 19:19). Una buena fuente para más información sobre la complacencia con la falta de respeto es nuestro libro *Límites*.

La venganza

Es perfectamente natural desear pagar la falta de respeto con falta de respeto. Si tu pareja sale con otras personas, tú también sales con otras. Quieres que sepa cómo hace sentir esto. El problema es que lo que es natural no es siempre resultado de la madurez. Somos, por naturaleza, legalistas vengativos: ojo por ojo. Sin embargo, cuando todo se ha dicho y hecho, la venganza es ineficaz. Por esto Dios envió a Jesús: la ley fracasó en hacernos gente justa. Cuando optas por la venganza, tiendes a recibir o una sumisión de mala gana de parte de la otra persona, o un aumento en la falta de respeto. Ninguna de las dos cosas toca el corazón de la persona ni el problema. Deja clavados en la cruz de Cristo los deseos de venganza: «Si es posible, y en cuanto dependa de ustedes, vivan en paz con todos» (Romanos 12:18).

Quejas sin consecuencias

Como mencionamos en nuestro libro dirigido a los padres, *Boundaries with Kids* [Límites con los niños], establecer límites sin establecer consecuencias es una forma de molestia constante. El que falta el respeto entiende que su mayor problema no es lo hiriente de su conducta, sino solo el fastidio de tus quejas. Hay muy poca motivación para crecer y cambiar. Cindy, quien al principio del capítulo luchaba con las coqueterías de Craig, simplemente se quejaba por su conducta. Sin embargo, fue mucho más tarde que estableció los límites de regresarse a la casa cuando él se comportaba de forma inapropiada. Al final terminaron la relación, pero al menos la consecuencia forzó un tipo de cambio. Si solo se hubiera seguido quejando con Craig, ¡quién sabe hasta cuando hubieran seguido en este callejón sin salida! Si te quejas por la falta de respeto y estableces un límite, tienes que prepararte para también establecer una consecuencia que apoye tus palabras.

Qué cura la falta de respeto

Para terminar, si te encuentras en una relación de citas donde hay falta de respeto, he aquí algunas acciones que pueden ayudar mucho para resolver esta situación.

No esperes para lidiar con esto

Como mencionamos antes, la mayoría de las veces la falta de respeto es un problema de carácter. Una característica de los problemas de carácter es que no se resuelven meramente con el tiempo. Necesitan la intervención de la verdad y la gracia para resolverse. Mientras más te demores en lidiar con la falta de respeto, más puedes esperarla. Exige respeto hoy y tendrás más oportunidad de recibirlo: «aprovechando al máximo cada momento oportuno, porque los días son malos» (Efesios 5:16). Esto no significa establecer en la primera cita un repentino libro de reglas. Sin embargo, sí quiere decir que cuando tu pareja ignore tu petición de llevarte a casa a una hora específica porque se está divirtiendo mucho, trates el problema en ese momento y lugar.

Conoce a tu pareja en el contexto de otras relaciones

Algunas veces quizás te cuestiones si solo estás reaccionando de forma exagerada o estás muy sensible. Por ejemplo, tu novia es inconsistente cuando te dice que va a estar en un lugar y te pasas una eternidad esperando por ella. Sin embargo, te dice que eres controlador y exigente. Quizás sea cierto. Así que rodéate de sus amigos y familia. Descubre qué dicen las personas que la conocen sobre sus hábitos. Puede que digan que nunca ha sido irresponsable. O también pueden decir que ella no tiene noción del tiempo y que a ellos también los vuelve locos. Esto no es espionaje. Es la forma en que las personas llegan a conocerse. Las citas no deben darse en el vacío.

Di no

Una simple prueba de falta de respeto es no estar de acuerdo sobre una preferencia y esperar a ver qué pasa. Una persona respetuosa escuchará, negociará y llegará a algún tipo de compromiso mutuo. Un irrespetuoso buscará la manera de cambiar el no por un sí.

Trata la falta de respeto como un problema

Dile a tu pareja que te sientes controlada, ignorada y desatendida con respecto a esta área. Déjale saber que esto te lastima y que provoca que te alejes. Algunas personas pueden faltar el respeto solo por ignorancia. Dominan porque nadie les ha establecido suficientes límites, pero también son personas de buen corazón. Si le hablas de tus sentimientos a la persona ignorante, lo más probable es que quiera cambiar, pues está comprometido con la relación y no desea controlarte. No obstante, otros individuos son irrespetuosos porque se preocupan más por ellos mismos que por la relación. Cuando les hablas de tus sentimientos, lo más probable es que racionalicen, lo nieguen y culpen a alguien; cualquier cosa menos cambiar. Esta es una importante señal de peligro.

Clarifica

Sé muy clara y específica sobre varios aspectos del problema:

- Qué te molesta de la conducta irrespetuosa: *Tú ignoras mis opiniones cuando hablamos de algún problema.*
- Qué sentimientos surgen en ti: *Me siento lastimada y distanciada.*
- Cómo quieres que te traten: *Debemos darnos el mismo tiempo y respeto cuando discutimos un asunto.*
- Qué harás si la situación no cambia: *Es muy probable que no te vea por algún tiempo, hasta que seas capaz de ver que esto es un problema muy serio.*

Involucra a otros

No hagas esto solo o sola. Busca apoyo, opinión y pruebas de la realidad de parte de amigos confiables. La falta de respeto puede evocar ciertos rasgos infantiles de nuestra naturaleza que anhelan complacer a personas hirientes con el propósito de ganar su amor. Si tenemos heridas de la niñez en las que tratamos de reparar el daño causado por padres distantes o críticos, corremos el riesgo de quedar atrapados en la falta de respeto. Por esto algunas personas soportan las relaciones más irrespetuosas que cualquiera pueda imaginar. Rodearte de personas sanas puede liberarte para lidiar con el problema.

Asume tu responsabilidad

Recuerda que puedes estar facilitando la falta de respeto, y saca la viga de tu ojo antes de remover la astilla del ojo de tu pareja (Mateo 7:3–5). Tu parte pueden ser ciertas cosas:

- No decir nada, lo que puede implicar consentimiento
- Tratar la situación con poca seriedad, o como algo gracioso o bonito en tu pareja

- Vacilar entre no hacer nada y explotar en ataques de ira, lo que transmite un mensaje confuso
- Asumir que todo es tu culpa y tu problema en vez de ser de tu pareja

Asume tu responsabilidad en el asunto. Cambia lo que tienes que cambiar. Pero exige que la persona con la que estás saliendo te trate respetuosamente. En nuestra experiencia, cuando haces esto, tiende a pasar una de dos cosas: recibes más respeto de quienes tienen para darlo, o te dejan los que no lo tienen. Ambos son buenos resultados.

Consejos para el camino

- Respeta y estima los pensamientos, sentimientos y decisiones de tu pareja; exige el mismo tipo de tratamiento para ti.
- Trata el asunto de la falta de respeto temprano en la relación. Si sientes que no te respetan y no estás seguro o segura de qué está pasando realmente, pregúntale a tu pareja y comienza el diálogo al respecto.
- Haz una distinción entre diferencias y falta de respeto. Pueden estar en desacuerdo y aun enojarse el uno con el otro respetuosamente.
- Evita la tendencia a pasar por alto la falta de respeto con la esperanza de que va a mejorar con el tiempo. Comienza a examinar si es curable.
- No trates de apagar el fuego con fuego. Comienza con vulnerabilidad y muestra tu deseo de que mejore la relación.
- Evalúa si estás facilitando la falta de respeto colocándote en una posición inferior en la relación.

Capítulo 16

Córtalo antes de que crezca

—No entiendo qué pasó —me dijo Todd (Dr. Cloud)—. Todo parecía ir muy bien y un buen día sencillamente me dijo que no quería estar más conmigo. Tenía mucho coraje con relación a muchas cosas.

—¿Tuviste algún aviso? —le pregunté—. ¿Te dio alguna señal?

—Bueno, puedo decir que algunas veces notaba que estaba un poco incómoda. Hice cosas que a ella no le gustaban pero nunca pensé que fuera algo tan importante. Como cuando llegaba tarde, o salía con mis amigos sin decirle nada. O a veces cancelaba una cita con ella para ir a jugar baloncesto si surgía algún buen partido. Ese tipo de cosas. Pero nunca pensé que fuera la gran cosa —meditó.

—A mí me parece que sí era la gran cosa —le dije.

Luego oí la versión de Mary. No cabe duda de que era un tanto diferente.

—Llegó a un punto en que ya no pude soportar más. Él era demasiado desconsiderado —comenzó a contarme—. Sencillamente no llegaba a las actividades que habíamos planificado. Le pedía que me dejara saber, pero nunca lo hacía. Siempre tenía una razón como: «Es que el partido se puso bueno», o algo así por el estilo. Nunca era su culpa, pero prefería los deportes antes que a mí.

—¿Se lo dijiste? —le pregunté.

—Lo intenté varias veces pero él realmente no me escuchaba. Y nunca hubo ninguna diferencia en su conducta. Todd sencillamente hacía lo que quería hacer y se suponía que yo estuviera contenta con eso.

—¿Trataste alguna vez de establecer algún tipo de límites? —le pregunté.

—¿Cómo cuáles? —me devolvió la pregunta.

—Como decirle que si no llegaba a tiempo o si no cumplía con una cita, podría olvidarse de que salieran juntos en la noche, o esa semana. Que tú harías algunos planes en los que pudieras confiar —le cuestioné.

—Eso me parece muy fuerte —me dijo. Nunca haría nada así. Es demasiado rudo.

No le dije que me parecía menos rudo que un rompimiento repentino sin ningún aviso.

El problema en la relación de Mary y Todd es uno común. Hay una persona en la relación que probablemente no es alguien tan malo. Pero a él o ella (en este caso, Todd) siempre se le ha permitido salirse con la suya con ciertos patrones de carácter en los que se aprovechan de la amabilidad de la otra parte y no tiene responsabilidad con la relación. Usualmente, hay un patrón de falta de consideración.

En las citas, esto puede ser el tipo de cosas con las que Mary tuvo que lidiar. O puede ser presión física, o actitudes, o cualquier otra manera en la que una persona puede lastimar a otra. Y la fórmula que Mary no conocía es esta: *En las relaciones, recibes lo que toleras*. ¿Por qué? No estamos seguros. En parte es porque la gente que le permite a otros salirse con la suya parece atraer al tipo de personas que desean que se les permitan comportamientos menos que considerados. Otra razón parece ser que cuando no tenemos buenos límites uno con el otro, hay un retroceso de parte de la persona a la que se le permite ser menos que madura.

En cualquiera de los casos, puedes apostar que la mayor parte de las veces, especialmente en el mundo de las citas, *recibirás lo que toleres*. Y si eres como Mary, recibirás tanto de esto hasta que ya no puedas soportar más y estarás otra vez solo o sola.

Una manera mejor

Creemos que hay una manera mejor. Establece tus límites temprano. Preséntalos con claridad. Impleméntalos y manténte firme en ellos. En pocas palabras, córtalo —sea cual sea el problema— antes de que crezca, y no permitas que la yerba mala crezca en el jardín de tu relación.

Si eres del tipo de persona que consientes en que te traten de cierta manera al principio de una relación, estás permitiendo que ciertas cosas tengan cabida en la misma, y estas cosas más tarde crecerán. Hay dos peligros en esto. Primero, si la persona es alguien a quien puedes llegar a amar, no quieres que esas dinámicas se inmiscuyan en la relación. Segundo, si la persona no es alguien a quien puedes llegar a amar, lo que quieres es que se tropiece con ciertos límites y se vaya lo más pronto posible. Siempre es mejor «cortarlo antes de que crezca».

Esto se parece a la idea que discutimos en «Acostúmbrate ahora, paga después», pero en ese capítulo hablamos bastante sobre ser quien realmente eres desde el principio de la relación. Y hablamos un poco sobre establecer límites. Aquí queremos recordarte que necesitas fijar el tono lo más temprano posible sobre cómo esperas que te traten para que la persona sepa que él o ella está lidiando con alguien que se respeta a sí mismo y que no tolerará que lo maltraten. Esto arrancará la maleza de las personas orgullosas y disciplinará a los negligentes. Y las dos son buenas acciones.

Alguna maleza que vale la pena confrontar

En Proverbios dice que es algo bueno pasar por alto una ofensa: «El buen juicio hace al hombre paciente; su gloria es pasar por alto la ofensa» (Proverbios 19:11). La paciencia y la habilidad de dejar pasar algunas ofensas son cualidades maravillosas. Nadie quiere estar cerca de una persona irritable y que forma una pelea de cualquier cosa que no sale bien. «Relájate» es una palabra hecha a la medida para tales personas.

Sin embargo, ignorar por mucho tiempo ciertos patrones de carácter negativos puede llevar a un serio problema. Hay algunas cosas, y ciertamente hay más de las que presentamos aquí, que no deben tolerarse por mucho tiempo:

- La falta de consideración con respecto al tiempo y los compromisos
- El incumplimiento de promesas o compromisos
- Los comentarios irrespetuosos que degradan o lastiman de otra manera, ya sea en privado o frente a otros
- Presionar por una relación física más allá de lo que permites
- Transacciones financieras injustas o irresponsables, tales como aprovecharse de tu generosidad o paciencia
- Actitudes de críticas
- Otras formas constantes de herir tus sentimientos que son claramente responsabilidad de la otra persona y no sensibilidades de tu parte
- Conducta controladora

Esto no se aleja mucho del tipo de conductas con las que no puedes vivir, pero algunas son parte de las cosas que están entre esas conductas y ser considerado. Para estar segura, no quieres vivir con ellas por mucho tiempo. Y si aprendes a cortarlas temprano, y tienes consecuencias que apoyen lo que estás diciendo, no tendrás que hacerlo. Pero con volverte fastidioso no llegarás a nada. Establece tus límites y manténte firme en ellos. Dile a tu pareja que hay ciertas conductas que no vas a tolerar y si continúan, él o ella no te verán hasta que aprenda a no actuar de esa manera. Esta es otra ventaja de hacer esto temprano en la relación. Todavía no tienes mucho que perder.

Recuerda, no estamos hablando de decirle a la persona que siga su camino luego de una pequeña ofensa. Si eres así, ¡él o ella hará bien en establecerte a ti algunos límites! No olvides que es una gloria no crear un problema de cada cosa. Pero, si es algo importante, y si es un patrón, entonces trátalo temprano. Te vas a alegrar de haberlo hecho.

Cuentas cortas

Las mejores cuentas son las cortas. Como dice Efesios 4:25-27: «Por lo tanto, dejando la mentira, hable cada uno a su prójimo con la verdad, porque todos somos miembros de un mismo cuerpo. "Si se enojan, no pequen". No dejen que el sol se ponga estando aún enojados, ni den cabida al diablo».

La verdad de decir lo que te molesta es la mejor política. Pero dilo con amor, sin pecar. No devuelvas mal con mal. Ten gracia y amor al expresar lo que no te gusta, pero hazlo sincera y rápidamente. No dejes que el sol se ponga sobre lo que te molesta. En otras palabras, no lo ocultes en la oscuridad. Por el contrario, trátalo el mismo día si es posible. Si no lo haces, el maligno tendrá una oportunidad de obrar en tu relación, ya sea evitando que continúe, o con resentimiento y amargura. Muestra amor, pero di la verdad.

No podemos decirte cuanta miseria podría prevenirse si la gente siguiera este principio. Córtalo rápido. Lograrás una de dos cosas: que no se acerque una persona perversa o que una buena no dé un traspié y se convierta en perversa.

Consejos para el camino

- Recibirás lo que toleres.
- No busques una confrontación por cada situación que ocurra. Si lo haces, te convertirás en un buscapleitos y será difícil estar cerca de ti.
- Sí confronta los asuntos importantes; asuntos de dignidad, consideración, valores y otros por el estilo. Quizás puedas dejar pasar algunas cosas una o dos veces, pero no permitas que se establezca un patrón de falta de respeto.

- Cuando confrontes algo, hazlo pronto, con amor y con total sinceridad.
- Si sigues este consejo, mostrarás respeto por ti mismo, lo que exige respeto de parte de los demás, y lo obtendrás.
- Si sigues este consejo, te librarás de algunas personas realmente perversas. Se alejarán pronto. O ayudarás a algunas muy buenas a ser mejores. De cualquier manera, tú ganas.

Capítulo 17

Establece los límites físicos apropiados

Jenny y Dave habían estado saliendo por algún tiempo. Se estaban divirtiendo, cada vez pasaban más tiempo juntos, compartían más pensamientos y sentimientos, y como es natural, se sentían más cerca el uno del otro. Pasaban mucho tiempo juntos compartiendo intereses mutuos como películas, deportes y actividades espirituales. Sentían que se estaban enamorando.

Físicamente también se estaban volviendo más afectuosos. Los abrazos estaban convirtiéndose en besos. Disfrutaban la cercanía y nunca pensaron que se iban a meter en problemas. Pero los besos se estaban transformando en un deseo más fuerte. Ambos estaban comprometidos con sus valores de abstinencia antes del matrimonio. Así que antes de que la situación se tornara muy ardiente, siempre se detenían. Se sentían muy cómodos el uno con el otro.

Su relación marchó de este modo por algún tiempo, hasta que una noche llegaron demasiado lejos. Habían estado acostados en el suelo viendo videos y sintiéndose muy afectivos y unidos. Comenzaron con un afecto inocente que fue progresando desde ese punto.

Jenny sentía como si casi hubiera ocurrido sin ella estar allí. Sus valores sobre los límites físicos antes del matrimonio eran fuertes, pero aquella noche sus valores parecían estar en algún lugar lejos de su percepción mientras se perdió en la cercanía con Dave. Fue un poco como un torbellino dentro de su cabeza, y en cierta manera realmente se preguntó cómo había pasado.

Más tarde, se sintió mal y con remordimientos por haberse entregado. No había tenido ninguna intención de llegar tan lejos. La culpa era bastante fuerte, pero al mismo tiempo se sentía confundida. Muy consciente de sus sentimientos por Dave, comenzó a preguntarse por qué era tan incorrecto amarlo físicamente. Todo se había sentido tan bien, aun cuando estaba mal. Su mente comenzó a llenarse de duda y confusión. Comenzó a sentir que se estaba alejando de él, a pesar de que estaba más cerca. Ahora no se sentía en nada igual a la persona que había sido antes y se preguntaba qué hacer a partir de allí.

¿Te suena familiar?

Está bien, hablemos. Este es el problema. Tienes más de trece años, eres soltera y tienes un cuerpo que está listo para el sexo. Pero no estás casada. Probablemente estás saliendo con alguien, y te sorprendes en situaciones en las que tu pareja, tú, ambos o sencillamente tu cuerpo está diciendo: «Hazlo». ¿Qué haces? ¿Qué tan lejos es demasiado lejos? ¿Por qué debes esperar? ¿Te estás perdiendo algo bueno y privándote de algo sin ninguna razón? Te preguntas cómo te lastimará, al mismo tiempo que sabes que algo está mal.

El asunto cobra importancia en la relación de citas en la que te encuentras. ¿Todavía me amará si digo que no? O, si realmente lo amas, ¿acaso no dirás que sí? O, si están enamorados, ¿se están perdiendo una expresión natural que enriquecerá su cercanía?

Todas estas son muy buenas preguntas que hacen los solteros, y son el tópico de este capítulo. Echémosle un vistazo.

La gran regla, y más

Si has estado en la iglesia por mucho tiempo probablemente has oído que Dios quiere que la gente reserve el sexo para el matrimonio. Si ese no es tu caso y esto es nuevo para ti, puedo entender la sorpresa que debes estar sintiendo. Para muchas personas, tanto dentro como fuera de la iglesia, esto no tiene sentido. Si se siente tan bien y es bueno para la relación, y ambas personas lo consienten, ¿cuál es el problema?

Para mucha gente la abstinencia sexual es solo una regla religiosa que no tiene sentido. Pero para otros, tiene un valor real que nace de su experiencia con las citas y la soltería. Han cosechado las consecuencias dolorosas que puede traer el sexo fuera del compromiso del matrimonio. Sienten que hay buenas razones para esperar. Y como clínicos que hemos trabajado con tantos que han tomado tal decisión, estamos de acuerdo. Así que examinemos por qué.

Primero que todo, miremos cual es la regla y luego hablemos de ella en el contexto de las citas.

> La voluntad de Dios es que sean santificados; que se aparten de la inmoralidad sexual; que cada uno aprenda a controlar su propio cuerpo de una manera santa y honrosa, sin dejarse llevar por los malos deseos como hacen los paganos, que no conocen a Dios; y que nadie perjudique a su hermano ni se aproveche de él en este asunto. El Señor castiga todo esto, como ya le hemos dicho y advertido. Dios no nos llamó a la impureza sino a la santidad; por tanto, el que rechaza estas instrucciones no rechaza a un hombre sino a Dios, quien les da a ustedes su Espíritu Santo (1 Tesalonicenses 4:3-8).

En este pasaje encontramos no solo la regla, sino también las razones. Examinémoslas una por una.

Santa y honrosa

Está bien, así que no quieres llevar una bata blanca y ser una persona santa. Pero la santidad y el honor son mucho más que eso. Básicamente, la santidad significa pureza y ser separados para un propósito mayor. Honor quiere decir que algo tiene un gran peso. Cuando busqué la palabra griega usada aquí para honor, esta se traduce literalmente por cosas como «dignidad, precioso, de alto precio o valor, o alta estima». En esencia, Dios no está diciendo que te conviertas en un espécimen raro deambulando en el desierto y que no es romántico o sexual o apasionado. Él creó cada una de esas cosas. Él quiere que las tengas, y él mismo se parece mucho a eso.

Sin embargo, lo que comienza diciendo es que el sexo no es algo casual. Es santo, separado para un propósito mayor y tiene *gran valor, dignidad y estima*. De hecho, es la expresión más sublime que le puedes dar a otra persona de tu amor romántico por él o ella. Es el valor más preciado que tu cuerpo posee para darlo a la persona con la que tienes una relación romántica. Y por esa razón, al igual que otras cosas de mucho valor, gastarlo casualmente o sin sabiduría es una tontería, y al final te sentirás defraudado. Habrás gastado todo lo que tienes y quizás no te quede nada por mostrar después que la música se haya apagado.

Amanda se sintió así cuando ella y Monte terminaron. Había pensado que él era su Príncipe Azul. Él se había comportado con ella de esa manera y habían hablado mucho de estar juntos para siempre. Estaba segura de que él la amaba, y Monte hablaba de un día comprometerse, «cuando él estuviera realmente listo». Esto significaba para él cuando su carrera estuviera un poco más sólida. Deseaba estar más estable en su profesión antes de casarse y quería esperar. Eso le pareció muy bien a Amanda. Ella estaba segura de que lo amaba.

Pero él no quería esperar para el sexo. El matrimonio y el compromiso podían estar en el futuro, pero ¿por qué debían esperar para disfrutar el uno del otro? Así que comenzaron a dormir juntos. Después de todo, algún día se casarían.

Pero, como resulta a menudo en esta historia común, Monte decidió más tarde que sencillamente no veía el matrimonio en su futuro inmediato. Por cierto, estar en una relación en ese momento de su vida también estaba comenzando a parecerle muy limitante. Así que rompieron.

Amanda estaba destrozada. Sentía como si le hubieran arrancado el corazón del pecho. Esto, para ella, no era solo un rompimiento. Era más que eso. Sintió como si hubiera perdido una parte de sí misma cuando Monte se marchó. Ella pensaba que estarían juntos para siempre y se había entregado por completo a él. Por eso sintió que mucho de ella también se había marchado. En resumen, lo había gastado todo y se quedó sin nada que mostrar por haberse entregado. Se sintió defraudada, vacía y traicionada.

En contraste, hace poco hablé con un hombre que también «había encontrado a su princesa». Iba camino al matrimonio. Pero, luego de haber tenido varias experiencias como la de Amanda, había decidido esperar. Habían planificado casarse al final del año.

Cuando las cosas comenzaron a tomar más formalidad, la novia de este hombre también decidió que el matrimonio no era para ella en aquel momento de su vida. Así que decidió terminar con la relación. Él lo lamentó mucho, pues realmente la amaba y quería estar con ella. Pero, en contraste con ocasiones anteriores en su vida, no quedó hecho añicos. Fue capaz de sobreponerse a la pérdida en un modo distinto a las otras veces. Parte de la razón para su capacidad de seguir adelante con el corazón intacto fue debido a su decisión de no tener sexo. Fue como si hubiera resistido con fuerza hasta que fuera seguro y como nunca fue seguro, la perdió a ella, pero él todavía estaba intacto. Se sintió más completo, y como si tuviera más integridad. ¿Por qué? Porque hay un vínculo entre el sexo y el corazón.

¿Cuál es la primera lección? Es que el sexo está separado para un propósito y tiene un gran valor. Es para un compromiso de por vida y necesita ser estimado. En un sentido físico y espiritual, *es todo lo que puedes darle a alguien.* Por lo tanto, no debe entregarse fácilmente. De la misma manera en que no entregas tu vida a cualquiera sino a la persona con la que te casas, así también tu cuerpo solo debe pertenecerle a tu cónyuge. *Es todo lo que tienes*. No lo desperdicies. Entrégalo a esa persona que se va a entregar a ti para toda la vida.

Autocontrol

Josh había hecho el compromiso de esperar con respecto al sexo. Entonces comenzó a salir con Marty. Su personalidad espontánea, vivaracha, cariñosa, inteligente y llena de vida estaba llamando su atención. En realidad, lo que más le gustaba de ella era lo llena de vida que parecía estar y la forma en que le hacía frente a la vida.

Le gustaba su naturaleza de espíritu libre, pero cuando se trataba del aspecto físico, Marty quería llegar más allá del nivel en el que él se sentía cómodo. Josh detenía sus interacciones y ella intentaba continuar. Él le decía que no y ella comenzaba a actuar con recato y coquetería, y luego ejercía más presión. Cuando le decía no a esto, ella se mostraba molesta o se sentía herida y ponía mala cara.

Intentaba hablar con ella y Marty le respondía: «¿Por qué haces tanto alboroto? ¿Por qué no podemos divertirnos un poco? Si nos gustamos mutuamente, no hay ningún problema con esto». Josh le explicó de su compromiso espiritual y sus creencias sobre el sexo, y ella le dijo que estaba de acuerdo, pero que de todos modos pensaba que no habría problemas si realmente te gustaba alguien. Él realmente no entendía la forma de pensar de ella.

Luego comenzó a notar algo. En otras áreas de su relación ella hacía lo mismo. Cuando él quería hacer algo distinto a lo que ella quería, a Marty no se le hacía fácil respetar sus deseos. Josh no quería ejercer un control absoluto, solo quería un mutuo toma-y-dame. Pero parecía que las cosas marchaban bien con ella si eran también lo que ella quería. Y tenía dificultades si lo que él quería no era su primera alternativa.

Finalmente, aunque le encantada la actitud de «hacer frente a todo» que tenía Marty, se dio cuenta de que ella no era capaz de ser feliz si no se hacían las cosas a su manera, y el sexo era solo una señal de un problema de carácter mayor en relación con el retraso de la gratificación. Le atraía el gusto que ella tenía por la vida, pero estaba comenzando a parecer egoísta. Le causó tristeza reconocer esto, pero estaba siendo sincero consigo mismo. No podía continuar con alguien que no respetaba sus decisiones y la palabra *no*.

Así como Josh se estaba dando cuenta, el autocontrol tiene serias implicaciones en tu vida. Pablo dice: «Que cada uno aprenda a controlar su propio cuerpo de una manera santa y honrosa» (1 Tesalonicenses 4:4). ¿Por qué es tan importante? *Básicamente, es una señal para ti de que una persona es capaz de retrasar la gratificación y tener autocontrol, que son prerrequisitos para la habilidad de amar.* Si alguien no puede postergar la gratificación y el control de sí mismo o misma en esta área, ¿qué te hace pensar que podrá retrasar por ti su gratificación personal en otras áreas de sacrificio? ¿Qué va a reprimir la mentalidad de «quiero eso y lo quiero ahora» por el resto de la vida? Si un individuo es capaz de respetar el límite de decirle no al sexo, entonces es una señal de carácter de alguien que puede decir no a sus deseos y apetitos para servir un propósito mayor, o para amar a otra persona.

Te enamoras de alguien y piensas comenzar una relación real y de compromiso con él o ella. Naturalmente, esto implica algún sacrificio en el camino. Vas a querer estar con una persona que puede negarse a sí misma en muchas áreas por el bien de la relación. Piensa en las áreas de sacrificio que exige una relación. Hay sacrificios de tiempo, cuando tal vez quieres disfrutar de tu pasatiempo favorito, pero la familia te necesita. Hay sacrificios de dinero. Una persona puede querer comprar un auto nuevo, pero la familia necesita dinero para la casa. Existen sacrificios de no poder hacer lo que quieres. Una persona desea ir a cenar a un lugar y todos los demás quieren algo distinto.

Y entonces, más importante aún, existe el sacrificio que exige el solucionar el conflicto. Una de las partes está herida y quiere devolver el golpe con coraje y dolor, sin embargo, para que llegue la reconciliación se necesita la capacidad de poner los deseos personales a un lado por el bien de la relación. Si alguien carece de autocontrol y no retrasa la gratificación del placer, ¿crees que pueda dilatar la gratificación de salirse con la suya en un conflicto?

Medita en esto. Quieres estar con una persona que pueda oír y respetar el no de los demás. Tener un límite en el sexo cuando están saliendo es una prueba muy importante para ver si tu pareja te ama. Constantemente escuchamos a la gente referirse a frases: «Si me amas, lo harás». En realidad, debes contestar: «Si me amas, no me exigirás nada que me incomode». El amor espera y respeta, pero la lujuria tiene que tener lo que desea ahora mismo. ¿Te aman o eres el objeto de un deseo sexual interesado? Decir no es la única forma de descubrirlo.

No podemos enfatizar lo suficiente el valor que tiene el que escojas a una persona que tenga la habilidad de retardar su gratificación. Si estás con alguien que a fin de cuentas tiene que tener lo que quiere cuando quiere, vas por un camino de mucho sufrimiento. Escoge a una persona que pueda retrasar su gratificación por tu bien y el de la relación. Estás en problemas en la misma medida que él o ella diga: «Tengo que tener lo que quiero ahora». Los límites en el sexo son una prueba de éxito seguro para saber si alguien te ama por lo que eres.

Malos deseos

Pablo también nos enseña sobre los malos deseos (1 Tesalonicenses 4:5). ¿Qué significa esto? ¿Acaso quiere decir que Dios no quiere que seas una persona apasionada, con fuertes deseos? De ninguna manera. Por cierto, él mismo tiene un anhelo apasionado por ti. De lo que se habla aquí es de un deseo que es prohibido fuera del matrimonio. ¿Por qué es tan importante?

En esencia, una persona saludable es alguien que está integrado como un todo. Esto significa que todos los aspectos de ese individuo están unidos y trabajando juntos. El sexo tiene conexión con el amor, la relación y el compromiso. El cuerpo, el alma y la mente están trabajando en armonía. Como mencionamos antes, el cuerpo se entrega en un cien por ciento a alguien que te da el cien por ciento de todo lo demás. Si alguien no se ha casado contigo, has recibido menos del cien por ciento, por lo que debes dar menos del cien por ciento de tu cuerpo. De la forma en que algunas personas tratan a sus parejas, ¡tendrían suerte si recibieran un beso al mes, así que mucho menos el sexo casual! Hemos oído demasiados relatos de personas que han sido usadas para el sexo sin que haya habido ninguna intención de la otra parte de hacer un compromiso. Sin embargo, han tomado todo el cuerpo.

Esto es vivir de manera desintegrada, en pedacitos, y si te estás entregando a una persona dada a la lujuria o a los malos deseos, y no al amor, te encaminas a tener muchos problemas. Los «lujuriosos» son personas con almas divididas que no desarrollan los aspectos más profundos de nuestro ser necesarios para una relación duradera. Muchos de ellos tienen adicciones sexuales que están tratando de cubrir necesidades más profundas que no pueden expresar de un modo saludable.

Janet descubrió esto de una forma muy dura. Amaba a Steve y quería estar con él. Así que comenzó a acostarse con él. Aun cuando esto estaba contra sus valores, le gustaba el hecho de que él la deseara desesperadamente. Pero lo que descubrió fue que él no tenía la capacidad de comunicarse de otras formas. Cuando Janet quería entablar conversaciones profundas o compartir sus sentimientos, él se alejaba. Steve no era capaz de ser vulnerable en el ámbito de las necesidades y las emociones. Pero cuando se trataba de sexo, allí estaba en primera fila.

De esto se trata la lujuria. Ocurre con frecuencia en una persona que no se está desarrollando en otras áreas de intimidad. Con frecuencia, el sexo en una relación de citas esconde la falta de destrezas relacionales de una persona; destrezas que son necesarias en el matrimonio. En toda la pasión y el romance de las citas y el sexo, no pueden notarse las incapacidades en el plano de las relaciones. Luego entonces, la persona se encuentra seriamente atrapada o casándose con un adicto al sexo que es incapaz de establecer una relación real. En lugar de *expresar* amor por medio del sexo, el lujurioso *reemplaza* el amor con sexo.

No permitas que las citas sean una oportunidad para actuar basándote en los malos deseos y así evitar una relación. Y no permitas que sean un lugar donde no tienes límites con la otra persona y le permites que haga lo mismo contigo. Recuerda, por cada adicto al sexo hay una persona que le permite continuar con ese patrón. Di no antes de que sea demasiado tarde y te encuentres atrapado o atrapada con una persona sin inclinación a una relación.

En términos de tu persona, la abstinencia sexual es una excelente manera de descubrir que tan satisfecho estás como individuo. La razón para actuar de manera sexual quizás ha sido satisfacer daños y anhelos profundos que todavía necesitan sanidad en tu alma. Siempre hay una necesidad impulsando la lujuria y no debes permitir que esto continúe.

Sally era así. Vino buscando consejería por su tendencia recurrente a actuar sexualmente. Quería mantener su compromiso con los valores espirituales, pero se sorprendía con frecuencia teniendo sexo. Se dio cuenta de que no tenía la capacidad para detener esto.

Cuando comenzamos a explorar la situación, ella se comprometió a buscar algún apoyo al que pudiera llamar en caso de una «emergencia» y prometió que se comprometería con la abstinencia para que así pudiéramos descubrir qué la estaba llevando a esta peligrosa conducta. (El riesgo de VIH es mayor de lo que muchos se dan cuenta cuando practican la promiscuidad, y no significa nada el que la persona se haya hecho una prueba recientemente. El virus puede estar en una etapa en que es indetectable.)

Sally descubrió que cuando tenía una relación de citas se sentía especialmente tentada por la atención que le daban los hombres cuando la estaban seduciendo. Le gustaba esa búsqueda y la hacía sentir deseada. Mientras trabajábamos con esto, y ella comenzó a analizar los impulsos y sentimientos detrás de la sexualidad, comenzó a entender que estaba tratando de compensar ciertos sentimientos profundos que tenía de no ser querida ni deseada.

El padre de Sally había abandonado el hogar cuando ella era pequeña y, básicamente, había crecido sin mucho afecto y atención de parte de una figura masculina. Cuando un hombre se le acercaba e iba tras ella, se sentía deseada, y esto la alejaba temporalmente de la soledad interior y la falta de cercanía que experimentó con su padre. Hasta que sentía esto otra vez y buscaba otra relación.

Cuando estaba saliendo con alguien con más regularidad, era aun más difícil decirle que no. Parecía que sencillamente no podía vivir con el riesgo de no tener a un hombre cerca de ella.

Este es un ejemplo de una necesidad que impulsa a alguien a la «sensualidad». Efesios nos dice que junto con esto «no se sacian que cometer toda clase de actos indecentes» (Efesios 4:19). Los actos indecentes o el sexo sin compromiso nunca sanarán el anhelo de tu alma cualquiera que sea la causa que lo está impulsando. Sally necesitaba en su vida algún tipo de validación saludable de parte de un hombre, cosa que su padre nunca le pudo dar. Cuando comenzó a encontrar esto en un buen grupo de apoyo y en consejería, su adicción sexual desapareció. Sintió más plenitud, se sintió más amada y con más control de sí misma. También comenzó a desarrollar la capacidad de escoger buenos hombres para salir. Su adicción ya no estaba tomando decisiones por ella.

Una mujer con la que trabajaba me dijo una vez que por años había estado tomando decisiones sobre los hombres con su «entrepiernas». Cuando trabajó con sus necesidades subyacentes, comenzó a tomar decisiones basándose en sus valores.

He aquí algunas cosas que impulsan los malos deseos o la lujuria:

- La necesidad de intimidad y comunicación
- La necesidad de poder
- La necesidad de sentirse admirado y deseado
- La necesidad de liberarse del control de los padres (algo que todavía sufren muchos adultos)
- La necesidad de evitar el tener que lidiar con el dolor y la pérdida
- La necesidad de superar la vergüenza y los malos sentimientos sobre uno mismo

Si te encuentras en las garras de los malos deseos o con alguien que lo está, entonces lo más probable es que no hayas tratado con estos asuntos. La lujuria está evitando la integración de tu alma. De la misma manera que el drogadicto no está creciendo cuando está usando drogas, tu alma no se está desarrollando si actúas basándote en la lujuria.

Esto es lo que hacen los malos deseos. Te separan de tu verdadero corazón, de tu mente, de tus valores y de la vida que realmente deseas. La lujuria obtiene placer momentáneo a expensas de una ganancia duradera. Nunca encontrarás la satisfacción que necesita tu alma si permites que tus malos deseos dicten tu vida y tus decisiones. Tampoco encontrarás lo que necesitas si te rindes ante la lujuria de otra persona. Rendirte ante un adicto al sexo (aun cuando no parezca que lo es) es entregarte a alguien que está ignorando el crecimiento y las profundas deficiencias de su propio carácter.

Hemos escuchado innumerables relatos de mujeres, especialmente casadas, que se entregaron a alguien que no podía esperar, solo para descubrir ya en el matrimonio que la persona era incapaz de tener una relación verdadera. Aprende de sus experiencias.

Perjudicar a alguien

Pablo nos enseña que cuando el sexo ocurre fuera del matrimonio, siempre alguien sale perjudicado. Recuerda el versículo: «Nadie perjudique a su hermano ni se aproveche de él en este asunto» (1 Tesalonicenses 4:6). Cuando una persona se acuesta con alguien que no es su cónyuge, él o ella está lastimando a la otra parte.

¿Por qué esto es así? Por todas las razones que ya hemos discutido. Cuando las personas tienen relaciones sexuales fuera del matrimonio, esto es lo que les ocurre.

- Están dividiendo su alma y su cuerpo. Ocurre una real división en el interior de la persona que es muy difícil de reparar para relaciones futuras. Se entrega el cuerpo en un cien por ciento, y el alma solo recibe o está vinculada en un nivel más bajo. Esto requiere una división en la persona.

- Están tomando un aspecto precioso de ellos mismos y de la otra persona, y lo están desvalorizando. Se convierte en algo casual, de menos valía, y tendrá menos valor más adelante con alguien que realmente les interese. En cierto sentido, están dándole a personas casuales y pasajeras la misma importancia que a esa pareja con la que se comprometerán de por vida.
- Están provocando que una persona no desarrolle aspectos más profundos de sus relaciones y espiritualidad. Potencialmente, están ayudando a que alguien permanezca superficial y que ciertas características del alma de esa persona no estén disponibles para una relación.
- Se están interponiendo entre esa persona y Dios. El Señor nos ha pedido a todos los seres humanos que le entreguemos nuestra sexualidad para que él pueda desarrollarla y guiarla al matrimonio. El acostarse con alguien provoca la desobediencia a Dios y crea una barrera entre las personas y el Señor.
- Están ayudando a una persona a que niegue su dolor y heridas, y de esta manera la mantienen en un círculo vicioso que sienta las bases para problemas futuros.
- Están usando a las otras personas para la lujuria y el placer propio, y eso está muy lejos del amor.
- Mientras los usan, están evitando que encuentren a alguien que realmente los valore.
- Están preparando el camino para romperles el corazón y que queden devastados si terminan la relación y los dejan, luego de haber tomado algo tan precioso.

Si dices que eres una persona de amor, entonces no perjudicarás a alguien que amas. Vas a esperar. Respetarás a la persona lo suficiente como para no presionarla o usarla de esta forma. Y viceversa, no permitas que nadie te perjudique. El amor espera para dar, pero la lujuria no puede esperar para recibir.

Aceptar a Dios

Finalmente, Dios nos enseña en 1 Tesalonicenses de dónde viene la autoridad para la sexualidad. A fin de cuentas no nos pertenece a nosotros. Le pertenece a Dios. En cierto sentido, nuestros cuerpos no son nuestros, son de él. Así que la pregunta no es meramente con quién alguien se va a acostar o no, sino que pasa a un plano. Más bien se debe preguntar a quién alguien va a obedecer o no.

Hay pocas pruebas que sean mejores para probar si alguien vive o no una vida sometida a Dios que lo que él o ella haga con su sexualidad. El sexo es un deseo tan poderoso y significativo que renunciar a él y obedecer a Dios en esa área es una verdadera señal de adoración. Es una verdadera señal de que alguien está dispuesto a decir: «Que no se haga mi voluntad, sino la tuya». Y eso se torna más adelante algo muy importante por una razón.

En una relación a largo plazo, quieres estar con una persona que sepa que no es Dios y que siempre se mantenga en una posición de sumisión ante el Señor. ¿Qué pasaría, por ejemplo, si tu esposo tiene coraje y quiere castigarte o pegarte para lastimarte o por venganza? ¿O si es tentado en alguna área de la lujuria o la adicción? ¿O si quiere olvidarse de todas sus responsabilidades y volver a su vida de adolescente sin preocupaciones? ¿O si es tentado a la evasión de impuestos? Si esa persona gobierna su alma, ¿quién va a detenerla?

Si él o ella es una persona que, sin importar cual sea la tentación o el deseo de la carne, puede afirmar «que no se haga mi voluntad, sino la tuya», estás con una persona segura. Si puedes confiar en él o ella para hacer las cosas a la manera de Dios, siempre te beneficiarás.

Si estás con alguien que hace las cosas a la manera de Dios solo cuando esto no interfiere con los deseos de él o ella, estás con una persona que se autogobierna y siempre saldrás perdiendo. En la medida en que cualquier individuo viva para satisfacerse a sí mismo y no a Dios, quienes lo rodean pierden a largo plazo porque, cuando el impulso llega para presionar, la voluntad de la persona impera de forma suprema.

De esta manera, en este pasaje vemos una prueba de quién gobierna la vida de alguien: la persona o Dios. Si estás con una persona que dice ser espiritual, pero en el momento en que la espiritualidad entra en conflicto con sus deseos, los deseos ganan, estás con una persona que pone a Dios en una categoría llamada «fabricación casera». No lo adora por quien él es, sino por lo que él o ella quiere que sea. Está recreando a Dios según su propia imagen. Esta persona no se está adaptando a Dios, sino que quiere que él se adapte a ella. Todas estas son señales del club «me someteré a Dios mientras esté de acuerdo con él». Y eso para nada es sumisión.

Así que, como dice el pasaje, si alguien rechaza esta enseñanza, y la rehace para que se ajuste a sus deseos, está rechazando a Dios. Él quiere que lo aceptemos como es realmente, con sus reglas y todo. Quiere que confiemos en lo que dice. Y cuando alguien vuelve a escribir los valores divinos, no está aceptando a Dios como realmente es.

Estarás mucho más seguro o segura con una persona que satisfaga una de las cosas claves que se le exigen a la humanidad: «Humillarte ante tu Dios» (Miqueas 6:8). A largo plazo, se puede confiar realmente en este tipo de persona para que vele también por tus intereses. Confía en una persona que confíe en Dios. Y si él o ella confía realmente en él, mantendrá el valor divino del sexo en el matrimonio.

Recordatorios de las razones para decir no

A fin de no empezar a sonar como una ancianita de iglesia, vamos a dejar de predicar. No queremos sonar como puritanos, ni creemos que tampoco la Biblia quiera que suenes o actúes de esa forma. La sexualidad es parte de la buena creación de Dios.

Sin embargo, al abrazar tu sexualidad, hazlo con autocontrol, santidad, alta estima, de forma amorosa y sin lujuria, sin perjudicar a nadie y en sumisión a Dios. Entonces, cuando sales en tus citas, habrás establecido en tu interior muy buenos límites y expresiones de tu persona sexual. Sabrás, por ejemplo, qué tan lejos es demasiado lejos. No podrás actuar de forma incorrecta si mantienes estas directrices. Ellas te limitan apropiadamente.

Y, si le dices no al sexo fuera del matrimonio, serás capaz de hacer algunos descubrimientos cruciales mientras estás en una relación de citas:

1. ¿Te quiere tu pareja por la persona que eres o por el sexo?
2. ¿Es tu pareja capaz de relacionarse en los otros aspectos y en la intimidad? ¿O ha evitado desarrollar estas destrezas teniendo solo sexo? En otras palabras, ¿estás con un adicto?
3. ¿Está la persona llevando una enorme carga interior que nunca ha sido sanada?
4. ¿Puede esta persona retrasar la gratificación como mencionamos anteriormente?
5. Y, más importante que todo, ¿tiene esta persona la capacidad de someterse a Dios?

Te lo suplicamos. Por favor, descubre estas respuestas antes de permitir que alguien entre en tu corazón. Podemos asegurarte que no querrás que viva en tu corazón por mucho tiempo alguien que no te ame, que no se pueda relacionar contigo a nivel del alma, que tenga muchos problemas sin resolver, que no pueda retardar la gratificación o que ignore a Dios. *Y es muy difícil dejar fuera del corazón a alguien que ha invadido tu cuerpo*. Vivir de acuerdo a la lujuria, o permitir que te usen como un objeto de lujuria, es una señal de que hay muchas cosas mal. Arregla esas cosas y las citas te pueden llevar a buenos lugares.

El límite del perdón

Angie tenía veinticuatro años y estaba desilusionada con respecto al sexo en las relaciones. Luego de acostarse con más hombres de los que quería recordar, tenía el sentimiento de «¿para qué sirve?» Y esto había comenzado, según nos dijo, cuando tenía quince años. Ella explicó: «Una vez cometí un error, pensé que ya había echado todo a perder. No me había guardado para esa persona especial a la que le entregaría mi vida. Así que, con el próximo novio, y los que siguieron a este, pensé: *¿Qué diferencia hace? ¡Ya lo dañé de todos modos!*»

Esto fue antes de que ella entendiera la forma en la que Dios mira nuestros fracasos. Él no nos mira como una pieza de porcelana, que una vez rota, se queda así. Él nos mira a todos como personas destrozadas a quien puede hacer de nuevo. Con su perdón, podemos comenzar de nuevo y estar tan limpios como cuando empezamos.

Como dice el salmista: «Tan lejos de nosotros echó nuestras transgresiones como lejos del oriente está el occidente» (Salmo 103:12). O como dice Hebreos: «Y nunca más me acordaré de sus pecados y maldades» (Hebreos 10:17). Y aun más allá: «Acerquémonos, pues, a Dios con corazón sincero y con la plena seguridad que da la fe, interiormente purificados de una conciencia culpable y exteriormente lavados con agua pura» (Hebreos 10:22).

Si le pides a Dios que te perdone por medio de Jesús, él te ve como una persona completamente nueva. Eres un ser limpio, lavado con agua pura y cualquier cosa que hayas hecho es perdonada y está tan lejana como lejos del oriente se encuentra el occidente. Como dice Pablo: «no hay ninguna condenación» para aquellos que piden el perdón que Jesús da (Romanos 8:1).

Así que, como descubrió Angie, tus errores pasados no tienen que condenarte a futuros desastres sexuales. Solo porque has caído en el pasado no significa que te has arruinado y que no puedes empezar de nuevo. Puedes limpiarte otra vez. Puedes volver a ser puro o pura. Y al hacerlo, puedes comprometerte a mantener la pureza y disfrutar de los beneficios de ese estado.

Puedes desarrollar la vida interior y tu habilidad para amar. Ahora sí puedes saber si alguien te ama realmente. Puedes aprender cómo retardar la gratificación y dar a otros. Tus necesidades y heridas pueden ser sanadas y satisfechas, de modo que no tendrás relaciones poco gratificantes. Y finalmente puedes dejar de tratar de ser Dios y permitirle a él que sea tu Dios.

Si sabes que has recibido el perdón, ese nuevo comienzo es un límite poderoso. Puedes pararte en terreno firme. No tienes que preocuparte por las grietas en tu armadura por haberte sentido manchada en el pasado, o por aquel sentimiento de «¿para qué sirve?» Tienes un nuevo estado de limpieza que proteger, y las citas son ahora para desarrollar cosas más profundas que la experiencia de una noche. Estas pueden ser un lugar de crecimiento en vez de quebranto.

Así que pídele a Dios que te dé ahora ese perdón. Si no conoces a Jesús, pídele que sea tu Señor. Vuélvete a él en fe y te limpiará. Y luego camina en ese estado en el que estás libre de culpa. Es realmente un estado muy poderoso. Y si lo haces, entonces puedes esperar hasta que llegue lo verdadero.

Consejos para el camino

- Necesitas un límite contra el sexo fuera del matrimonio. Dios te da este límite para protegerte, y lo hará de muchas maneras.
- El sexo tiene un propósito muy importante, un gran valor, dignidad y estima. No trates tu sexualidad livianamente, sin darle el lugar que merece.
- El sexo es la forma más sublime de expresar el amor romántico por una persona; por lo tanto, debe reservarse para la relación romántica más importante que tendrás: la que vivirás con tu cónyuge.
- Mantener tus límites sexuales te permitirán conocer el autocontrol, el retraso de la gratificación, la habilidad de amar sacrificadamente y la disposición de someterse a Dios de tu pareja.

- No actúes por lujuria. Esto previene el amor, la integración y la sanidad. Y, garantiza problemas relacionales.
- No importa lo que diga tu pareja, decir no al sexo será la única manera de conocer cómo reacciona él o ella cuando se le pide que respete un límite.
- El perdón de Dios está disponible para todo el mundo, sin importar lo que hayas hecho. Te permitirá tener un nuevo comienzo y establecer buenos límites sexuales.

Capítulo 18

Establece un cuarto de detención

Me encanta la música, muchos estilos de ella. Pero confieso que hay un tipo de música que realmente no soporto. Es el tipo de canción de amor donde la persona está enamorada de alguien que no la está tratando bien. Esa parte no es el problema. Esta es la postura de la persona maltratada en la relación y cómo responde al que la maltrata. Se queja pasivamente, lloriquea y tiene la esperanza de que las cosas mejoren, con afirmaciones como estas:

- Esperaré para siempre (mientras tú buscas a alguien mejor).
- El tiempo sanará las cosas (mientras pasan los años y nunca haces un compromiso).
- Por favor, regresa (sencillamente porque te lo estoy pidiendo).
- ¿Por qué me tratas así? (porque puedes hacerlo).
- Haré que me ames (aunque no eres capaz de amar a nadie sino a ti mismo).

No hay equivocación en el amor, dolor y protesta que expresan estas canciones, y todos nos podemos identificar con la lucha de amar a alguien y aun así tener que sufrir las heridas que llegan cuando nos lastiman. Pero las soluciones que este tipo de canciones parecen proponer no hacen nada para solucionar ese dolor. Por cierto, presentan la peor solución posible.

Resolver los problemas del amor, el respeto, la responsabilidad y el compromiso en las relaciones de citas es el tema de este capítulo. Aunque nadie tiene el poder de arreglar a otra persona, sí tiene el poder de responderle a su pareja de una manera saludable cuando surgen los problemas. Y ese tipo de respuestas saludables, que con frecuencia incluyen la cuidadosa y compasiva implementación de límites, puede traer muchos beneficios para tener una buena relación.

En este capítulo discutiremos los principios de cómo lidiar con una relación de citas donde se están violando los límites. Una persona está perdiendo libertad y amor, y otra persona está «jugando sin pagar el precio». Probablemente es obvio que no nos dirigiremos al destructor de límites, sino a la otra parte, a la persona que ha perdido la libertad y el amor. Esto es así porque en una relación de citas, el que está cosechando lo que el otro está sembrando es típicamente la persona que está más propensa a sentir el dolor y a hacer algo con respecto al problema.

Es normal algún conflicto

Cuando te tropieces con problemas en tu relación, no te asustes o tires la toalla. Los conflictos no significan necesariamente el final de la relación. Los problemas, incluyendo los conflictos con los límites, son una parte normal de las relaciones. En una relación, dos personas se aman, se apoyan, se divierten, crecen y… tienen conflictos. Como dice el refrán: «¿Cómo se le llama a dos personas que tienen conflictos el uno con el otro? Una relación». Esta es la razón por la que uno de los pasajes bíblicos más profundos en lo que respecta a las relaciones nos enseña a amar, a decir la verdad y a perdonarnos los unos a los otros (Efesios

4:25-32). Dios ya ha tomado en cuenta la realidad de los conflictos y los problemas en las relaciones. También, en este pasaje, nos dijo cómo tratar con ellos. Esa es una faceta de tener relación con otra persona que es libre, tiene mente propia, y también es un pecador.

Demasiadas personas piensan ingenuamente que van a encontrar un espíritu afín que nunca discutirá con ellos, que solo tendrán leves desacuerdos que resolverán con facilidad en un espíritu de reciprocidad. Por lo tanto, se sienten devastados o pierden la esperanza cuando se dan cuenta de que tienen problemas a largo plazo con la responsabilidad, el control y la libertad. La gente que se ama argumenta sobre el tiempo, el dinero, los trabajos, el respeto y las diferencias de opinión. Esto no es indicativo de que tienes una mala relación. Sin embargo, sí puede ser una señal de que no estás tratando los problemas de la mejor manera. Así que no te rindas con las citas o con esa persona importante en tu vida. Primero, deja a un lado la exigencia de que tu relación no tenga conflictos, supera esto, y da el siguiente paso.

Exige límites en tu relación

Luego, trata con el asunto que ya hemos mencionado antes en este libro: no esperes hasta que ya exista un serio problema o crisis en tu vida amorosa para establecer un límite. Los límites no son como las cajas de alarmas de fuego que tienen la advertencia «rompe el cristal solo en caso de emergencia». No esperes hasta estar contra la pared para decir que no te gusta lo que está pasando. Los límites tienen que entretejerse en tu vida y tu relación, como algo que haces y dices todos los días. Después de todo, establecer límites es simplemente ser sincero con respecto a lo que permites y lo que no. Conviértete en un ser humano de verdad, responsabilidad y honestidad.

Más que esto, asegúrate de que los límites son parte de tu relación de citas. ¿Conoce tu pareja cómo te sientes con respecto a la manera en que te trata? ¿O solo minimizas esto, das excusas, o sencillamente le aplicas una dosis de silencio, esperando que él o ella capte el mensaje? Este no es un enfoque honesto. Es furtivo y engañoso para ti y para tu pareja. Y esta es la causa por la que más adelante mucha gente enfrenta serias luchas con los límites: no fueron claros desde el principio de la relación en qué está bien y qué no.

Por lo tanto, aun cuando hoy día tengas un gran problema en tu vida amorosa, comienza a mirar el panorama completo. No pienses que la crisis es el problema. Lo más probable es que sea un síntoma de problemas de carácter de cualquiera de las partes de la relación, o de ambas, que se han negado, desatendido o ignorado. Y desde hoy en adelante exige que la honestidad, la responsabilidad, el respeto y la libertad sean requisitos en todos los aspectos de tu relación: social, emocional, sexual, espiritual y en cualquier otra área.

Los límites preservan la relación, no la terminan

Supera tu miedo de establecer límites. Muchas personas tienen temor de que cuando comienzan a decir no y a establecer límites y consecuencias, esto es una señal de que se terminó la relación. En realidad los límites ayudan a diagnosticar el carácter tanto de la relación como de la persona con la que estás saliendo. Si estás en una relación que se termina cuando no estás de acuerdo, no es una relación saludable. Alguien debe estar viviendo una mentira para mantener ese tipo de relación. Piensa en el futuro. ¿Cómo un hombre que se niega a escuchar la verdad que le dice su esposa se va realmente a dar a sí mismo por ella de la misma forma en que Cristo lo hizo por la iglesia? (Efesios 5:25). Si tu pareja no puede oír la palabra *no*, el límite no es el problema. Su carácter es el problema.

Los límites en realidad curan los problemas de irresponsabilidad, dominio y manipulación. Cuando alguien que está fuera de control se topa con una persona que no puede ser controlada, entonces se enfrenta con la realidad de sus propias consecuencias y debilidades. Aunque quizás no le gusten los límites, si tiene un buen corazón, se someterá a ellos y comenzará a crecer en sus propios límites. Así que no te encierres en la idea de que los límites son tu escenario de despedida. Mas bien son tu introducción para reparar y preservar el amor que quieres tener con esta persona.

Mark y Susan habían estado saliendo por más de un año y la relación se estaba volviendo seria. Susan tenía la tendencia de complacer a la gente, así que cuando se incomodaba porque Mark había sido descuidado mientras visitaba su casa, tenía miedo de decirle que esto le molestaba. Pensaba, como hacen las personas complacientes, que lo lastimaría, se enojaría o se marcharía. Finalmente, le habló a Mark de sus descuidos. Para su sorpresa, él apreció sus palabras y comenzó a tratar de ser más organizado. Él era un buen hombre y no quería molestarla con sus hábitos. Susan aprendió que los límites enriquecieron su relación en lugar de terminar con ella. Hoy día están felizmente casados y él recoge sus calcetines regularmente.

Problemas con los límites y problemas de carácter

Una relación de citas puede tener muchísimos problemas con los límites. Permíteme mencionarte algunas de las posibilidades:

- El muchacho no respeta los sentimientos de su novia.
- Una joven culpa a su novio siempre que tienen un problema.
- Alguien tiene serios problemas de puntualidad cuando planifican actividades.
- Un hombre quiere que su novia le preste dinero.
- Una mujer proyecta en su novio el coraje con su jefe.
- Un hombre presiona a una mujer a tener sexo con él.
- Una mujer está saliendo con otros a escondidas de su novio.
- Un hombre hace promesas de compromiso pero no las cumple.
- Una mujer tiene unos lazos familiares tan fuertes que no puede invertir en la relación.

- Un hombre se enoja y amenaza con violencia.
- Una mujer tiene un problema secreto de alcohol o drogas.

Cualquiera sea el problema con el que estás lidiando, lo fundamental del mismo es que probablemente alguien está sembrándolo y no está cosechando sus efectos (el destructor de límites), y que otra persona está cosechando lo que nunca sembró (Gálatas 6:7). Esa es la naturaleza de un problema de límite en una relación. La solución es reestructurar las cosas para que el que siembra también sea el que coseche.

No obstante, hay un problema más profundo: el carácter de la persona que está cruzando el límite. Como un pozo que produce agua contaminada, una persona que continuamente viola los principios del respeto, la responsabilidad y la libertad, continuará cruzando un límite tras otro. No pienses que porque resolviste la crisis del momento se terminaron las complicaciones. Hasta que no se traten los asuntos que están provocando el problema con los límites, verás en esa persona todo tipo de conflictos similares. Una persona que es controladora o irresponsable será de esa forma en muchas áreas de la vida hasta que someta su carácter al proceso de crecimiento de Dios. Por lo tanto, necesitas ver dos problemas: la violación del límite y el carácter de la persona con la que estás saliendo. No se puede separar el uno del otro.

Existe otro aspecto del carácter y es el corazón de la persona. Algunos destructores de límites lo hacen porque nunca han tenido buen autocontrol y estructura, y nunca se les han asignado responsabilidades. Como un perro labrador fuera de control (con lo cual tengo mucha experiencia), es una persona buena y cariñosa que sin darse cuenta tira al suelo la vajilla en la sala de tu vida. No es que sea alguien malo, controlador ni irresponsable. Sencillamente no tiene mucha estructura. Este tipo de persona con frecuencia tiene la disposición para oír tus sentimientos sobre los problemas de dinero, tiempo o conducta. Se sentirá mal por haberte lastimado y comenzará a cambiar sinceramente. Es una buena posibilidad para el futuro.

El segundo tipo de destructor de límites es mucho más resistente a las limitaciones. Por alguna razón u otra, ha arreglado su vida de tal forma que puede evitar el tener que escuchar la palabra *no* de cualquier persona. Puede tener algunas de las siguientes características:

- No reconoce el daño que te ha causado
- Te culpa por el problema
- Promete cambiar pero nunca lo hace
- Engaña con respecto al problema
- No quiere cambiar porque no le conviene
- Tiene problema en retardar su gratificación
- Tiene un punto de vista egoísta, con muy poca capacidad de ver tu opinión

Si hay varias de ellas en la ecuación, el problema se haría más difícil, pero todavía puede tener solución. Ahora bien, ten en mente que quizás estás tratando con una persona que puede cambiar solo por el dolor que experimentará debido a las consecuencias, y no porque desee crecer o por su amor por ti. Sin embargo, recuerda que todos tenemos este tipo de egocentrismo, nos creemos mejor que otros y deseamos ser Dios. Ten algo de paciencia y espera a ver qué hace Dios mientras estableces tus límites.

Amor, respeto y reciprocidad

Mientras consideras llegar a un acercamiento con tu pareja con respecto al problema, adopta una postura de amor, respeto y reciprocidad. Déjale saber que no lo estás castigando ni vengándote por heridas pasadas. Tu motivo es el amor y la reconciliación. Quieres solucionar el problema porque está entorpeciendo el crecimiento del amor entre ambos. Recuerda que *la realidad de que te estés tomando la molestia de tratar con el problema muestra que él o ella es importante para ti*. Este es el mundo de las citas, donde puedes terminar abruptamente una relación y seguir tu camino. Déjale saber a tu pareja que quieres tratar con el problema porque él o ella te importa.

No olvides tampoco mostrar respeto por sus decisiones y sentimientos. Aunque él o ella es responsable de su parte en el problema, no olvides que tiene un pasado, y su propio dolor y cargas. No caigas en la trampa de juzgarlo o controlarlo como una solución al sentimiento de que te estén controlando a ti. Tengo una amiga que tenía una relación con un muchacho que la controlaba. Finalmente le dijo: «Ahora se va a hacer a mi manera». Controlar a alguien nunca es la solución. La respuesta es «ahora es a *nuestra* manera».

Acércate a tu pareja desde la perspectiva de la reciprocidad. No eres su padre ni su madre, ni Dios ni alguien sin pecado ni debilidades. Como dice el dicho: «El terreno se nivela a los pies de la cruz». Confiesa la parte que puedas tener en el problema, asume la responsabilidad, y entra en el proceso de cambiar tu carácter. Esto mantiene a tu pareja lejos de estar en una posición inferior e infantil, y te aleja del peligroso terreno de condenar a otros. Muchas veces, la persona que ha sido lastimada necesita pedirle perdón al violador de límites por sus contribuciones al problema, tales como:

- No hablar cuando debió haberlo hecho
- Excusar, minimizar o racionalizar la conducta de su pareja
- Hablar de sus quejas con otras personas antes de decirle a la pareja
- Alejarse o volverse pasiva como una forma de protesta
- Quejarse y recriminar en lugar de solucionar el problema
- Amenazar con consecuencias y luego no cumplirlas

De ninguna manera esto excusa la conducta abusiva, pero sí permite que ambas personas asuman una justa responsabilidad por su parte en el asunto.

Traza la línea

Tu mejor acercamiento es ser bien específico con tu pareja en cuanto al problema de los límites. Menciona eventos específicos que puedas señalar, qué sentiste cuando ocurrieron, cuál es el problema con lo que pasó y qué hubieras deseado que ocurriera. Si tu pareja es una persona que quiere crecer, se beneficiará con la información y querrá conocer más, para así no lastimarte otra vez. Si tu pareja es resistente, los detalles le ayudarán a clarificar de una vez por todas el asunto y tendrá menos posibilidades de racionalizar, culpar o negar.

Es importante que seas bien específico sobre dónde ocurrió la violación del límite, o dónde se cruzó la línea. Muchos destructores de límites no saben cuándo cruzaron la línea del respeto. Necesitan esa información. Es cruel e injusto dejar una relación sin al menos tener la cortesía de que la persona sepa qué está haciendo. Imagínate cómo te sentirías si alguien te echa a un lado sin ninguna razón, dejándote herida y en la oscuridad. Ten la misericordia que te gustaría recibir (Santiago 2:12–13).

Por ejemplo, podrías decir: «Jim, aprecio tu sentido del humor. Eso es algo que me gusta de ti. Ni siquiera me importa que a veces sea parte del chiste. Pero cuando te he dicho qué me avergüenza y aun así te burlas de mí en público, realmente me lastimas. Sabes que soy sensible con respecto a mi peso, ya te lo he dicho. Y la semana pasada en la fiesta hiciste aquel comentario sarcástico sobre mis dietas delante de todo el mundo. Me dolió, me avergonzó y me enojó. Y no voy a permitir que lo hagas otra vez».

Ahora Jim ha recibido su advertencia sobre los límites. Puede ser gracioso. Hasta puede hacer chistes de su novia en áreas en las que no es sensible. Pero, ¡los chistes sobre el peso están fuera de discusión! Ahora ya Jim sabe cuándo está cruzando la línea.

Trazar la línea puede no ser tan fácil como parece. Requiere que definas qué vas a tolerar y qué no. Muchas veces las personas le hacen exigencias generales y ambiguas a su pareja y ponen en ellos la carga de descifrar qué quisieron decir. Podrían decir: «Jim, mejor es que organices bien tu actuación». *¿De qué está hablando ella?*, podría pensar él, y con toda razón.

Trazar la línea es también lidiar con el problema de carácter que se oculta bajo la violación. No quieres terminar casándote con un cómico árido y sadista, por decirlo de alguna manera. Habla con tu pareja sobre qué ves detrás de la falta. ¿Tiene él algún conocimiento de esto? ¿Eres la primera persona en el planeta que le ha dicho algo sobre esto? Por ejemplo: «A veces pareces hostil e hiriente hacia mi persona, como si hubiera coraje debajo del chiste a mis expensas. Y en nuestra relación, parece que no eres muy directo cuando no estás contento conmigo. No te escucho hablar de ningún problema y luego, con un chiste, me conviertes en tu blanco público. Me gustaría que examinaras tu tendencia a hacer esto porque realmente me distancia de ti». Tú no eres la consejera de Jim, sino que lo amas y eres una fuente importante de la realidad de Dios para su crecimiento y madurez. Aprovecha tu posición para el beneficio de ambos.

¡Los límites no son consecuencias!

El mundo sería maravilloso si todo lo que tuvieras que hacer fuera establecer un límite con tu pareja. Dirías: «Eso duele. No lo hagas más». Y él o ella contestaría: «Está bien. Lo lamento». Ambos sabrían qué cosas malas evitar y qué cosas buenas hacer. El negocio de desarrollar y esparcir amor marcharía a buen ritmo. Pero tristemente, en este mundo caído, ese no es el caso. La información en sí es una condición necesaria, pero insuficiente, para la mayoría de los problemas de violación de límites en las relaciones de citas.

Si eres padre, o has estado alrededor de los niños por algún tiempo, te habrás dado cuenta que establecer un límite es solo el primer paso. El niño todavía tiene la libertad de retar, violar o romper tus reglas. Esa libertad es necesaria pues así no lo estás controlando, y de esta manera puede obtener una ventaja total de la experiencia adquirida por las consecuencias que tú estableces si cruza la línea. Es ahí donde ocurre el verdadero crecimiento, y donde el sembrador comienza a cosechar. En la tarea de ser padres, la mamá le dice al hijo que haga su tarea o habrá una consecuencia. Es libre de ignorar su tarea, y lo hace. Entonces la mamá, con toda calma, cancela su práctica de béisbol de esa semana, y el hijo cosecha lo que sembró.

Fijar tu límite no es suficiente. También tendrás que establecer una consecuencia y mantenerla. No cometas el error de pensar que porque dijiste que no ibas a tolerar algo, nunca más va a pasar. Solo has dicho una verdad sobre tu corazón. Para algunas parejas, eso es suficiente. Para muchas, solo estás quejándote y lo ignorarán.

De eso es de lo que se tratan las consecuencias. Las consecuencias son las realidades que estableces cuando un límite se cruza otra vez. Incluyen algún tipo de dolor para tu pareja, para que así enfrente una experiencia de aprendizaje o pérdida que le ayude a desarrollar autocontrol, respeto y empatía por los demás. Las consecuencias son la escuela divina de la disciplina, y «ciertamente ninguna disciplina, en el momento de recibirla, parece agradable, sino más bien penosa; sin embargo, después produce una cosecha de justicia y paz para quienes han sido entrenados por ella» (Hebreos 12:11).

Recuerda que si este problema con los límites que estás experimentando con tu pareja no es una situación aislada, es probable un patrón de carácter. Y si ese es el caso, lo hace habitualmente con otras personas y en otros contextos. Por ejemplo, si ella coquetea contigo, probablemente lo hizo con muchas de sus parejas anteriores. Es casi seguro que la coquetería sea algo automático para ella. Así que no esperes que sea suficiente tu petición, protesta o advertencia.

Conocí a un hombre que se enamoró de una mujer que quería mantener un contacto cercano con sus novios anteriores. Aunque él quería ser razonable con las necesidades de amistad de ella, sentía que la relación no era verdaderamente exclusiva y que ella no había realmente terminado sus antiguas relaciones, aunque aseguraba que no era así. Finalmente, dejó de verla completamente por algún tiempo, hasta que ella se percató de que lo estaba perdiendo y de que se iba a quedar con todos los chicos con los que el amor no había funcionado. Pero hizo falta una consecuencia para que cambiara. Las advertencias rara vez funcionan sin una consecuencia que las apoye.

¿Qué es una consecuencia adecuada?

Necesitarás determinar cuál es la consecuencia apropiada para las infracciones que se repiten. El castigo necesita estar a la par con el crimen, y cada situación es distinta. He aquí algunos principios que puedes aplicar y que ofrecen algunas ideas sobre qué es lo apropiado.

Que tu motivación sea el amor y la verdad, no la venganza

Piensa en tus consecuencias como algo que te protege a ti y le da a tu pareja la oportunidad de cambiar. No se trata de transformar a nadie ni tampoco de que le enseñen a la otra persona cómo te hizo sentir cuando te lastimó. Déjale la venganza al Único que tiene el derecho a ella (Romanos 12:19). Además, los motivos del amor y la verdad te alejarán de la dinámica padre-hijo.

Evita la Consecuencia Final

Es común que las personas que tienen relaciones de citas echen mano continuamente de la Consecuencia Final: terminar con la relación. Terminar con tu pareja no es como un divorcio, y ciertamente es una alternativa para algunos patrones nocivos. Sin embargo, cuando abusas de la amenaza de dejar a alguien, y esta es tu única consecuencia, la amenaza pierde eficacia. Con mucha facilidad la otra persona puede comenzar a pensar: *por cualquier error que cometa, me dejará. Así que me rindo.* Es la misma idea detrás de la ley: te condena por desobedecer cualquier cosa, así que te sientes descorazonado y enojado (Romanos 4:15).

El rompimiento no es verdaderamente una consecuencia, aunque a veces es necesario. Esto es así porque termina una relación en lugar de sanarla. Reserva la amenaza del rompimiento para problemas severos, tales como el engaño, la infidelidad, la violencia, los conflictos espirituales, las infracciones sexuales y los problemas legales.

Piensa con empatía

Ponte en los zapatos de tu pareja. Piensa cómo te sentirías con varias consecuencias. Presenta una combinación de compasión y rigor que se sienta justa. Es fácil juzgar las malas acciones de otro hasta que somos atrapados en nuestras propias transgresiones.

Usa la realidad como guía

Haz que la consecuencia se ajuste lo más posible a las consecuencias naturales. Retírate del camino lo más que puedas para que así tu pareja no te vea a ti como el problema, sino que vea este como su relación con la realidad. Mientras menos severo sea el problema menos severa debe ser la consecuencia. Establece las consecuencias en oración y con la ayuda de los consejos sabios de buenas amistades. He aquí algunas sugerencias:

- Distancia emocional: limitar la profundidad de acceso emocional con el que puedes ser vulnerable
- Distancia física: dejar el lugar o la actividad si el problema se repite. Llevar carros separados a las actividades en caso de que necesites el tuyo
- Tiempo: limitar el tiempo que pasan juntos hasta que el problema se resuelva
- Terceras partes: pedir la ayuda de alguien, por ejemplo, un amigo, el pastor o un consejero
- Progresión del compromiso: detener o disminuir el nivel de compromiso
- Renuncia a la exclusividad: ver a otras personas hasta que el problema se solucione

No olvides la función de una consecuencia: protegerte a ti y ayudar a que la persona con la que sales enfrente las realidades de su patrón destructivo.

Puntos a recordar al establecer límites

Si sientes cariño por tu pareja es muy probable que tengas sentimientos conflictivos por lo que estás haciendo. En esencia, estás permitiendo que el dolor toque a alguien que es importante para ti. El conflicto de desear cercanía, y aun así tener una postura justa con una persona sin límites, puede tener su efecto en ti. He aquí algunos aspectos que debes tener presente mientras estás en este proceso.

Mantén el vínculo

Por su naturaleza misma, decir la verdad divide y separa a las personas. Provoca distanciamiento y coraje entre ellas. Quizás hasta llegues a sentir dudas acerca de si estás haciendo lo correcto, o de si puedes resistir el dolor de mantener los límites. Esto es de esperarse, y debe enseñarte que no puedes establecer límites desde una posición aislada. Ninguno de nosotros posee la fortaleza de enajenarse y estar en conflicto con las personas que amamos, sin recibir amor, apoyo, aliento y opiniones de quienes se preocupan por nosotros. Asegúrate de mantenerte vinculado con buenas personas que se quedarán a tu lado cuando surjan los conflictos.

Evita los amigos reaccionarios

Busca apoyo en gente con experiencia y madurez espiritual. Evita a aquellos que te idealizan como la víctima inocente y ven a la otra parte como un ogro. Ese tipo de amigos puede alentar tu confianza, pero hacen muy poco para ayudarte a ser objetivo y neutral. Tienden a dividir las relaciones y con frecuencia pueden infundir un sentido de arrogancia merecida que descalifica emocionalmente a cualquiera para poder tener una relación de reciprocidad. Al mismo tiempo, evita a las personas que pueden criticarte o juzgarte, echándote la culpa por todos los problemas de la relación. Rodéate de personas que estén «pro» ambos y puedan ver los dos lados de la situación. Nuestro libro *Safe People*

[Gente segura] es una buena fuente para encontrar al tipo de personas que necesitas durante este período.

Espera reacciones negativas

Si tu pareja tiene problemas de carácter que provocan que resista tus límites, puede verte a ti, en vez de a sí mismo, como el problema. Esto puede significar que no te agradezca tu sinceridad, sino más bien que se resienta, o algo peor. No te sorprendas por una reacción de enojo o defensiva. Es útil recordar que es posible que tu pareja haya estado huyendo toda su vida de la realidad de que es egoísta, controlador o irresponsable. Y ahora le estás poniendo al frente el espejo de la verdad. Puede dispararle al mensajero. Esta puede ser la rabieta que nunca ha tenido, pero finalmente tiene que hacer frente a lo que él o ella es y hace, y escoger arrepentirse o rebelarse contra Dios y la realidad. Protégete de cualquier arranque peligroso de ira. Permítele tener coraje contigo, pero exige respeto. No toleres estallidos abusivos o irrespetuosos.

Enfatiza en la lucha

No es un pecado amar a una persona inmadura ni sentir compasión por ella. Como harías con un niño, enfatiza que lo que estás pidiendo es difícil. Pero esto no quiere decir que no sea necesario. Podrías decir: «Margaret, sé que será difícil mantenernos separados mientras tratas con el arranque de ira que me lastimó. Te voy a extrañar. Pero esperaré hasta que me llames y me digas que vas a actuar para resolver estos problemas. Por favor, llámame cuando lo decidas».

Sé paciente

Da tiempo para que el proceso de Dios sea aceptado. Pocos de nosotros logramos aprender con solo una prueba. Por lo general, hace falta varios disparates, algo de dolor y algo de apoyo para que funcione. No te rindas con alguien que al principio se muestra resistente, fracasado o en negativa. Al mismo tiempo, la actitud de tu pareja ante el proceso es muy reveladora. Si no muestra ningún indicio de querer someterse a las realidades divinas, ni muestra responsabilidad ni intentos de cambios, entonces tu paciencia puede dar el fruto de dejarte saber que no tienen una relación viable. La paciencia tiene un final. No espera para siempre sin una buena razón.

Cuestiona los motivos de tu pareja

Si tu pareja está respondiendo a tus límites es algo bueno. Pero asegúrate de por qué lo está haciendo. Es importante que esté cambiando debido a su relación con Dios, porque está haciendo lo correcto o porque no quiere herirte. Es menos importante que esté cambiando porque piense que es lo que se necesita para que regreses. Existen demasiadas historias tristes de esposas que le permitieron prematuramente regresar a sus esposos abusivos porque estos las manipularon para que los aceptaran de vuelta, sin hacer verdaderos cambios en el corazón.

Provee una manera de regresar a la normalidad

Déjale saber a tu pareja que las consecuencias no son permanentes (a menos que sea algo invariable que se relacione con la autoprotección, el respeto o algo así por el estilo). Déjale saber exactamente qué tiene que ocurrir para que estés cerca, disponible y emocionalmente accesible, lo que es también el deseo de tu corazón, una vez que él o ella cambie. Y si muestra que en verdad está madurando y cambiando, recíbelo con la confianza y el amor que se ha ganado, mientras mantienes un ojo en el proceso. Pero no caigas en el patrón padre-hijo... ¡sé su igual!

¿Debes exigir el proceso de crecimiento?

Este es un asunto importante. Si tienes una lucha de límites con tu pareja, tiene sentido establecer consecuencias dirigidas a tratar con el problema. Pero, ¿debes ir más allá y también exigir que él o ella entre en algún tipo de proceso de crecimiento espiritual o emocional? ¿O eso es ir demasiado lejos y asumir el papel de policía moral?

Usemos el ejemplo de Brent y Tina. Ellos habían estado saliendo por más de un año y estaban enamorados. Tenían valores espirituales y personales muy parecidos, y básicamente querían lo mismo de la vida. Disfrutaban muchísimo estando el uno con el otro. Como hacía tiempo habían estado saliendo de forma exclusiva, Tina sintió que ya era razonable hablar de matrimonio con Brent. Cuando lo hizo, las cosas cambiaron para él. Se puso a la defensiva, ansioso y evitaba el tema. Le decía: «Todo es perfecto entre nosotros. ¿Por qué no podemos dejar las cosas como están?» Tina no sabía qué significaba eso. Pero descubrió, en el transcurso de las siguientes semanas, mientras seguía insistiendo en el tema, que Brent no tenía intenciones de llegar al matrimonio. Tina se encontraba en tremenda encrucijada: parecían perfectos el uno para el otro, pero ella no quería seguir saliendo con él para siempre.

Luego de mucha oración y consejería, Tina le estableció a Brent algunos límites. Le dijo que limitaría la conexión entre ellos y que saldría con otras personas si él no era capaz de hacer ningún movimiento hacia la posibilidad del matrimonio. Al principio, Brent se enojó, pero luego de algún tiempo, se dio cuenta de que Tina tenía un buen argumento. Finalmente, luego de más tiempo, Brent también estuvo de acuerdo en comenzar a explorar con ella la posibilidad de matrimonio.

Esta es la pregunta: El límite de Tina le dio libertad para ser sincera y también influyó en Brent para que comenzara a considerar casarse con ella. ¿Debería estar satisfecha con estos resultados o también debería exigirle el proceso de crecimiento espiritual?

En nuestra opinión, Tina *debe* buscar el crecimiento espiritual en Brent… por algunas buenas razones.

El crecimiento espiritual no es opcional

Primero, creemos que *todo el mundo* necesita involucrarse en el proceso de crecimiento espiritual. Esto significa comenzar un proceso en el que la persona traiga de una manera continua sus luchas, debilidades y vulnerabilidad ante Dios y ante algunas personas seguras. Esto podría ser un grupo de apoyo, un grupo de estudio bíblico, un consejero o un pastor. Al confesar sus pecados y fracasos, recibe el perdón, aliento y verdad para tratar con sus problemas, y Dios le da crecimiento (Efesios 4:16). En otras palabras, el asunto de si debes o no exigirle a una pareja que no acepte límites de estar en un proceso de crecimiento está fuera de discusión: todos debemos hacerlo. ¿Acaso quieres arriesgarte a pasar el resto de tu vida con alguien que esencialmente está desconectado de su alma y de Dios? Si la persona no tiene hambre y sed de Dios, crecimiento y cambio por sobre todas las cosas, te estás arriesgando a un gran vacío e infelicidad.

El crecimiento en el carácter sana los problemas

Segundo, si la violación de los límites de parte de tu pareja es un patrón, y no un suceso aislado, es muy probable que esté relacionado con un problema de carácter. Puede que esté luchando en áreas como la confianza, los lazos emocionales, la honestidad, la sinceridad o el perfeccionismo. Sea cual sea la situación, tienes que darte cuenta que posiblemente el problema con los límites sea un síntoma de un asunto más profundo. Es mejor no conformarse con que la persona simplemente deje de hacer lo incorrecto y comience a hacer lo correcto. El problema opera como una señal de que algo necesita ser tratado y sanado. Si lo ignoras, podrías encontrar otras señales dolorosas.

Pregúntale a cualquier persona en Alcohólicos Anónimos sobre los borrachos secos. Son alcohólicos que dejaron de beber sin ningún tipo de proceso de crecimiento, pero que todavía son borrachos. Así que todavía ven la vida como la ven los borrachos. No han tocado ni reparado sus deficiencias de carácter. Persigue el verdadero proceso divino de crecimiento y también exige crecimiento espiritual.

Usa los límites para probar la relación

Finalmente, hay una razón muy práctica para que todas las Tinas del mundo insistan en que sus Brents —individuos cariñosos pero que no aceptan límites— entren en un proceso de crecimiento espiritual: probar si realmente deben seguir juntos. Las relaciones de citas le ofrecen a cada persona la libertad de dejar la relación sin las repercusiones y los daños de un divorcio. Si Brent no quiere crecer espiritualmente, él y Tina pueden tomar caminos distintos sin que sus vidas se compliquen demasiado en términos legales, financieros o emocionales. Una vez casados, sin embargo, Tina pasará mucho trabajo para exigirle a Brent que busque de Dios. Está unida a él de una manera que Dios no quiere que se haga pedazos. Así que es muy bueno usar el contexto único de las citas —ya que es una situación temporal— para establecer tus límites y luego analizar los resultados.

Debido a que tu salud y crecimiento espiritual como individuo y como pareja son tan importantes para tu relación, y porque Dios mismo nos exige que crezcamos espiritualmente, creemos que los límites en esta área son absolutamente necesarios. Encuentra a alguien que ame a Dios y con quien puedas crecer. Luego, ¡disfruten la jornada juntos!

Es nuestro sincero deseo que ahora sepas cómo acercarte a tu pareja y a los problemas de límites que puedes estar enfrentando. Recuerda que Dios los ama a ambos entrañablemente y tiene soluciones para cualquier situación que puedas enfrentar.

Consejos para el camino

- Si tienes una relación con un destructor de límites, comienza *hoy* a resolver el problema.
- No uses los límites para terminar la relación (a menos que estés en algún tipo de peligro); úsalos para salvarla.
- Diagnostica si el destructor de límites no tiene idea de lo que está pasando, o si tiene un problema real de carácter y una dificultad con la responsabilidad y la palabra *no*.
- Busca la opinión de personas seguras sobre los problemas que estás enfrentando para asegurarte que sea un asunto real.
- Habla con claridad sobre qué te lastima o te molesta, y exige cambios específicos.

- Asume tu parte de responsabilidad en el problema.
- Establece las consecuencias si tu pareja ignora tus límites, y cúmplelas.
- Mantén tu integridad moral y no te dejes atrapar por la división de santo y pecador. No olvides que eres tanto bueno como malo.
- Insiste en que ambos estén involucrados en el proceso de crecimiento espiritual.
- Espera para ver qué pasa luego de establecer los límites: ¿tu pareja se arrepiente humildemente o te echa la culpa y se enoja?

CONCLUSIÓN

Mientras escribíamos este libro, me sorprendí (Dr. Townsend) reflexionando en mis experiencias de citas y relaciones. Me siento muy agradecido por esos años. Hay varias relaciones de citas durante ese período que enriquecieron mi vida, y me ayudaron a acercarme más a Dios y a desarrollar mi carácter. Sigo siendo amigo de algunas de estas personas. Y tengo la esperanza de que esto me haya preparado para ser un mejor esposo en mi matrimonio.

Esperamos no haberte defraudado al leer este libro. Aprender a tener buenos límites es una tarea difícil y toma algún tiempo. Sin embargo, creemos que este proceso trae beneficios en muchas áreas de tu vida. Tenemos la esperanza de que te ayudará a entender cómo conducir mejor tu vida de citas para desarrollar el amor, la libertad y la responsabilidad tanto en ti como en la persona con la que estás saliendo.

Y esta es la perspectiva que queremos que te lleves de este libro. Los límites en las citas no tienen otra finalidad que transformarte en una persona sincera, cariñosa, responsable y libre, que también aliente el crecimiento en aquellos con quienes está en contacto. A continuación te presentamos una lista de las seis medidas críticas para una buena relación de citas.

¿Estoy creciendo al salir en citas?

Tu vida de citas debe ser para ti un poderoso agente de cambio. Estás estableciendo un vínculo con alguien, estás aprendiendo a exponerte de forma segura, a tomar riesgos y a hacer decisiones con esa persona. Necesitas descubrir tus propios problemas, cómo esto afecta a otros y qué hacer con respecto a ellos. Esto nos ayuda a crecer.

Por ejemplo, Diane, una amiga mía, tenía la tendencia de entregar a otros su libertad y autocontrol, ya que era una persona muy complaciente y mantenedora de la paz. Esto se manifestaba en todas las áreas de su vida, especialmente en el ámbito de las citas. Diane hacía suyos los problemas de los demás. Finalmente, varios muchachos con los que había salido le hablaron del problema. Uno le dijo: «Haces que sea muy fácil para mí ser egoísta. Nunca dices nada cuando hago algo que no te gusta». Diane se sorprendió muchísimo con este señalamiento y comenzó a tratar de ser más sincera con relación a las cosas en que no estaba de acuerdo. Con el tiempo, su sinceridad maduró, y también su vida de citas se volvió más gratificante.

¿Me acercan a Dios mis citas?

Tu relación de citas y tus hábitos involucran todos los aspectos de tu ser: tu corazón, tu mente y tu alma. Dios te creó con la intención de que fueras una persona totalmente integrada en tus relaciones. Por cierto, si tu espiritualidad no está involucrada en tus citas, hay un problema. Descubre si tu vida espiritual es más profunda y significativa como resultado de tus citas y de cómo te conduces en ellas. Por ejemplo, si estás tomando toda la iniciativa espiritual, algo anda mal. Si no tienen los mismos fundamentos de fe, algo anda mal. Pero si la relación con tu pareja te reta, te alienta y te acerca más a Dios, están pasando cosas muy buenas.

¿Soy más capaz de tener buenas relaciones?

En otras palabras, evalúa tu vida relacional. Con toda posibilidad pasarás muchas, muchas horas saliendo con personas. Esperamos que este tiempo tenga como resultado el que seas capaz de encontrar más satisfacción en la forma en que te relacionas con la gente. Esto ocurre en varios aspectos de las relaciones.

- En tu habilidad para profundizar tu capacidad de tener una intimidad saludable con otros.

- En tu habilidad para confiar y depender de otros para que cuiden de tus necesidades emocionales.
- En tu capacidad para ser una persona tanto cariñosa como sincera, en tus relaciones de citas, así como en todas las demás.
- En tu habilidad para encontrar alegría y satisfacción en tus citas.
- En tu habilidad para comenzar y terminar una relación de una manera muy amable y sincera.

Si tu vida de citas está provocando que te retraigas, te desanimes o que escojas a personas peores, haz algo de investigación. Algo necesita cambiar o quizás ser reparado.

¿Estoy escogiendo mejores parejas con el paso del tiempo?

Uno de los beneficios de los buenos límites en las citas es que vas depurando los tipos de personas con los que te relacionas. Mientras mejor te conoces a ti y a los demás, debes encontrar a esas personas que se ajusten a lo que eres y a las que quieres conocer más de cerca. Además, también debes encontrar a personas con caracteres más maduros.

Sin embargo, si descubres que te balanceas como un péndulo, hay un problema. Por ejemplo, algunas personas quedan atrapadas siendo los «padres» de otros, para luego entablar otra relación con una persona controladora que se convierte en el padre de ellos. Esto no es progreso; es una reacción.

¿Soy un mejor cónyuge potencial?

El enfoque de todo este proceso de citas debe ser en gran medida tu habilidad para el matrimonio. Esperamos que la persona con la que sales, y la forma en que lo haces, te ayuden a moldearte como un ser humano decoroso. Si te casas, tu cónyuge debe sentirse como si se hubiera ganado la lotería.

Olvídate de la idea de que estás bien y que solo necesitas encontrar a la persona «adecuada». Obtiene información de tu vida de citas acerca de cómo podrías hacer a tu cónyuge una persona desdichada. ¿Eres egoísta? ¿Irresponsable? ¿No puedes establecer buenos vínculos sentimentales? ¿Eres inaccesible? Trata con todas esas características que te descalifican para amar profundamente a tu pareja. Con frecuencia, cuando una persona comienza a trabajar en su crecimiento, la persona «adecuada» aparece en el camino. ¡Quizás Dios ha preservado a esa persona de tu inmadurez hasta que no puedas hacer estragos con ella!

¿Estoy disfrutando el paseo?

Para terminar, aun cuando son una importante tarea de crecimiento, las citas deben ser algo divertido. Necesitas tener experiencias nuevas y que puedas disfrutar con la persona que estás conociendo. Puedes pasarla muy bien con buenas personas mientras tratas de tener buenos límites en tus citas. Si los malos momentos son más que los buenos, aléjate de alguna manera y evalúa lo que está pasando. Podrías descubrir que tú o tu pareja necesitan cambiar algo. O quizás descubras que la falta de deleite simplemente significa que no hacen una buena pareja. Es mejor descubrirlo ahora que en el matrimonio. Las buenas citas ahora pueden ayudarte a garantizar una relación matrimonial satisfactoria, amorosa y completa cuando Dios te una a alguien en ese vínculo.

Oramos que la mano del Padre esté sobre tus relaciones de citas y todas tus actividades. Dios te bendiga en tus propios límites y en tus citas.

DR. HENRY CLOUD
DR. JOHN TOWNSEND
Newport Beach, California
2000

Para información sobre los libros, casetes, recursos y conferencias del Dr. Henry Cloud y del Dr. John Townsend, comunícate a:

Cloud-Townsend Resources
3176 Pullman Avenue, Suite 104
Costa Mesa, CA 92626
Teléfono: 1-949-760-1839
E-mail: web@cloudtownsend.com
Internet: www.cloudtownsend.com

DISFRUTE DE OTRAS PUBLICACIONES DE EDITORIAL VIDA

Desde 1946, Editorial Vida es fiel amiga del pueblo hispano a través de la mejor literatura evangélica. Editorial Vida publica libros prácticos y de sólidas doctrinas que enriquecen el caudal de conocimiento de sus lectores.

Nuestras Biblias de Estudio poseen características que ayudan al lector a crecer en el conocimiento de las Sagradas Escrituras y a comprenderlas mejor. Vida Nueva es el más completo y actualizado plan de estudio de Escuela Dominical y el mejor recurso educativo en español. Además, nuestra serie de grabaciones de alabanzas y adoración, Vida Music renueva su espíritu y llena su alma de gratitud a Dios.

En las siguientes páginas se describen otras excelentes publicaciones producidas especialmente para usted. Adquiera productos de Editorial Vida en su librería cristiana más cercana.

Una vida con propósito

Rick Warren, reconocido autor de *Una Iglesia con Propósito*, plantea ahora un nuevo reto al creyente que quiere alcanzar una vida victoriosa. La obra enfoca la edificación del individuo como parte integral del proceso formador del cuerpo de Cristo. Cada ser humano tiene algo que le inspira, motiva o impulsa a actuar a través de su existencia. Y eso es lo que usted podrá descubrir cuando lea las páginas de *Una vida con propósito*.

0-8297-3786-3

Nos agradaría recibir noticias suyas.

Por favor, envíe sus comentarios sobre este libro

a la dirección que aparece a continuación.

Muchas gracias.

Vida@zondervan.com

www.editorialvida.com

Printed in the USA
CPSIA information can be obtained
at www.ICGtesting.com
LVHW030711050824
787165LV00011B/96

9 780829 735574